河北省社会科学基金项目（项目编号：HB11MK006）

社会主义研究中国学者文库

马克思社会与国家理论的历史轨迹及其当代价值

郭　强◎著

Makesi Shehui Yu Guojia Lilun de Lishi Guiji jiqi Dangdai Jiazhi

中国出版集团
世界图书出版公司
广州·上海·西安·北京

图书在版编目（CIP）数据

马克思社会与国家理论的历史轨迹及其当代价值 / 郭强著．—广州：世界图书出版广东有限公司，2025.1重印

ISBN 978-7-5100-7740-1

Ⅰ．①马…　Ⅱ．①郭…　Ⅲ．①马克思主义—社会发展—理论研究 ②马克思主义—国家理论—理论研究　Ⅳ．①A811.64 ②D03

中国版本图书馆CIP数据核字（2014）第044099号

马克思社会与国家理论的历史轨迹及其当代价值

责任编辑　翁　晗
出版发行　世界图书出版广东有限公司
地　　址　广州市新港西路大江冲25号
http:// www.gdst.com.cn
印　　刷　悦读天下（山东）印务有限公司
规　　格　710mm×1000mm　1/16
印　　张　13
字　　数　223千
版　　次　2014年3月第1版　2025年1月第3次印刷
ISBN　978-7-5100-7740-1/A·0009
定　　价　58.00元

序

马克思的社会与国家理论是马克思主义理论的重要组成部分。改革开放新时期以来，尤其是随着社会主义市场经济的深入发展，这一理论成为学术界关注的重要热点课题。而党的十八届三中全会把推进国家治理体系和治理能力现代化与完善和发展中国特色社会主义制度有机联系起来，确立为全面深化改革的总目标，更是体现着关于国家与社会从着眼于对立对抗到侧重于互动共赢的思想革命。这也表明，“马克思社会与国家理论”这一课题仍存在着拓展研究空间的可能性和必要性。河北省社会科学院哲学研究所郭强副研究员撰写的《马克思社会与国家理论的历史轨迹及其当代价值》一书，在对国内外相关文献进行了系统的归纳和梳理的基础上，还原了马克思主义文本的本真语境，就马克思社会与国家理论的历史轨迹、内在逻辑和当代价值等作了系统全面的分析研究，观点明确，立意新颖，具有重要的理论价值和现实意义。

整体性是马克思主义理论的根本属性。本书的一大特点，就是综合运用哲学、经济学、政治学、社会学等学科的知识和方法，从马克思主义的整体性上把握马克思的社会与国家理论，阐明了该理论所集中蕴含的唯物史观、剩余价值学说以及以此为理论基础的科学社会主义思想。同时，在文本的选取上，作者既关注马克思早期的著作，如《黑格尔法哲学批判》、《神圣家族》、《德意志意识形态》等，更重视成熟时期的著作，如《共产党宣言》、《资本论》、《法兰西内战》、《哥达纲领批判》、《古代社会史笔记》等。本书这种从学科、内容和文本三方面对马克思社会与国家理论所作的整体性把握，消除了单从某一学科分门别类研究的学科痕迹，也能让体现马克思思想特质的最“出彩”的地方更加凸显。比如，正如马克思所讲，国家和法的问题植根于市民社会，而对市民社会的解剖又“应该到政治经济学中去寻找”。本书在阐明马克思早年从哲学上厘清社会与国家关系的基础上，又以《资本论》及其手稿为文本展开马克思关于市民社会典型形态——资本主义社会的经济学分析，进而探寻出现代社会与国家对立的根源，就突破了仅仅停留在法哲学和政治哲学领域解读马克思早期文本的做法。这种整体性的研究方式，对全面、准确地理解马克思社会与国家理论的科学内涵和精神实质很有启发意义。

本书从马克思主义发展史的角度，注重纵横交错、史论结合，对马克思的社会与国家理论形成、成熟、丰富的历史轨迹进行了全面系统的梳理，勾勒出该思想的前后联系和脉络，揭示出该理论是阶段性和连续性的统一。一方面，着眼于“史”，即阐述马克思社会与国家理论的内容的三章就是按照马克思思想的“形成—成熟—丰富”的发展轨迹安排的，章内各节的安排也尽量遵循文本的时间顺序；另一方面，立足于“论”，在每一章、每一节都围绕着一个集中的主题进行阐发，从而既把握了该理论的来龙去脉，又容易把握该理论的核心思想。正是基于这种以史带论的全景式研究，作者首次提出应从“市民社会”和“社会机体”两重论域分析马克思语境下的“社会与国家”，前者强调了国家与社会的区别与对立，后者则将国家视为社会的组成部分。“市民社会”是马克思早期著作中的高频词汇，“社会机体”则多出现在他成熟时期的作品中。马克思晚年对未来社会和国家起源的卓越分析，也得益于对“社会机体”的科学把握。因为只有把国家看作社会的组成部分，才能从逻辑上推导出国家脱胎于社会内部并最终回归社会的结论。从“市民社会”和“社会机体”两重论域进行研究，也使得本书对马克思关于社会与国家发展规律的阐述显得很有新意。

当前，我们认识社会与国家关系问题，多是直接翻译西方学者的著作，或以国外著作为范本编译、介绍的西方主流观点。国内外学者也多以这些西方主流理论作为参照系来理解、认识我国的社会与国家关系问题。这就容易将基于西方的历史经验和文化传统而形成的有关理论（如公民社会理论）预设为一种普世的、跨文化的经验和理念，并用其规划中国的改革，缺少了必要的辨析。本书在系统阐述马克思社会与国家理论的基础上，以其所体现的马克思主义的立场、观点和方法，对当代西方社会与国家关系的新变化（如社会与国家关系从对立到互动的变迁、公民社会的兴起、社会与国家关系的全球化趋势）进行了科学审视和辨正分析。同时，作者在梳理新中国社会与国家关系变迁的历史过程的基础上，分析了社会主义初级阶段社会与国家关系的基本特征，进而提出了以社会与国家关系规范化推进国家治理现代化的改革思路。可以说，无论是对西方观点做出的理论回应，还是对当代中国改革发展表现出的现实观照，本书都不乏独到见解。

当然，“社会与国家”既是一个古老的话题，又是一个常说常新的话题。因为整个人类世界每时每刻都在不停地发展变化着。尽管作者对马克思社会与国家思想进行了系统的文本梳理和理论辨析，但还有很多问题值得深入探讨。尤其是，随着中国特色社会主义事业的不断推进，社会与国家的关系还会不断有新的调整，围绕“社会与国家”问题展开的讨论也需要不断地深入，也相信作者今后在这方面会出更多更好的研究成果。

郭强是我指导博士研究生的“开山弟子”。这本书是他在其博士学位论文基础上进一步拓展、深化的研究成果。尤其是，看到他按照最新版的《马克思恩格斯全集》和《马克思恩格斯文集》重新校对和修订了经典著作的引文和注释，感觉到他还是那样一如既往地认真、严谨。得知该书将要出版，作为导师，我深感欣慰，也由衷地为他感到高兴，期待他今后有更多的学术建树。

是为序。

杨　谦

2014 年 2 月于南开园

内容提要

马克思的社会与国家理论是马克思主义基本理论的重要组成部分。这里的“国家”是政权（state）意义上的国家，“社会”则是一个与“国家”相对应的比较性范畴。该理论的研究重点不是社会与国家各自领域的内部问题，而是两者的相关性，中心是考察二者之间的“关系”。本书试综合运用哲学、经济学、政治学、社会学等学科的知识和方法，从思想史的视角全面梳理马克思社会与国家理论，阐明该理论所集中蕴含的唯物史观、剩余价值学说以及以此为理论基础的科学社会主义思想。

马克思之前，人们对社会与国家问题的思考经历了“社会混同国家”的古典国家主义、“社会先于国家”的近代自由主义、“国家决定社会”的国家理性主义等的流变。早年马克思也是黑格尔理性国家观的崇拜者。然而，《莱茵报》时期的经验认识使他思考问题的出发点由“理性国家”转向客观的物质利益，并最终在批判黑格尔法哲学思想中理顺了市民社会与国家的关系，确立了“市民社会决定国家”的立场。从《黑格尔法哲学批判》，经过《神圣家族》，到《德意志意识形态》，马克思关于市民社会对国家基础作用的认识经历了“人为基础”—“自然基础”—“现实基础”的深化过程，其思想也从强调社会与国家的分离和对立转向关注二者的联系与统一，即从“实际的利益内容”与“虚幻的共同体”分离的新维度探究了市民社会与国家的关系，将“特殊利益—普遍利益”的二元模式具体化为“单个利益—共同利益（实质是阶级利益）—全体利益”三位一体的分析框架。在《哲学的贫困》中，他又进一步明确了“社会”的概念，确立“社会机体”和“资产阶级社会”作为从历史维度和现实维度考察社会与国家关系的主要范畴，从而形成了对二者关系的科学认识。这也意味着马克思社会与国家理论的形成。

马克思在弄清了市民社会与国家的关系之后，便进一步对资产阶级社会与国家关系的历史内涵和实质进行了深入剖析。在《共产党宣言》等论著中，他揭示出社会与国家在资产阶级时代实现了现实的分离，其革命性就在于形成了真正意义的现代社会与现代国家，并指出资产阶级社会与国家因其二元矛盾（根源于资本支配劳动）不可克服而终究会被超越的历史趋势，从而基本勾勒出社会与国家分化与统一的历史进程。此后，马克思便沿着政治批判和经济批判两条线索，分别对资产阶级国家和资产阶级社会发展的矛盾和规律做了详细的考察。在《1848至1850年的法兰西阶级斗争》和《路易·波拿巴的雾月十八日》中，马克思通过考察法国的政治过程，认为资产阶级国家在性质上是少数掌权者压迫社会多数的工具，在权力的实际运行上是行政权支配立法权，从而它也就无法避免凌驾于社会之上的趋势。在《资本论》及其手稿中，马克思对资产阶级社会内部展开政治经济学的解剖，认为自由平等的商品经济准则已经异化为资本支配劳动的关系，其经济根源在于资本主义所有权规律，而拜物教则是这种物质生活关系在精神领域中的反映，从而也揭示了现代资产阶级国家与社会相异化的“斯芬克斯之谜”。这也是马克思社会与国家理论成熟的标志。

马克思的视野绝不仅仅局限于现实的西欧。在《资本论》、《法兰西内战》、《哥达纲领批判》等著作中，马克思从资本逻辑中推演出国家向社会复归的目标指向是“自由人联合体”，从巴黎公社的实践中也看到了这一历史趋势，并强调这种复归需要经历“共产主义第一阶段”和“无产阶级专政”的长期过渡时期才能实现。在晚年的《古代社会史笔记》中，马克思又通过批判地吸收摩尔根、梅恩、拉伯克著作中的合理思想并加以改造，揭示出了国家脱胎于社会内部的矛盾运动。从方法论上讲，对国家产生并复归于社会的一般规律的科学解释，得益于“社会机体”论的运用，因为它将国家视为社会的组成部分，从而在逻辑上就可以推出国家脱胎于社会内部并最终向社会复归的结论。同时，马克思把目光也投向了世界的东方，在《资本论》及其手稿中，他认为“亚细亚生产方式”促成了东方宗法社会与专制国家的生成，而东方农村公社的二重性又决定其社会与国家的双重结构关系；晚年他又在《古代社会史笔记》和给查苏利奇的复信中分析俄国保留公有制的农村公社的特殊性，并探讨了东方社会与国家跨越资本主义“卡夫丁峡谷”的可能性。这些新的研究成果，是马克思对自己社会与国家理论的丰富。

从马克思生活的时代到新世纪、新千年的今天，西方世界发生了广泛而深刻的变化，西方学者对社会与国家问题也有了新的认识。他们逐渐突破国家与社会二元对立的思想惯性，开始努力在二者之间寻求一种互动与合作的平衡点，并在此基础上实现从“统治”到“治理”的思维转换；以“公民社会”的新范式分析“国家—

市民社会”二元结构向“国家—市场—公民社会”三维结构的变迁，将研究视角也由经济领域延伸到文化领域、由“私域”延伸到“公域”。而且，他们看到，企业、第三部门和政府超越国界而形成的跨国公司、全球公民社会和政府间国际组织成为当今全球治理结构中的“三驾马车”，挑战着国家主权，冲击着传统的民族国家理论，“全球治理”的思潮也应运而生。其中，社会与国家关系逐步走向良性互动，表明二者作为矛盾统一体有一致性的一面，佐证了马克思关于社会决定国家；“公民社会”的出现，表明国家在从私人经济领域退出的同时，又从社会公共领域退出，验证了马克思关于社会重新收回权力的设想，而全球化背景下的社会与国家关系则是对马克思关于历史将“成为世界历史”预言的确证。

我国是在社会与国家高度同一的历史条件下进入社会主义的，没有经历西方社会与国家分化的历史时期。改革开放以来，我们党科学判断社会主义初级阶段的基本国情，依靠这一“总依据”，通过工作重心转移和推动改革逐步突破社会与国家一体化的传统模式；确立社会主义市场经济的改革方向，抓住政府与市场关系这一核心，从经济运行机制、经济基本制度等方面的变革中不断促进社会与国家关系的变迁；确立社会主义法治国家的治国方略，更加注重法治在国家治理和社会管理中的重要作用，依靠国家制度的构建促进社会与国家关系的规范；提出构建社会主义和谐社会的战略思想，依靠社会管理的创新，实现政府行政管理与群众自治有效衔接与良性互动，构建国家与社会的和谐关系。如今，我国社会主义初级阶段的基本国情仍未改变，社会与国家的关系呈现出在消除二者根本对立基础上相互分离而又和谐共生的特征。为此，我们可以通过“以社会与国家关系规范化推进国家治理的现代化”来谋划我国的改革思路，即以“社会化”为方向，在健全法治、完善组织、协调劳资的规范化中推动社会与国家关系的和谐，而其关键则是社会对国家权力的制约与监督。

目　录

CONTENTS

绪　论

自国家产生以来，它与社会错综复杂的关系便构成了思想家们长久探究的论题。从古希腊人对城邦制度的思考，到中世纪教权与俗权的论争；从霍布斯与洛克的势不两立，到黑格尔对理性国家的推崇，无数思想家展开了对“社会与国家”问题的探寻并纷纷形成了卓有建树的论述。马克思在批判吸收了前人特别是黑格尔思想合理内核的基础上，用唯物主义的观点正确阐明了社会和国家的关系，在人类思想史上第一次论述了社会决定国家的历史观，科学界定了社会和国家的本质，揭示了社会与国家矛盾运动的基本规律及其历史走向。20 世纪七八十年代以来，社会与国家问题在西方主流派知识分子中重新得到关注。一些国家学者纷纷用“社会与国家”的范式或分析各国的历史和现实，或基于社会与国家的关系视角探索本国现代化的发展道路，社会与国家的问题遂成为一股全球性思潮和当代世界一大理论热点。马克思主义理论研究要想不落后于时代，必须顺应这一学术潮流。

一、社会与国家：马克思主义理论研究的一个新视角

（一）马克思语境中的“社会”与“国家”

研究马克思的“社会与国家”理论，首先要界定好“社会”与“国家”这两个概念。人们是在国家产生之后才开始关注社会与国家问题的，因此，这里先对“国家”作一界定。

按照人们当前的一般认识，“国家”可以从四个方面来把握：作为领土的国家（country）、作为民族的国家（nation）、作为主权的国家（sovereignty）和作为政权的国家（state）。人们总是生活在一定的地域，从属于某一民族，因此，“领土”和“民族”在外延上也将社会包括了进来，这样在概念上作为“领土”和作为“民族”的国家就与“社会”形成了交叉和互容，很难找出二者的边界。“主权”属于国家权力独立性的一种表现，在外延上无法涵盖国家的全部，而只是从“政权”概念中

衍生出来并属于“政权”的概念。即使从人们日常的使用来看，“领土”、“民族”、“主权”往往被用作区分一个国家与其他国家的区域、国籍和权限，而不是用来划分社会与国家的边界。这样，只有“政权”意义上的国家才适合于社会与国家理论架构。其实，从马克思的文献中也可以看出，他更多的是在政权（state）层面使用“国家”这个概念的[1]，中译本有些地方甚至还加以明确。比如，他在分析国家起源时，认为国家是“从社会中产生但又自居于社会之上并且日益同社会脱离的力量”，在剖析现代国家的本质是，指出“现代的国家政权不过是管理整个资产阶级的共同事务的委员会罢了”[2]，在预测国家的消亡时，他又说“这是社会把国家政权重新收回”[3]。因此，本书也将在政权（state）这个层面使用“国家”概念。

“社会”是一个日常且广泛使用的概念。正因为如此，人们对它的理解也存在着模糊性和多样性。从马克思思想的演进来看，他在不同时期对“社会”也有着不同的理解。19 世纪 40 年代，马克思将社会等同于生产关系的总和，认为“生产关系总和起来就构成所谓社会关系，构成所谓社会”[4]；而到了 50 年代末，他进一步区分了“生产关系”和“社会关系”，他把生产关系的总和看作社会的经济结构，并且将社会分为“狭义”和“广义”两个层面来理解。从狭义上讲，社会是指包括生产方式在内的“物质的生活关系的总和”，马克思借用黑格尔的概念将其称为“市民社会”；而在广义上，社会又被看作是以经济结构为基础的“有法律的和政治的上层建筑竖立其上并有一定的社会意识形式与之相适应”的统一的整体[5]，马克思将其称为“社会有机体”。其中，“生产关系”是社会的本质，其外延真包含于“市民社会”之中。因此，在马克思的语境中，社会包括“市民社会”与“社会机体”双重内涵，“市民社会”论强调的是国家与社会的区别与对立，“社会机体”论关注的是国家是社会的组成部分，强调二者的联系。这两点虽有差别，但并不矛盾，国家“从社会中产生”和“日益同社会相脱离”的两大特征表明，社会与国家本身就是一个既相互联系又相互对立的矛盾统一体。因此，本书中的“社会”是作为一个与“国家”相对应的比较性范畴使用的，它兼有“狭义”与“广义”双重蕴含，

---

[1] 具体可参阅中国政法大学出版社 2003 年出版的“剑桥政治思想史原著系列丛书”之《马克思早期政治著作选》和《马克思晚期政治著作选》（英文版）。

[2] 《马克思恩格斯文集》第 2 卷，人民出版社 2009 年版，第 33 页。

[3] 《马克思恩格斯文集》第 3 卷，人民出版社 2009 年版，第 195 页。

[4] 《马克思恩格斯文集》第 1 卷，人民出版社 2009 年版，第 724 页。

[5] 《马克思恩格斯文集》第 2 卷，人民出版社 2009 年版，第 591 页。

即包括“市民社会”与“社会机体”两个层面。

（二）马克思社会与国家理论的研究对象

本书研究马克思的社会与国家理论，其研究对象就是“社会与国家”问题。而其中的“与”字则表明，它不是研究社会领域与国家领域的方方方面，而是要研究两者的相关性。也就是说，它不是主要研究社会内部的家庭、阶级、阶层、社会组织和国家内部的权力、政府、官员、政党等要素及其构成，而是以考察社会与国家之间的“关系”为中心。即便要研究社会和国家的内部，也是为了更好地考察二者的关系。如马克思研究资产阶级社会内部资本和劳动的对立，是为了到政治经济学中去寻找资产阶级社会与国家对立的社会根源，而他对资产阶级国家的阶级实质和行政权超常发展的分析，是为了更好地说明资产阶级国家日益与社会相异化的历史趋势。也就是说，他研究社会和国家的内部，也是在探究社会中的国家相关性和国家中的社会相关性。

当前，学界在探讨马克思关于社会与国家的论述时，往往将其称为“国家—社会”或“国家与社会”理论。这主要是缘于对该课题的研究限于政治学或政治哲学的范围所致。因为政治学是以国家的活动、形式和发展规律为研究对象的，其核心问题就是国家政权问题，因此，它在研究国家与其他领域的关系时往往要体现国家的主导性，如“国家与阶级”、“国家与民族”、“国家与社会”等。应该说，在政治学或政治哲学的学科范围内，将马克思关于社会与国家问题的阐述称为“国家与社会”或“国家—社会”理论是有其合理性的。然而，马克思的思想涵盖哲学、政治学、经济学、社会学、法学、历史学等多个学科，整体性是其根本特征之一，因而我们的研究也不可能仅局限于某一个学科，而要从整体上进行把握。当我们跳出政治学而放眼马克思思想整体的时候便会发现，它是以研究人类社会发展规律的科学，在社会与国家关系的问题上，马克思始终坚持社会决定国家的历史观。按照对马克思主义社会发展理论的通常理解，一般决定范畴在前，被决定范畴在后，如社会存在与社会意识、生产力与生产关系、经济基础与上层建筑，等等。因此，用“社会与国家”或社会与国家更符合马克思思想的本意。本书以“社会与国家”理论为命题，绝不是玩文字游戏的“创新”，而是让理论之名更符合马克思的思想之实。

（三）马克思社会与国家理论的研究价值

首先，从新的视角深入挖掘马克思主义的社会发展理论。马克思、恩格斯创立唯物史观，使得关于人类社会发展理论的研究开始具有了真正科学的性质。然而，受传统马克思主义解释体系影响，人们往往习惯于从生产力与生产关系、经济基础与上层建筑的矛盾运动中理解人类社会的发展规律。其实，这只是马克思理解社会发展规律的众多视角之一，即从社会基本矛盾的视角对社会发展规律做出的最宏观、最本质、最抽象的概括。也就是说，生产力与生产关系、经济基础与上层建筑的矛盾运动规律只是在“归根到底”的意义上揭示社会发展的“基本规律”和“基本动力”。然而，人类毕竟生活在一个复杂多变的社会之中，过着丰富多彩的社会生活和政治生活，如果仅仅以“生产力—生产关系”和“经济基础—上层建筑”的分析框架去加以理解就显得过于简单化了。马克思的“社会与国家”理论从社会基本结构的视角对社会加以审察，阐释了人类生活两个不同领域和构成社会结构的两个不同层面的特点、关系，揭示了社会与国家分化与统一的历史发展过程。因此，研究马克思的这一理论，有助于丰富马克思主义社会发展理论的思想宝库。

其次，有助于准确把握马克思思想的“原生态”。人们通常认为，马克思思想中的“经济基础”概念是由他早期使用的“市民社会”概念发展而来。于是，“社会”就被简单抽象为“经济基础”，“国家”也被简单抽象为“上层建筑”。这种对马克思思想的简单化理解使得我们对马克思主义基本理论问题的认识存在着一定的偏差。比如，马克思“社会决定国家”的思想被简化理解为“经济基础决定上层建筑”，进而使马克思主义的社会发展理论被歪曲成马克思、恩格斯一贯反对的“经济决定论”。其实，马克思的“社会与国家”理论是他建构唯物主义历史观、完成政治经济学批判、展望共产主义的理论前提和思想主线。它与“经济基础—上层建筑”的意义并不完全相同。经济基础只是社会的本质规定。除经济领域外，社会还包括文化等非政治领域。同时，国家只是属于政治上层建筑范畴，而不能将观念上层建筑包含其中。也就是说，社会与国家与“经济基础—上层建筑”这两种理论框架不具有相互替代性。因此，不拘泥于马克思经典文本中的具体结论，对马克思“社会—国家”理论的发展理路和基本原理的深入研究，有助于我们分清现有的成果中哪些是必须长期坚持的马克思主义基本原理，哪些是需要结合新的实际加以丰富、发展的理论判断，哪些是必须破除的对马克思主义的教条式的理解，哪些是必须澄清的附加在马克思主义名下的错误观点，准确把握该理论所彰显的马克思主义的立场、观点和方法。

再次，增强马克思主义在当代“社会与国家”问题研究中的学术话语权。新时期以来，国内对社会与国家关系新模式的探讨和对基于“国家—市场—社会”三分法的公民社会理论的研究方兴未艾。马克思主义理论界对这些前沿问题必须予以关注和回应。本书通过对马克思社会与国家思想的系统梳理和集中研究，挖掘其与现代社会与国家关系理论、公民社会理论的渊源关系，如马克思社会与国家分化与统一的思想、人民群众决定统治者的思想、构成市民社会的“物质要素”和“精神要素”的思想等，以此为平台，通过积极的学术对话引领当前有关社会与国家问题的研究深入发展。同时，运用马克思社会与国家理论所彰显的马克思主义的立场、观点、方法，对当代有关社会与国家理论“普世”的外壳下掩藏的阶级实质及其理论局限予以揭示，引领该研究沿着正确的方向开展。

最后，对中国特色社会主义的实践具有指导价值。从20世纪90年代初起，中国开始了以社会主义市场经济为目标的体制改革，国家权力从经济社会领域逐渐淡出，公民个人的私人空间不断拓展，个体的特殊利益与国家的普遍利益同时存在。如何处理计划与市场、政府与企事业单位、公共权力与私人利益的关系问题不可回避。这些问题归结起来，就是国家与社会的关系问题。对这一问题的科学认识程度也关系到对我国社会主义初级阶段基本国情的把握程度。同时，我们正处于社会转型期，还需要回答如何消除市场机制带来的个人私欲膨胀、弱肉强食、贫富分化等社会负效应等问题；还需要思考如何扩大人民民主、协调国家权力机构与执行机构间的关系、加强对权力的制约与监督等问题。马克思的社会与国家理论科学阐明了社会与国家的辩证关系，揭示了商品经济条件下市民社会与政治国家的发展规律，剖析了资产阶级社会与国家的异化根源，并找到了消除这种异化的目标指向和实现路径。这为我们深化改革、理顺以国家和社会关系为主要特征的各种社会关系，减轻体制转轨和社会转型带来的历史阵痛，以便为发展社会主义市场经济和民主政治、构建社会主义和谐社会提供理论指导。

二、马克思社会与国家思想的研究现状

（一）国外研究成果

从目前掌握的资料看，国外以马克思社会与国家理论作为专题进行研究的并不

多，更多是蕴涵在一些学者与之相关的研究成果中。然而，这一研究又可谓历史悠久、范围广泛。

20世纪初，德国学者亨利希·库诺从社会学的角度理解马克思的社会与国家理论。他在《马克思的历史、社会和国家学说》一书中，从马克思的著作中把各种各样的社会学论述剥离出来，对马克思语境下社会与国家概念间的区别与联系着力进行了阐述，他认为马克思对国家与社会进行了区分，“国家和社会的界限并非重合，而是相互交叉”，“假如社会与国家尽管有某种联系，但依然是不同的产物的话，那么，社会制度与国家制度也是不能等量齐观的”。[1] 在此基础上，他按照其逻辑联系加以整理，追溯其确切的基本思想，详细论述了马克思关于社会制度与国家制度、社会调节与国家调节、社会法律与政治法律的区分，并认为社会是国家的基础，社会制度构成了国家制度的基础。在认真研究了马克思的经济概念的基础上，亨利希·库诺梳理了国家的起源和发展以及无产阶级专政等有关马克思的国家观思想。他指出，马克思对国家强权所怀有的政治敌意使得“政治家马克思”和“社会学家马克思”产生了严重的冲突，认为国家制度是由社会制度所决定的，那么使国家直接为社会弊端负责就是两者之间因果关系的完全颠倒，因为国家只是社会的组织工具。并且，他认为马克思晚年又回到社会学家的国家观道路上，把未来社会主义社会的组织建立在独立的经济公社的基础上[2]。

约翰·麦克里兰等从政治学的角度理解马克思的社会与国家理论。美国学者约翰·麦克里兰在《西方政治思想史》一书中，立足于国家来把握马克思关于社会与国家关系的探索[3]。他认为马克思对近代国家的批判，主要指其“中立”是虚伪之词，明显将国家视为他说的“上层建筑”，其本质取决于其经济基础。在资本主义社会，国家不过是一个管理资产阶级事务的委员会，国家与资产阶级是分开的，但绝对会受资产阶级影响。阶级斗争使国家与社会分开，资产阶级国家与某个特定少数阶级联合，压迫它自己的社会或该社会的多数。阶级斗争尖锐之际，互争支配地位的那些社会力量彼此抵消，国家从中得利。国家如此与社会分立，使之有机会被革命接管。

[1] [德]亨利希·库诺：《马克思的历史、社会和国家学说——马克思的社会学的基本要点》，袁志英译，上海人民出版社2006年版，第247、260页。

[2] [德]亨利希·库诺：《马克思的历史、社会和国家学说——马克思的社会学的基本要点》，袁志英译，上海人民出版社2006年版，第312、327页。

[3] [美]约翰·麦克里兰：《西方政治思想史》，彭淮栋译，海南出版社2003年版，第592—617页。

革命无产阶级的目标应该是把国家变成它们的国家，准备将旧秩序的残余连根铲尽。在未来发展趋势上，国家若如马克思所说，是阶级压制的工具；那么，无产阶级“普遍化”，只剩一个阶级的社会主义未来，国家将不再有存在的必要，但这不是说未来一切管制都消失，因为要组织大规模生产，则一定程度的管制还是必要的。这一点正是马克思与后来无政府主义者的分歧所在。另一位英国学者戴维·麦克莱伦则注意到了马克思的思想变化，认为马克思曾试图强调国家与社会之间的鸿沟，而后来他又把国家视为社会的组成部分[1]。美国学者乔恩·埃尔斯特则从观念的模糊性、国家的自主性、国家的工具主义、国家的退出等方面对马克思关于国家的性质及解释的理解时，认为马克思在国家是“维护统治阶级利益的机构”与“实现社会共同利益的机构”之间存在着矛盾，因为这两种解释不能同时适用于资本主义和共产主义：“统治阶级利益论”在共产主义是无用的，而“社会共同利益论”在资本主义则是误导的[2]。

查尔斯·泰勒等则做出了关于马克思语境下的“市民社会“的不同解读。在马克思的著作（特别是早期著作）中，社会和国家经常被表征为“市民社会”和“政治国家”，因此，研究马克思的社会与国家理论时，“市民社会”便成为不可回避的论题。关于“市民社会”，有的学者将其等同于“经济基础”，如查尔斯·泰勒认为马克思沿用了黑格尔的概念，把市民社会“几乎完全地化约为经济领域”[3]。有些学者则认为不能仅从经济层面理解马克思语境中的“市民社会”，如爱德华·希尔斯认为马克思用“市民社会”这一术语“指谓社会的全部，而不仅是其中的一部分”[4]。有的学者，如戈登·怀特还认为马克思依据“市民社会”的兴起，而将市民社会等同于“资产阶级社会”[5]。在《布莱克维尔政治学百科全书》中，戴维·米勒则将马克思的市民社会概念解释为“近代西方工业资本主义社会里据认为是国家控

[1][英]戴维·麦克莱伦:《马克思思想导论》,郑一明、陈喜贵译,中国人民大学出版社2008年版,第207页。

[2] [美]乔恩·埃尔斯特:《理解马克思》,何怀远译,中国人民大学出版社2008年版,第381页。

[3] [加]查尔斯·泰勒:《社会社会模式》,载邓正来、[美]J·C·亚历山大:《国家与市民社会——一种社会理论的研究路径》，上海人民出版社 2006 年版，第 38 页。

[4] [美]爱德华·希尔斯：《市民社会的美德》，载邓正来、[美]J·C·亚历山大：《国家与市民社会——一种社会理论的研究路径》，上海人民出版社 2006 年版，第 53 页。

[5] [英]戈登·怀特：《公民社会、民主化和发展》，载何增科：《公民社会与第三部门》，社会科学文献出版社 2000 年版。

制之外的社会、经济和伦理秩序”[1]。日本学者吉田杰俊则把马克思语境下的“市民社会”区分为作为贯通全部历史“基础”的市民社会、近代资产阶级市民社会、未来社会中的市民社会，认为贯通历史的市民社会，是“由‘生产关系总和’之‘基础’的市民社会、与其基础‘对应’并被其‘制约’之‘社会和政治以及精神生活过程’的‘上层建筑’的市民社会既区别又复合构成的”[2]。

此外，葛兰西、哈贝马斯等“西方马克思主义”学者基于欧美社会的历史和现实背景，在马克思的基础上对市民社会的本质及其与国家的关系提出了具有启发意义的新观点。如葛兰西认为“市民社会”并不是经济基础，而是与“国家”同属于上层建筑，并且二者不存在决定与被决定的关系，并曾认为“国家＝政治社会＋市民社会”[3]。在他看来，市民社会主要指非国家性的、不属于国家的社会组织，代表着从经济系统中独立出来的与政治系统相并列的“智识”、文化意识形态系统，既包括政党、学校、教会等民间组织所代表的社会舆论系统，也包括新闻媒体、学术团体所代表的意识形态系统。哈贝马斯也是从文化的角度对市民社会的功能进行了分析，但他并没有像葛兰西那样否认市民社会的经济性，而是从经济利益与经济关系出发审视资产阶级私人领域，认为市民社会是一种独立于政治国家的“私人自治领域”，它包括私人领域（经济领域）和公共领域[4]（社会文化生活领域），认为正是文化公共领域或市民社会构成了现代国家的合法性基础。这样，葛兰西、哈贝马斯等就在马克思市民社会与政治国家二分法的基础上提出“政治国家—市场经济—公民社会”三分的分析框架。

（二）国内研究成果[5]

受苏联传统马克思主义解释体系的影响，有关马克思社会与国家理论的研究在国内长期被忽视，或被“经济基础—上层建筑”原理取代。改革开放以来，我国理论界、学术界不断解放思想、冲破对马克思主义各种错误或教条式理解的桎梏，对马克思的社会与国家理论展开探讨。从已掌握的资料看，20 世纪 80 年代初叶，汤在新对社

[1] ［英］戴维·米勒：《布莱克维尔政治学百科全书》，中国政法大学出版社 1992 年版，第 126 页。

[2] ［日］吉田杰俊：《市民社会论——其理论与历史》，日本大月书店 2005 年版，第 75 页。

[3] ［意］葛兰西：《狱中札记》，曹雷雨等译，中国社会科学出版社 2000 年版，第 7、218 页。

[4] ［德］哈贝马斯：《公共领域的结构转型》，曹卫东译，学林出版社 1999 年版，第 32—34 页。

[5] 有关国内研究成果的详细内容请参阅附录《新时期国内有关马克思社会与国家理论研究综述》。

会所有制与国家所有制问题的研究[1]涉及经典作家预设的社会主义条件下社会与国家关系问题，可以看作我国学界研究马克思社会与国家理论的萌芽。1986—1988年，荣剑通过《关于马克思国家和社会学说的若干问题探讨》、《马克思的国家和社会理论与改革》、《关于马克思国家和社会学说的若干问题探讨》、《对马克思国家和社会理论的再认识》、《试论马克思主义的一体化过程——马克思国家和社会理论逻辑关系的考察》五篇论文围绕社会决定国家、社会与国家二元化、社会与国家重新统一三个基本原理集中探讨了马克思的国家和社会理论，这可以看作我国学界对该课题研究的开端。此后，学者们从哲学、政治学、经济学、社会学、法学等不同的学科视角对马克思的社会与国家理论展开广泛而深入的研讨，形成了比较丰硕的研究成果。

在马克思的早期著作中，“政治国家”和“市民社会”是他用来表征“国家”和“社会”的一对主要范畴[2]，所以大多数学者都是以马克思的市民社会理论为切入点研究其社会与国家思想的，把市民社会与国家的关系视作社会与国家的关系来探讨。同时，也有学者把马克思的社会有机理论看作理解社会概念的重要思路，但在其探讨社会与国家关系时也把“市民社会”看作不可回避的概念，认为“社会有机”和“市民社会”两个概念都揭示了社会作为与国家相对应存在的组织形式的基本属性[3]。具体来说，国内有关马克思社会与国家理论的研究主要集中在以下几个方面。

首先，关于社会与国家辩证关系的研究。学者们普遍认为马克思是把社会作为国家的决定因素。有些学者从社会和国家的经济性质来阐述，认为国家问题归根到底应从社会经济生活中解释[4]，社会经济形态的性质决定国家的历史类型，国家在形式上是全社会公共利益的代表，但在实质上却是社会中占统治地位的阶级的工具。有些学者从国家产生和存在根源的角度说明社会对国家的决定作用，认为整个人类社会本身就是一个社会有机体，国家作为社会存在的产物，必须处于整个社会有机体的组织体系和矛盾运动之中，社会有机体对于国家来说是基础性的。社会是孕育

[1] 汤在新:《社会所有制和国家所有制——读马克思恩格斯著作札记》，载《武汉大学学报（社会科学版）》1981年第3期。

[2] 荣剑：《马克思的国家和社会理论》，载《中国社会科学》2001年第3期。

[3] 朱光磊、郭道久：《政治学基础》，首都经济贸易大学出版社2007年版，第36页。

[4] 王沪宁:《政治的逻辑：马克思主义政治学原理》，上海人民出版社2004年版，第98—102页。

国家的母体，为国家提供一种合法性证明[1]。还有些学者从主客体双重维度分析社会对国家的决定作用，认为国家和社会的关系，在客观方面表现出来，就是由经济基础和上层建筑的关系，从社会主体方面揭示了人民群众决定国家官员，即人民群众有权决定国家的一切事务，有权参与制约国家的一切活动，有权选举、监督和罢免国家官员[2]。另外，一些学者在坚持社会决定国家观点的同时，注意到了马克思关于国家的相对独立性及其对社会反作用的阐述，认为国家产生后，便脱离社会而独立存在，并作为相对独立的力量驾驭着社会。在弄清了马克思关于社会与国家关系的论述之后，一些学者考察了社会与国家关系的演化过程，认为在马克思看来，国家与社会的关系经历了“国家凌驾于社会之上——国家与社会的关系逐渐向平行、平衡状态——国家权力向社会复归”的演化过程。

其次，关于社会与国家分化与统一的历史进程研究。一些学者将社会与国家的分离具体区分为逻辑的分离和现实的分离，认为国家产生与存在的核心前提——阶级差别与阶级对立——是促使国家与社会脱离的关键因素。然而，学界们普遍认为，社会与国家的现实分离是到了近代资本主义才完成的，其原因来自商品经济的发展和资产阶级革命。而且，学界普遍认识到马克思对社会与国家分离的肯定意义，认为它使等级制转变为代表制；它使权力的分立成为必要；它确立了人权和公民权的原则[3]；个体的经济活动摆脱了政治因素的层层干扰，按照不同于政治原则的市场交换原则自主运行[4]。然而，学者们注意到，马克思发现了国家和社会的分离在资本主义时代所形成的新矛盾——政治形式上的平等和经济实际上的不平等之间的矛盾；引起人的本质的异化，即分裂为私人和公民的二重化[5]。有的学者还把资本主义社会与国家的对立区分为两种类型：一种是政治国家与市民社会的对立，其实质是资产阶级内部的利益矛盾与冲突；另一种是主要由无产阶级组成的社会与资产阶级控制

[1] 孙晓莉：《中国现代化进程中的国家与社会》，中国社会科学出版社 2001 年版，第 28 页。

[2] 荣剑：《社会批判的理论与方法——马克思若干重要理论研究》，中国社会科学出版社 1998 年版，第 106—109 页。

[3] 何增科：《市民社会概念的历史演变》，载《中国社会科学》1994 年第 5 期。

[4] 李佃来：《马克思关于国家与市民社会关系内涵之探讨》，载《湖北行政学院学报》2007 年第 3 期。

[5] 荣剑：《马克思的国家和社会理论》，载《中国社会科学》2001 年第 3 期。

的国家之间的矛盾，其实质是两大阶级的矛盾[1]。学者们认为马克思把资产阶级所完成的国家和社会的二元化的实质看作是国家对政治的垄断和对经济的放纵[2]；把国家与社会分离引发的新矛盾的根源归因于生产资料的资本家所有制所体现的劳动与资本的对立。于是，马克思认为社会与国家相分离的政治解放，只是反对国家同社会相异化的一个表现形式，而要消除这种异化，就必须实行使人类获得彻底解放的社会革命，克服社会与国家的对立，实现国家权力向社会的复归，而要实现这种复归，就必须与资本逻辑的颠覆结合起来，走向没有资本统治的“自由人联合体”[3]；建立新型的民主制度，使人民重新掌握自己的社会生活和政治生活[4]。还有的学者从伦理学的角度阐释了社会与国家分化与统一的思想，认为社会与国家同一的古代时期是人性和自由泯灭的阶段，国家与社会的分离也造成了人的本性的二元化和异化，而国家向社会复归之日也是人的自由和全面发展实现之时[5]。

再次，关于马克思语境下的“市民社会”概念研究。学者们在探讨马克思的社会与国家理论时，往往要涉及市民社会问题。然而，对于马克思著作中的“市民社会”的理解，学界存在不同见解。一种长期流行的传统观点认为，“市民社会”是马克思在早期从黑格尔那里借用的一个不科学的概念，在晚期成熟著作中就被更科学、更准确的“经济结构”、“经济基础”、“生产关系的总和”等概念取代了，而市民社会则专指“资产阶级社会”。近些年来，学者们普遍对此观点提出质疑。针对将市民社会等同于经济基础的观点，有学者认为，在马克思那里，“市民社会”是指整个市场经济社会中的私人生活，而“生产关系”或“经济基础”只是这一私人生活的本质形式[6]；马克思之所以经常把市民社会等同于资产阶级社会，是因为在他所处的历史时期及以前，资本主义社会是市民社会最典型的状态，市民社会的所有内涵在资本主义条件下得到了最充分的暴露。学界在对市民社会传统认识的辨析和

[1] 刘先江：《政府管理社会化改革研究——基于“国家与社会关系”的视角》，湖南师范大学出版社2007年版，第53—54页。

[2] 荣剑：《社会批判的理论与方法——马克思若干重要理论研究》，中国社会科学出版社1998年版，第95页。

[3] 仰海峰：《超越市民社会与国家：从政治解放到社会解放——马克思的国家与市民社会理论探析》，载《东岳论丛》2005年第2期。

[4] 荣剑：《马克思的国家和社会理论与改革》，载《马克思主义研究》1987年第1期。

[5] 陶艳华、何昱：《马克思国家与社会关系思想的伦理关怀意蕴》，载《道德与文明》2009年第1期。

[6] 王新生：《市民社会论》，广西人民出版社2003年版，第27页。

批判的过程中重新认识了马克思的市民社会概念，普遍认为马克思在不同的语境中对市民社会概念的不同阐述，只是对市民社会不同维度的把握，不存在理解上的根本对立。在他看来，“物质生活关系的总和”是市民社会的实质，“私人利益的体系”是市民社会的基本生活领域，以商品交换关系为核心的“社会组织”是市民社会的载体，平等的私有者在分工的前提下的自由“交往形式”是市民社会的现实过程，以资本和雇佣劳动的对抗为核心的“资产阶级社会”是市民社会的典型形态。

最后，关于社会与国家与“经济基础—上层建筑”的比较研究。有的学者把社会与国家等同于“经济基础—上层建筑”使用，认为马克思在揭示了市民社会和国家的正确关系的基础上，进一步把两者的关系提升到经济与政治、经济基础与上层建筑的关系的高度，在马克思那里，市民社会同经济基础大体相当，属于社会存在的领域；国家属于上层建筑[1]。有些学者则对此观点提出了质疑，认为社会决定国家的意义与经济基础决定上层建筑的意义并不完全相同，不能完全用后者来解释前者，或取代前者[2]。从研究视角看，用生产力、生产关系（经济基础）和上层建筑的“三分法”分析社会历史问题，可以科学地揭示物质生产内部的发展动力（生产力和生产关系的矛盾运动），揭示作为上层建筑的国家的阶级实质（国家实际上是在经济上占统治地位的阶级的国家），揭示生产关系必须适应应生产力性质、上层建筑必须适应经济基础的发展要求的社会发展规律；用市民社会和国家二分法分析社会问题，可以进一步揭示社会物质生活关系和政治生活关系领域所具有的特殊性和普遍性的特点，揭示二者从同一到分化，再到融合走向统一的社会发展规律[3]。

（三）对现有研究成果的评析

总的看来，应该肯定地指出，国内外有关马克思社会与国家理论的研究取得了很大成绩和重要的进展，但也不可否认，学界对该问题的研究尚有一些不足之处，存在着拓展研究理路的可能性和必要性。

首先，现有的研究成果多是从哲学、经济学、政治学、社会学、法学等不同学科对马克思的社会与国家理论进行的研究。这种分门别类的研究固然有助于从一个切入点展开对问题的深刻理解，但学科间的壁垒也造成马克思社会与国家理论的分

[1] 王岩：《马克思的“市民社会”思想探析——兼论“市民社会”理论的现代意义》，载《江海学刊》2000年第4期。

[2] 荣剑：《对马克思国家和社会理论的再认识》，载《江汉论坛》1987年第4期。

[3] 李淑珍：《马克思市民社会概念辨析》，载《学术界》1997年第1期。

散存在，成为了“肢解马克思主义”的不自觉的形式，使读者不容易把握马克思主义的完整形态。其实，“社会与国家”本身是一个横亘于哲学、经济学、政治学、社会学、法学等学科之间的论题。有学者认为，马克思国家和社会理论体现了马克思主义各个组成部分的有机联系和逻辑关系：历史唯物主义是国家和社会理论的逻辑起点；政治学（狭义的科学社会主义）和经济学是国家和社会理论的逻辑展开，它们分别以国家和社会的本质及其发展规律为主要研究对象；科学社会主义（广义的科学社会主义）是政治研究和经济学研究的必然结论，是国家和社会理论的逻辑终点[1]。这其中的具体表述虽然有值得商榷之处，但其基本精神是很有价值的，即马克思强调“国家—社会”作为一个有机整体，为以整体性和动态性的视角来研究“国家—社会”的框架开辟了道路[2]。因此，今后要注重从整体上研究马克思的社会与国家理论。通过整体性研究完整地把握该理论的内在逻辑结构，研究其基本概念与相关概念、概念外延与概念内涵、概念形成与概念发展以及概念与概念之间的内在联系，揭示其对马克思主义的唯物史观、剩余价值学说以及以此为理论基础的科学社会主义的集中阐明，从而把马克思主义的立场、观点、方法统一起来，给予马克思的社会与国家理论以马克思主义的完整形态。

其次，从现有的研究成果看，从哲学、政治学等学科研究马克思社会与国家理论的较多，而经济学等学科研究最近几年才刚刚起步，且研究也多是从经济哲学的层面进行探讨。这种研究固然有助于阐明马克思社会与国家思想的一般性原理，但不利于深入把握资本主义条件下社会与国家的矛盾运动的本质和特点。如很多学者仅仅局限于哲学层面开展研究，往往容易将“社会与国家”简单地归结为“经济基础与上层建筑”，因为“经济基础”、“上层建筑”本身就属于哲学的范畴。出现不同学科领域研究进展不平衡的原因之一，在于学者们围绕《黑格尔法哲学批判》、《论犹太人问题》、《神圣家族》、《德意志意识形态》等马克思早期哲学著作展开对该问题研究的较多，而对《德意志意识形态》之后的作品（如《资本论》及其手稿等）和马克思成熟时期的思想关注较少。而按照通常理解，《德意志意识形态》是唯物史观的初步创立，《哲学的贫困》是马克思主义的第一次公开阐释，《共产党宣言

[1] 荣剑：《试论马克思主义的一体化过程——马克思国家和社会理论逻辑关系的考察》，载《江淮论坛》1988 年第 1 期。

[2] 白立强：《究竟是“社会国家化”还是“国家社会化”？——从马克思“国家—社会”结构理论看当代中国“政治国家”与“市民社会”的关系》，载《理论探讨》2007 年第 2 期。

的发表》则标志马克思主义的诞生。也就是说，《德意志意识形态》仅仅是马克思社会与国家理论形成过程中的一个重要环节，绝不能仅仅就此收笔，否则，马克思思想中体现其特质的最“出彩”的地方就要被遮蔽掉。经典形式的历史唯物主义意味着资本主义社会的自我认识[1]，而对作为市民社会典型形态的资本主义社会的解剖“应该到政治经济学中去寻找”[2]。从19世纪40年代中期到《资本论》发表，马克思通过对西欧发达国家的考察，尤其是通过对典型的工业化国家——英国的考察，在多元视阈中解释社会结构变迁，得出重要结论：“国家—社会”结构具有客观性、层次性、互动性、多样性四个基本特征[3]。因此，停留在哲学和政治学层面、拘泥于马克思早期思想的解读，是与马克思的本意和思想历程相违背的。今后要加重经济学研究的分量，要重视《资本论》及其手稿等马克思成熟时期的著作的研究，从而深刻认识资本主条件下社会与国家矛盾运动规律，更好把握超越市民社会与国家、实现人类解放的理论逻辑。

再次，现有的研究成果多是从“市民社会”论的视角加以研究，而对马克思“社会有机”论则很少提及。这也是与当前多数学者对马克思的社会与国家的思想仅仅研究到《德意志意识形态》、忽视马克思成熟时期著作（特别是马克思晚年的《古代社会历史笔记》）而缺乏研究的整体性有关。如对东方社会、史前社会的关注不够，试图以西欧历史的典型形态解释人类历史的一般发展规律。这使得在马克思社会与国家理论的研究中遗留着若干基本的理论问题。如马克思所说的社会与国家，是不是就等同于“市民社会”与“政治国家”？马克思市民社会思想和社会有机思想所理解的社会与国家理论是否存在不同之处？源于西方的“市民社会”论理论范式是否适用于分析东方社会？社会与国家与“经济基础—上层建筑”是不是同属一个研究范式？作为分析框架，社会与国家与“市民社会—政治国家”以及“经济基础—上层建筑”存在哪些联系和区别？再有，近年来国内众多学者开始使用“公民社会”的概念，提出“政治国家——市场经济——公民社会”三分法的分析框架。这与马克思的社会与国家模式又有何异同之处呢？这些遗留问题尚需我们进一步研究和回答。

[1] 参见卢卡奇：《历史与阶级意识》，商务印书馆1995年版，第312页。

[2] 《马克思恩格斯文集》第2卷，人民出版社2009年版，第591页。

[3] 白立强：《究竟是“社会国家化”还是“国家社会化”？——从马克思“国家—社会”结构理论看当代中国“政治国家”与“市民社会”的关系》，载《理论探讨》2007年第2期。

又次，现有的研究成果多是从“论”的角度探讨马克思社会与国家理论的一般原理。这固然有助于深刻挖掘马克思社会与国家理论的深刻内涵，但也造成了对该理论形成和发展的来龙去脉的模糊认识。少量以经典著作为主线按时间顺序对该理论形成和发展的基本线索进行梳理的“史”类成果，虽体现出史学的时间严谨性和引经据典的论证严谨性，但多散见于马克思主义学说史的宏观研究中，内容和结构相对松散，缺少对一些重要观点和核心命题的整体性和集中性的系统研究，且更多地止步于《德意志意识形态》或之前的著作，使读者不能在短时间内全面把握该理论的思想内涵。因此，今后的研究要注重纵横交错、史论结合，在以史为线索揭示马克思社会与国家思想发展进路的基础上，不拘泥于马克思经典文本中的具体结论并超越不同文本之间的差别而把握其本真精神，对其在不同时期形成的基本观点加以集中论述，并考察这些观点之间的逻辑关系和内在联系，以展示马克思社会与国家理论的历史的、完整的形态。

三、马克思主义发展史视阈下的马克思社会与国家理论

与大多数研究成果过于偏重理论研究相比，本书以史论结合、以史带论的方法研究和阐述马克思对社会和国家问题的原理性分析。一方面，在章节安排和文本选取上基本上遵循时间顺序，着眼于“史”，即从思想史的视角全面梳理马克思社会与国家理论系统论述这一理论从形成到成熟再到丰富的几个发展阶段，以求对马克思思想的完整把握；另一方面，立足于“论”，在每一章、每一节都围绕着一个集中的主题进行阐发，从而既把握了该理论的来龙去脉，又容易把握该理论的核心思想。这样，本书就从内容、学科、文本三方面突出了马克思主义研究的整体性，内容的整体性就是阐明了马克思社会与国家理论所集中蕴含的唯物史观、剩余价值学说以及以此为理论基础的科学社会主义思想；学科的整体性，就是综合运用哲学、经济学、政治学、社会学等学科的知识和方法，将马克思社会与国家理论贯通其中，以消除分门别类研究的学科痕迹。文本的整体性，就是既关注马克思早期的著作，如《黑格尔法哲学批判》、《德意志意识形态》等，更重视成熟时期的著作，如《资本论》及其手稿、《古代社会史笔记》等。

从总体上看，马克思社会与国家理论的核心思想可以用“两重论域、两条线索、两个维度”来概括。

“两重论域”是指马克思是从“市民社会”论和“社会机体”论双重论域把握

社会与国家问题的。

早年马克思也是黑格尔理性国家观的崇拜者。然而，《莱茵报》时期的经验认识使曾受黑格尔主义影响的马克思对理性国家观产生了动摇。他通过若干篇政论性文章揭示了“实然”的普鲁士国家与“应然”的理性国家间的矛盾。于是，在《黑格尔法哲学批判》中，马克思把被黑格尔颠倒了的国家与市民社会的关系又颠倒了过来，初步阐述了“市民社会决定国家”的结论，并在《德法年鉴》中从“人”的高度公开申明了这一立场。随着研究的深入，他便开始关注二者的统一性问题。经过《神圣家族》提出“市民社会是国家的自然基础”的认识，在《德意志意识形态》中，他又深刻阐明了“市民社会构成国家的现实基础”的观点，从而预设着把国家纳入社会机体中整体把握的思想走势。在《哲学的贫困》中，马克思又进一步明确了“社会”的概念，确立“社会机体”和“资产阶级社会”作为从历史维度和现实维度考察社会与国家关系的主要范畴，从而形成了对二者关系的科学认识。

这里，“市民社会”论强调的是国家与社会的区别与对立，“社会机体”论关注的是国家是社会的组成部分，强调二者的联系。马克思把被黑格尔颠倒了的国家与社会的关系又颠倒了过来，得出“市民社会决定国家”的结论，科学阐述了社会与国家的关系，并把市民社会概念从黑格尔的“需要的体系”改造为“物质的生活关系的总和”，且突破“私人利益—公共利益”的模式，从“实际的利益内容”与“虚幻的共同体”分离的新维度探究了市民社会与国家的关系。

然而，从“市民社会”出发研究社会与国家的关系还存在着时间上和空间上的局限：“市民社会”作为与“国家”相对应的范畴，是随国家的产生而出现的，也必将随着国家的消亡而失去意义，因而在时间上无法对国家的起源和未来发展做出科学的解释；同时，市民社会也是随着欧洲中世纪晚期城市自治权的出现而兴起的，具有厚重的西欧传统和文化底蕴，因而在空间上仅适用于西方世界，对东方社会与国家发展的解释力不强。

于是在马克思著作中，“社会机体”逐步取代“市民社会”成为研究社会与国家关系的新视角。如他在《法兰西内战》（初稿）中说：“以其无处不在的复杂的军事、官僚、宗教和司法机构像蟒蛇似的把活生生的市民社会从四面八方缠绕起来（网罗起来）的中央集权国家机器”[1]，而在二稿和公开出版的《法兰西内战》中，此句

[1] 《马克思恩格斯文集》第3卷，人民出版社2009年版，第191页。

中的“市民社会”就改成“社会机体”了[1]。在“社会机体”论的解释中，国家是社会的组成部分，从而在逻辑上就可以推出国家脱胎于社会内部并最终向社会复归的结论。

“两条线索”主要是指马克思沿着政治批判和经济批判两条线索分别展开对资产阶级国家和资产阶级社会发展的矛盾和规律的详细考察。

这在马克思早期研究中就有所体现。如在《黑格尔法哲学批判》中，马克思通过对黑格尔理性国家观和普鲁士王国的批判，揭示出立宪君主制的国家同市民社会的对立；而在《1844年经济学哲学手稿》中，他则第一次深入政治经济学领域，通过对“异化劳动”的研究揭示出现代社会与国家对立的经济根源。在马克思思想成熟时期，这两条线索则更加清晰可见。在《共产党宣言》和发表在《新莱茵报》中的政论文章中，马克思通过分析西欧资产阶级社会与国家分离的历程和“现代”意义，揭示“现实”社会与“虚幻”国家的二元矛盾及其经济根源和未来发展趋势，从而揭示了资产阶级社会与国家关系的深刻历史内涵。此后，他便沿着政治批判和经济批判两条线索，分别对资产阶级国家和资产阶级社会发展的矛盾和规律做了详细的考察。马克思对现代国家的资产阶级本质及其与社会相异化的趋势展开了批判，认为现代资产阶级国家表现出社会少数人掌权压迫社会多数人的趋势，其政权的权力结构也呈现出行政权支配立法权的态势，从而使其逃脱不了与社会异化的“历史宿命”，并最终要被“真正的社会共和国”所超越；在撰写《资本论》的过程中，他沿着政治经济学批判的路向，以资本逻辑为基础，对资产阶级社会的内部结构及其本质则有了完整的认识和把握，揭示出现代社会以“自由交易”的形式和“等价交换”形式掩盖着劳动所有者受制于资本所有者的本质，从而彻底弄清了资产阶级社会与国家对立的社会经济根源，从而也揭示了现代资产阶级国家与社会相异化的“斯芬克斯之谜”。但是，这两条线索不是永不相交的平行线，而是通过探寻国家中的社会相关性和社会中的国家相关性，更好地找到连接社会与国家二者关系的“关节点”和“中枢神经”。

应该说明的是，尽管马克思将市民社会概括为“物质生活关系的总和”，对资产阶级社会也主要是经济的批判，但这并不意味着他把社会仅仅理解为物质或经济领域。“物质生活关系的总和”只是马克思对市民社会概念的实质性规定，从经济

[1] 参见《马克思恩格斯文集》第3卷，人民出版社2009年版，第218、157页。

上批判资产阶级社会主要也是从本质上讲的。其实，马克思在早期就提出过构成市民社会的“物质要素”和“精神要素”的思想[1]，使得自己的“社会与国家”的分析框架呈现出一种复合二元结构，即总体上将社会机体分为社会与国家两个领域，在此基础上又在社会中区别出物质要素和精神要素。说它“复合二元”是在于这时“精神”和“物质”还只是同属于社会领域的“要素”，还没有形成自己独立的领域，因而总体上还属于社会与国家两分法范畴，但其中也蕴含着“国家—市场—社会”三分法的意蕴。他分析国家的起源时，在着重考察国家产生的物质动因的同时，还注意到了宗教在国家起源中的作用；在对资产阶级社会的资本逻辑做出深刻的经济批判同时，还对其思想文化层面的拜物教秘密做了深刻揭露；在预测未来“自由人联合体”超越资产阶级社会与国家时，同时强调要同“传统的所有制关系”和“传统的观念”两个方面实行最彻底的决裂。

“两个维度”是指马克思始终是从“现实”和“历史”这两个维度把握社会与国家的发展规律。

马克思沿着两条线索详细考察资产阶级国家与社会发展的矛盾和规律，就是在“现实”维度上的把握 社会与国家在资产阶级时代实现了现实的分离。这种分离使“阶级”取代“等级”成为社会的基本主体，“货币本位”取代“权力本位”成为社会行为准则和价值标准，“代议民主”取代“君主专制”成为国家制度的核心内容。但是，社会与国家在资产阶时代的分离也使自身无法克服的二元化矛盾充分暴露出来了，其表现为资产阶级国家日益与社会相异化的趋势，根源在资本支配劳动的社会秩序，这也预示着资产阶级社会与国家必然被超越的历史命运。

“历史”的维度主要是考察社会与国家一般的发展规律，而“现实”的维度则主要是对马克思所生活的西欧资产阶级社会与国家分化与统一的历史进程的考察。从历史维度看，国家作为社会存在的产物，虽然表面上脱离社会而独立存在，但它必须处于整个社会有机体的组织体系和矛盾运动之中：国家产生之初，国家与社会的关系表现为国家凌驾于社会之上；随着社会的不断发展和成熟，社会逐渐获得独立自主性，而国家在权力、能力、权威等方面进行自我限制，这时国家与社会的关系逐渐向平行、平衡状态演变；当社会发展到一定阶段，社会将公共权力逐渐收回，国家也将随之消亡并回归于人类社会。在《资本论》、《法兰西内战》、《哥达纲

[1] 《马克思恩格斯全集》第 3 卷，人民出版社 2002 年版，第 187 页。

领批判》等著作中，马克思对国家向社会复归的历史趋势作了科学的预测，而且特别强调这种复归需要经历“共产主义第一阶段”和“无产阶级专政”的长期过渡时期才能实现；在其晚年的《古代社会史笔记》中，他通过批判地吸收摩尔根、梅恩、拉伯克著作中对史前社会的考察的合理成分并加以改造，从而揭示了国家脱胎于社会内部的矛盾运动，而系统阐述这一成果的“遗愿”又被恩格斯在《家庭、私有制和国家的起源》中予以完成。

马克思从“现实”维度研究的目的是通过剖析资产阶级社会这一典型的、充分发展了的、能够借此透视一切已经消亡了的社会关系的“标本形式”和作为“最完备的国家机器”的资产阶级国家来更好地揭示社会与国家分化与统一的一般发展规律，而他从“历史”的维度研究史前社会和未来社会，是为了更好地解释资产阶级社会与国家的历史暂时性。另外，马克思还把目光也投向了世界的东方，在《资本论》手稿中考察了亚细亚生产方式下村社的自给自足的性质决定东方国家的专制性的规律的基础上，晚年他又在《古代社会史笔记》和给查苏利奇的复信中分析俄国保留公有制的农村公社的特殊性，并探讨了东方社会与国家跨越资本主义“卡夫丁峡谷”的可能性，从而也补充了单从西方世界研究社会与国家发展的一般规律的不足。

当然，马克思的思想又是一贯的，如国家向社会的复归是他一生的终极追求。这就造成了“史”与“论”的矛盾不可避免。尤其是，诸如《资本论》这样的鸿篇巨著，基本上倾尽了马克思多半生的心血，不好严格地将其划入“中期”或是“晚期”，且在内容上既有对现实资产阶级社会的剖析，又有对未来社会的预测。于是，本书将采取“重点突出、前后照应”的方法予以处理。根据论证问题的需要，在阐释马克思“中期”和“晚期”的思想中都有所涉及。再比如，马克思对东方社会的关注主要是在晚年，然而他在19世纪50年代也对此有过重要论述，因此，本书将采取“重点突出、前后照应”的方法予以处理，在阐述该问题时也将其纳入其中。这种谋篇，既没有违反历史主义原则，又保证了思想的完整性。

此外，学界对当代有关社会与国家的理论多是介绍和梳理，存在着将西方社会与国家的历史经验以及在其间产生的社会与国家关系理论、公民社会理论等预设为一种普世的、跨文化的经验和理念，并用其规划中国的改革，缺少必要的辨析。本书在系统阐述马克思社会与国家理论的基础上，以其所体现的马克思主义的立场、观点和方法，对当代西方社会与国家关系理论的新变化，如对社会与国家关系的认识从“对立”到“互动”的变迁、基于“国家—市场—社会”三分法的公民社会理论以及全球化视阈下的社会与国家关系等，以揭示其中哪些是对马克思思想的印证，哪些是与马克思思想的根本分歧，哪些是值得借鉴的精华，哪些是需要扬弃的糟粕，以更好地认识中国的历史和国情、指导中国的改革。

第一章　对市民社会与国家关系的厘清

——马克思社会与国家理论的形成

在马克思的早期著作中，他主要使用与国家相对应的“市民社会”范畴来表征“社会”，用以探讨社会与国家的关系。他也正是在厘清二者关系的基础上逐步形成对社会与国家问题的科学认识的。

第一节　西方社会与国家思想的历史演进

自国家产生以来，它与社会错综复杂的关系便构成了思想家们长期探究的论题。无论是古希腊人对城邦制度的思考，还是中世纪教权与俗权的论争；无论是洛克、卢梭、亚当·斯密等近代自由主义关于自然法、社会契约以及“看不见的手”理论的阐述，还是黑格尔对理性国家的论证，无数思想家都在思考着这样的问题：国家从哪里来，国家在做什么（doing）和应该做什么（should do）。于是，“社会与国家”构成了西方思维中经久不衰的分析框架。因为第一个问题是要回答“社会与国家，何者为第一性”，第二个问题则是对“社会和国家边界与互动”的探寻。两千多年来，西方不同时期的思想家们均对此问题有着卓有建树的论述。这为马克思用唯物主义的观点正确阐明社会与国家的关系，在人类思想上第一次论述社会决定国家的历史观，科学界定社会和国家的本质，揭示二者矛盾运动的基本规律及其历史走向提供了思想基础。“问渠哪得清如许，唯有源头活水来。”马克思的社会与国家思想，也正是在批判继承了前人思想的合理内核基础上逐渐形成的。因此，这里首先要对马克思之前的西方学者的社会与国家思想的演进作一梳理。

一、传统国家主义：社会混同国家

在古希腊时代，个人的生活都依存于城邦共同体，公民通过公民大会或陪审法庭等机构直接参与城邦重大事务的讨论，“对全体希腊人来说，城邦就是一种共同生活”[1]。尽管希腊的语言能够灵活地传递思想的微妙区别，但也只能用“polis”完全涵盖“城邦”，而无法找出合适的词语来区分“国家”与“社会”。柏拉图和亚里士多德都表达了维护全能城邦至高权威的立场。柏拉图在分析“城邦的成长”时指出，人们“之所以要建立一个城邦，是因为我们每个人不能单靠自己达到自足”[2]。他认为一个理想的城邦最好将妇女、儿童、财产、教育交由国家统一管理。亚里士多德也把人类看作是“自然是趋向于城邦生活的动物”[3]。就是说，公民把“对自己私事的关心同参与公共生活结合起来”了[4]，个人不存在不同于城邦的利益，城邦的事业就是个人的事业。同时亚里士多德把城邦看作“至高而广涵的”或“至善的社会团体”[5]，他认为“城邦为若干家庭和（若干家庭所集成的）村坊的结合，由此结合，全城邦可以得到自足而至善的生活，这些就是我们所谓人类真正的美满幸福”[6]。在亚里士多德看来，古希腊的国家与社会是复合而一的，根本不存在国家与社会的区别，其复合的基础和纽带是城邦正义和善业，只有在城邦里，人在家庭和村坊中潜在的本性才能得以实现。这表明，尽管亚里士多德承认并坚持古希腊城邦社会与国家的合一性，但他将城邦与家庭、村坊等加以区分，则是区分社会与国家的尝试，也可看作是开了国家与社会关系研究的先河。而且，亚里士多德把城邦看作是“许多公民各以其不同职能参加而合成的一个有机的独立体系”[7]，完全否定了奴隶、外邦人和妇女的政治权利。这既暴露了他的阶级局限和地域偏见，同时也看作是他对社会和国家加以区分的旁证。它表明，希腊城邦的社会日常生活，尤其是自由人和奴隶的日常生活是有一定独立性和存在空间的，尽管这种最终屈从于政治共同体化的城邦制度的独立性和空间是极为有限的[8]。当然，在古希腊时期，如果城邦要扩展其权威到这些领域，还没有其他社会机构强大到足以与之抗衡的程度，因而也没有思想家能够划出城邦中公权与私权的活动界线。

国家与社会复合并不是一种长期状态。罗马帝国后期和中世纪，基督教的兴起

---

[1] [美]萨拜因：《政治学说史》（上），盛蔡阳等译，商务印书馆1986年版，第33页。

[2] [古希腊]柏拉图：《理想国》，吴寿彭译，商务印书馆1986年版，第58页。

[3] [古希腊]亚里士多德：《政治学》，吴寿彭译，商务印书馆1965年版，第7页。

[4] [美]萨拜因：《政治学说史》（上），盛蔡阳等译，商务印书馆1986年版，第34页。

[5] [古希腊]亚里士多德：《政治学》，吴寿彭译，商务印书馆1965年版，第7页。

[6] [古希腊]亚里士多德：《政治学》，吴寿彭译，商务印书馆1965年版，第140页。

[7] [古希腊]亚里士多德：《政治学》，吴寿彭译，商务印书馆1965年版，第109页。

[8] 马长山：《国家、市民社会与法治》，商务印书馆1965年版，第19页。

成为社会大规模、有组织地对抗国家的初步尝试。思想家们的注意力也逐渐从研究作为一种文明社会的城邦或共和国转向研究教会与国家的关系，试图解决这二者各自的权限问题。如奥古斯丁以两种不同的爱为标志，区分了所谓“上帝之城”（天上之城）和“世人之城”（地上之城）。他认为：“两种爱创造了两种城，由只爱自己甚至连上帝也轻蔑的爱，造成了地上之城，由爱上帝发展到连自己也轻蔑的爱，造成了上帝之城。结果，地上之城为自己而自豪，天上之城为主而自豪。”[1] 在区分“上帝之城”与“世人之城”的理论框架内，他阐述了国家与教会的关系，认为教会代表上帝之城，异教国家则是世人之城的代表。阿奎那继承奥古斯丁的衣钵，在承认国家合理存在的基础上论证了教权高于俗权，认为国家的目的是实现人的理性对于社会生活的要求，教会的目的则是实现人的理性的最高要求——在天国享受上帝的快乐，二者都是上帝的创造物，罗马教皇的权力是耶稣基督交给他的永远不会终止的统治权，世上的一切君主“都应受他的支配，像受耶稣基督本人的支配一样”[2]。然而，教会与国家的区分仅仅是想象中的、抽象意义上的，在实际中二者却纠缠在一起。国家的一些典礼和正式法案需要在宗教的肯定下进行祷告或举行仪式，统治者之间条约的签订和立誓需要圣经和牧师的见证。政府由那些拥有灵魂的人和从小在教会熏陶下的基督徒组成。当教会卷入各种各样的国家功能之中时，国家也同样侵入了教会的重大事务。随着权力的逐渐改变，教会变成了国家捍卫的既有秩序中的一部分[3]。奥古斯丁也认为“上帝之城”和“世人之城”在现实生活中是混合在一起的。因为教会也混杂有灵魂未能得救的人，世俗国家现存的权力是由上帝设立的。其实，所谓的“上帝之城”不过是地上的世俗帝国虚幻的翻版，教会在它的自身内部也逐渐发展起一套等级森严、与国家同构的权力体系——教皇的帝国。

中世纪后期，随着城市的兴起和商品经济的发展，教权与俗权之间较量的优势天平也倾斜到了世俗一方，王权在市民阶层的支持下击败教会而获得了抽象的公共性。一种复归古希腊城邦原则的企图出现了。思想家们为欧洲大部分地区企图建立“国家活动没有社会限制而无边界”的君主专制体制进行辩护。布丹承袭亚里士多德的观点，认为国家是从家庭发展而来的，同时承认神性与自然法的权威。马基雅维里

[1]　[古罗马]奥古斯丁：《上帝之城》，上海三联书店 2008 年版，第 225—226 页。

[2]　[意]托马斯·阿奎那：《阿奎那政治著作选》，商务印书馆 1982 年版，第 44 页。

[3]　[美]莱斯利·里普森：《政治学的重大问题》，刘晓等译，华夏出版社 2001 年版，第 141 页。

则试图证明一位强势君主是当时松散的城市共和国成为一个“国家”的前提[1]，并把国家视为人民认可的有主权的王国，从而赋予“国家”概念以现代意义。霍布斯继承了布丹的国家主权思想，并从自然法和社会契约论的新视角对马基雅维里的“无限国家”思想予以系统阐述。他认为，国家成立之前，人类生活在“一切人反对一切人的战争”的自然状态中。人们为了摆脱“自然状态”，彼此之间共同约定：大家都放弃自己的全部权力并把它交给一个人或由一些人组成的会议，大家的授权“不仅是同意或协调，而是全体真正统一于唯一的人格之中；这一人格是大家人人相互订立信约而形成的，其方式好像是人人都向每一个其他的人说：我承认这个人或这个集体，并放弃我管理自己的权利，把它授予这人或这个集体，但条件是你也把自己的权利拿出来授予他，并以同样的方式承认他的一切行为。这一点办到以后，像这样统一在一个人格之中的一群人就称为国家，在拉丁文中称为城邦。这就是伟大的利维坦（Leviathan）的诞生，用更尊敬的方式来说，这就是活的上帝的诞生”[2]。这样，由于主权者没有参加契约，因而不受契约的限制，国家拥有绝对的权力。人们向国家交出了包括管理自己在内的全部权力和权利，他们必须置身于国家的羽翼之中，单方面服从国家。尽管社会存在君王尚未禁止的“私域”，但它一直受制于君王的特权、侵扰和“教化”的渗透[3]。而且，霍布斯笔下的国家并非“state”，而是“city”这种国家与社会不加区分的混沌概念[4]。这似乎又恢复到希腊人无所不包的城邦理念。然而，这种“复归”同国家与社会相复合的古希腊城邦不可同日而语。这是国家凭借政治强制、思想渗透等特殊手段限制社会脱离自己的控制的观念。它明显反映从传统向近代过渡的特点。

二、近代自由主义：社会先于国家

霍布斯在使用自然法学说为绝对国家理念和君主专制政体论证时，明确地将个人不可转让、不可剥夺的权利看作国家权力的基础，从而开启了近代思想的闸门。随着商品经济的发展和资产阶级革命的胜利，在封建帝国的专制权力体系之外孕育

---

[1] 张康之、张坤友：《对“市民社会”和“公民国家”的历史考察》，载《中国社会科学》2008年第3期。

[2] ［英］霍布斯：《利维坦》，黎思复等译，商务印书馆1985年版，第131—132页。

[3] ［美］约翰·基恩：《市民社会与国家权力形态》，载邓正来、［美］J·C·亚历山大：《国家与市民社会——一种社会理论的研究路径》，上海人民出版社2006年版，第110页。

[4] Thomas Hobbes,*De Cive*,the English version,Oxford:Oxford University Press,1983,p.101.

的所谓“市民”的社会逐渐摆脱了国家的控制而获得了自己独立的活动空间。这时，以自然法学说、社会契约论为理论基础，主张“社会先于国家或外于国家”的近代自由主义思潮应运而生。其中，自由主义的政治思想以保护个人自由、批判专制政治为目的，主要代表人物有洛克、孟德斯鸠、卢梭、康德、潘恩等；而经济自由主义思想则以弘扬市场经济、限制国家干预为目的，主要代表人物当属亚当·斯密。

以洛克为代表的自由主义试图通过个人权力的诉求来限制政府的权力。洛克继承了霍布斯的自然状态假说和国家源于契约的思想。与霍布斯的“战争状态”论不同，洛克把自然状态设定为“完备无缺的自由状态”和“平等状态”[1]，认为自然状态的无序仅是因为裁判者的缺失。在他看来，为了弥补自然状态的不足，人们让渡自己的部分自然权利组成政治社会，“通过那些由社会授权来执行这些法规的人来判断该社会成员之间可能发生的关于任何权利问题的一切争执，并以法律规定的刑罚来处罚任何成员对社会的犯罪”[2]。因此，“政治社会都起源于自愿结合和人们自由地选择他们的统治者和政府形式的相互协议”[3]。洛克基于社会契约的委托代理关系，认为人们让渡的权力交由“社会的”立法机关“按照社会所一致同意的或他们为此目的而授权的代表所一致同意的”的要求制定法律，而“国家的”行政机关按照“一致同意”的规定“来行使执行权[4]，这便是他“立法机关支配行政机关，社会支配政府”的理念[5]。同时，洛克认为人们通过契约让渡给国家的只是保护自己自然具有、不可剥夺、不可转让的自然权利。因此，政治权力“除了保护社会成员的生命、权利和财产以外，就不能再有别的目的和尺度”[6]，它“绝不容许扩张到超出公众福利的需要之外”[7]。国家行为一旦超越人民的委托事项或权限，违背了人民的利益，人们就有权收回通过契约赋予国家的权力，取消给予现存立法机关和执行机关的委托，重新建立政府。这时虽然政治社会与国家紧密关联而未明确区分，但在洛克看来，国家与之前的人类的自然状态是有区别的，夫妻社会、家庭社会还不是所谓的“政治社会”，而且他还将立法权和执行权加以区分。这些均已有了国家与社会二分的

[1]　[英]洛克：《政府论》（下），叶启芳等译，商务印书馆1964年版，第3页。

[2]　[英]洛克：《政府论》（下），叶启芳等译，商务印书馆1964年版，第53页。

[3]　[英]洛克：《政府论》（下），叶启芳等译，商务印书馆1964年版，第63页。

[4]　[英]洛克：《政府论》（下），叶启芳等译，商务印书馆1964年版，第78页。

[5]　[美]萨拜因：《政治学说史》（下），盛蔡阳等译，商务印书馆1986年版，第603页。

[6]　[英]洛克：《政府论》（下），叶启芳等译，商务印书馆1964年版，第109页。

[7]　[英]洛克：《政府论》（下），叶启芳等译，商务印书馆1964年版，第78页。

朦胧意识。

洛克之后，孟德斯鸠沿着社会契约论和分权学说的理路，阐明限制国家权力、保护社会权力的思想，奠定了社会和国家权力的合理分界的理论基础。卢梭有与洛克相同的社会先于国家的理论逻辑，认为国家权力合法性植根于基于“公意”的社会契约。然而，他反对分权制衡而强调主权不可分的观念，容易使国家权力假借“人民主权”和“多数同意”名义，践踏公民的个人自由和权利，最终导致社会被国家所吞并。康德也从一种原始的自然状态出发，认为国家前的那种不通过公法对“你的”和“我的”进行保护的一种政治安排的社会完全可以存在。在他看来，自然状态是一种没有法律和国家的状态，契约的缔结使人们放弃了外在的自由而获得了法律主宰下的自由，国家正是基于这种各个人的意志联合起来的“公共意识”而产生的。这等于康德已明确提出了社会先于国家，国家源于社会的社会与国家二分法的架构。该观念则被同时代的潘恩推向了极致，他将社会与国家（政府）最为鲜明地加以区别。潘恩认为社会和政府无论在起源或目的上都有明显的区别。社会起源于人们追求幸福的需要，政府产生于人们的邪恶。社会的目的在于使人们一体同心，从而积极地增进公众的幸福；政府的目的在于制止人们的罪行，从而消极地增进公众的幸福，使人们获得安全和自由。在他看来，社会在任何情况下都是受人欢迎的，而政府“即使在最好的情况下，也不过是一件免不了的祸害；在其最坏的情况下，就成为不可容忍的祸害”[1]，一个越多管理自己事业从而越少需要由政府来处理的社会，就是越完美的社会。于是，他提出建构“最小限度的国家”的设想，对国家行为进行限制这一主题几乎被推向极致，从而把持自然法学说和契约论思想家的自由主义观念彻底化和普遍化了。他强调国家权力只是基于男性或女性个人积极的同意而委托授予的，人们在任何时候撤销其认可而合法地收回这一权力；只有当国家的组成是经由个人自己的明确同意，且只有当这种积极的同意是通过代议制机制按照宪法加以解释并明确地表达出来时，国家才能被视为是合法的或“文明的”。潘恩通过明确区分国家和社会，在拓深有关国家行为限度的早期现代理论方面起了决定性的作用[2]。

社会与国家的关系类型从根本上取决于社会的经济基础。西方学者早在古希腊时期就以商品经济作为考察社会与国家关系特征的实践背景和理论线索。如亚里士

[1] ［美］潘恩：《潘恩选集》，马清槐译，商务印书馆 1964 年版，第 3 页。

[2] ［美］约翰·基恩：《市民社会与国家权力形态》，载邓正来、［美］J·C·亚历山大：《国家与市民社会——一种社会理论的研究路径》，上海人民出版社 2006 年版，第 115 页。

多德认为，城邦得以确立的道德基础是正义，物质基础是财产与商品交换关系[1]。近代资本主义秩序的确立开辟出尽可能独立于国家而靠市场规律发挥作用的经济领域。以亚当·斯密为代表的经济自由主义者试图从学理上对这种社会与国家分离的内在的经济规定性给予说明。亚当·斯密从“经济人”假设的前提出发，认为各个人“通常既不打算促进公共利益，也不知道他自己在什么程度上促进那种利益……在这场合，像在其他场合一样，他受着一只看不见的手的指导”[2]，“每一个人在他不违反正义的法律时，都应听其完全自由，让他采用自己的方法，追求自己的利益，以及劳动及资本和任何其他人或其他阶级竞争”[3]。因为自由竞争可以增加社会福利，而国家干预私人经济使之符合社会利益“恐不是人间智慧和知识所能做到的”，更有可能会使某些社会成员的福利减少，甚至会因权力自身导致腐败。因此，他从原则上反对国家干预而奉行自由放任的不干涉态度，强调为了维护和促进经济自由和竞争，应尽量发挥市场这只“看不见的手”，通过自由竞争获得社会财富，而将国家权力限制在特定范围内。近代经济自由主义者通过“市场”与“国家”职能的区分看到社会与国家的区别，并将政治自由主义者设想的自然状态下的自由与平等，通过国家保障市场经济下的平等交易和契约自由获得了实现。自由主义思想家们透过对国家权力界限的限定和私人社会不受公共权力侵扰的规定，打破了国家权力无所不及的专制主义思想，为使社会和个人获得政治上的解放提供了学理性引导。然而，自由主义的放任的政策使资本的所有者依靠攫取的巨额财富占领国家退出的领域，并依靠经济权力吞并国家政权进而实现对个人和全社会的控制。

三、国家理性主义：国家决定社会

与“社会先于或外于国家”的近代自由主义观相对应的便是国家理性主义观。它宣扬“国家决定社会”理念，将国家视为公共利益或公共意志的化身，主张个人在国家面前应放弃自己独立的个人权利或私人利益。这一思想在近代的集大成者便是黑格尔，他试图使作为“自在自为的普遍东西”的政治国家不由市民社会决定，而相反地使它决定市民社会[4]。

[1]　[古希腊]亚里士多德：《政治学》，吴寿彭译，商务印书馆 1965 年版，第 27 页。

[2]　[英]亚当·斯密：《国民财富的性质和原因的研究》(下)，商务印书馆 1974 年版，第 27 页。

[3]　[英]亚当·斯密：《国民财富的性质和原因的研究》(下)，商务印书馆 1974 年版，第 252 页。

[4]　《马克思恩格斯全集》第 3 卷，人民出版社 2002 年版，第 113 页。

自古希腊时期以来的众多思想家曾致力于区分国家和社会的努力，并据此做了不少有价值的探索。然而，直到近代市民社会的兴起使公共领域和私人领域之间的分界变得明显起来，该研究才取得了实质性的进展。黑格尔在理论上自觉把握国家和市民社会分化的历史趋势，成为真正将市民社会作为与政治国家相对的概念而与国家做出学理上区分的历史第一人。他完全否定契约论者混淆市民社会与政治社会的观念，认为“契约乃是以单个人的任性、意见和随心表达的同意为其基础的”，只能看作私人之间进行交易的意思表示，而不可能成为国家与私人之间以此进行权利义务设定[1]。因此，通过契约建立起来的共同体其实并不是真正的“政治国家”，而只是人们基于私人利益的、为谋取物质生活需要而相互依赖的一种形式上的共同体，即市民社会。这样，黑格尔就将“市民社会”这个使用了数个世纪的、与“政治社会”具有同等含义的古老概念发展为与国家相对的比较性范畴。在他看来，“市民社会含有下列三个环节：第一，通过个人和劳动与需要的满足，使需要得到中介，个人得到满足，即需要的体系。第二，包含在上列体系中的自由这一普遍物的现实性，即通过司法对所有权的保护。第三，通过警察和同业公会，来预防遗留在上列两体系中的偶然性，并把特殊利益作为共同利益予以关怀”[2]。其中，“需要的体系”构成市民社会及其活动的主要内容。这显露出黑格尔市民社会论的经济活动指向，即从市场经济关系本身出发揭示市民社会的本质。他认为，市民社会成员追求的是以个人福利为主要内容的特殊利益，而这些特殊利益必须“通过成员的需要，通过保障人身和财产的法律制度，和通过维护他们特殊利益和公共利益的外部秩序而建立起来的”独立的单个人的“在形式普遍性中的联合”才能加以实现[3]。

黑格尔从市民社会伦理的“不自足”性切入，推演出国家决定社会的结论。他认为，市民社会是独立的个人为追求各自的利益和目的而联合成的特殊的社会结合形式。它“是个私利的战场，是一切人反对一切人的战场”[4]，充满着自我与他人、个人与社会、特殊利益与普遍利益、贫困与富足等各种各样的矛盾。这就需要一种能包括各个部分的、关心大众福祉的、有手段在竞争者中裁决的力量来调控社会的矛盾和冲突，最大限度地保护社会成员和整个社会的利益不受侵犯。这种力量便是

[1] [德]黑格尔：《法哲学原理》，范杨等译，商务印书馆1961年版，第82—83页。
[2] [德]黑格尔：《法哲学原理》，范杨等译，商务印书馆1961年版，第203页。
[3] [德]黑格尔：《法哲学原理》，范杨等译，商务印书馆1961年版，第174页。
[4] [德]黑格尔：《法哲学原理》，范杨等译，商务印书馆1961年版，第309页。

处于市民社会之外而又高于市民社会之上的、能代表并反映普遍利益的理性国家。于是，他便提出国家决定市民社会的观点。黑格尔从“正—反—合”的辩证理路对国家决定市民社会的观点加以论证。他认为，社会伦理包含了三个环节，即家庭、市民社会和国家。“伦理的最初定在又是某种自然的东西，它采取爱和感觉的形式；这就是家庭。在这里个人把他冷酷无情的人格扬弃了，他连同他的意识处于一个整体之中。但在下一阶段，我们看到原来的伦理以及实体性的统一消失了，家庭崩溃了，它的成员都作为独立自主的人来互相对待，因为相需相求成为他们的唯一纽带了。人们往往把这一阶段即市民社会看作国家，其实国家是第三阶段，即个体独立性和普遍实体性在其中完成巨大统一的那种伦理和精神。”[1] 在他看来，家庭（正）代表普遍性，是直接的伦理精神，市民社会（反）则代表特殊性，而国家（合）就是普遍性和特殊性的统一。正反合三者中，“合”是真理，是大全，是根据。国家以“普遍利益”和“公共福利”为目的，是“伦理理念的现实”和“绝对自在自为的理性”，是人类社会生活关系的最高的、最完满的形式或样式，是真、善、美的统一体，是一切价值最终的赋予者与评判者，其“根据是作为意志而实现自己的理性的力量”[2]，所以国家就成为家庭和市民社会的“真实基础”、“最高权力”和终极目的，是高于市民社会、优于市民社会、决定家庭和市民社会的力量，而家庭和市民社会只是达到国家的中介，在伦理层面处于“不自足”的地位，它们的存在也必须以国家为前提并从属于国家。

黑格尔既完成了对国家与社会的区分，又把握住了现代市民社会的本质特征及它和传统社会的本质区别，实现了对政治自由主义者的“社会契约”说和经济自由主义者的“无形之手”说的哲学反思，开创了对社会与国家关系的现代理解。然而，他极力把市民社会置于国家的控驭之下的努力与界分国家与市民社会的企图是背道而驰的。“国家决定市民社会”的观念实际上隐含着国家权力可以无所不及和社会可以被完全政治化的逻辑，而这种观点及其隐含的逻辑往往趋于使市民社会因被完全政治化而被统合于国家之中[3]。因此，他“对国家加以理想化，以及对市民社会给

[1]　[德] 黑格尔：《法哲学原理》，范杨等译，商务印书馆 1961 年版，第 43 页。

[2]　[德] 黑格尔：《法哲学原理》，范杨等译，商务印书馆 1961 年版，第 259 页。

[3]　邓正来：《市民社会与国家——学理上的分野与两种架构》，载邓正来、[美]J·C·亚历山大：《国家与市民社会——一种社会理论的研究路径》，上海人民出版社 2006 年版，第 103 页。

予道德上的低评价，这两者结合在一起都不可避免地要导致政治上的独裁主义”[1]。而且，这种理想化的国家是黑格尔从“绝对理念”的自我运动出发，经过一系列逻辑论证和理论推演后“想出来的东西”，而不是他对现实国家历史发展的考察。这表明黑格尔对社会与国家之间的区别并没有完全了解，更没有能力在这两者之间划出鲜明的界限。比如，他混淆了社会和国家的职能，没有把“司法”和“警察”当作国家机构而将其划入市民社会之中。再有，他把家庭看作伦理精神发展的单一性阶段而排斥在市民社会之外也是值得商榷的。因为家庭作为“私人利益体系”的一个要素，本应包括在市民社会之内。

应该说，近代自由主义和国家理性主义都意识到了社会与国家的差异，这较之“社会混同国家”的古代国家主义是一个认识上的飞跃。然而，“社会先于或外于国家”的自由主义观念强调国家对社会的“必要之恶”，可以推演出“社会对抗国家”的结构关系，而“国家高于社会”的理性国家观念又过于强调国家塑造市民社会的功能，进而推演出“国家宰制社会”的结构关系[2]。其实，从方法论讲，这二者在根本上是对立互根、两极相通的，即都坚持国家与社会二元对立的冲突关系，而没有看到两者的联系。这样，在解释国家起源问题上，自由主义思想家绞尽脑汁去设定和描绘根本不存在的“自然状态”，进而陷入历史唯心主义，而他们当初从利己主义出发解释市民社会还是带有唯物主义味道的；国家理性主义则干脆沿着唯心主义的路线，去设想一个永恒的、只在观念中存在的“理性国家”。也就是说，它们都没有正确把握国家起源这一科学回答社会与国家关系问题的重要前提，一个没有把自己的唯物主义坚持下去，另一个本身就是从唯心主义出发的，二者殊途同归，都将社会与国家问题的研究引入了一个无法超越的死胡同。

第二节　马克思“市民社会决定国家”立场的确立

一、在《莱茵报》时期对黑格尔理性国家观产生动摇

马克思大学时代曾受黑格尔主义的影响，也是理性国家观的信仰者。然而，当

[1] [美]萨拜因：《政治学说史》（下），盛葵阳等译，商务印书馆1986年版，第729页。

[2] 邓正来：《国家与社会——中国市民社会研究的研究》，载邓正来、[美]J·C·亚历山大：《国家与市民社会——一种社会理论的研究路径》，上海人民出版社2006年版，第493页。

他离开平静的校园而投入火热的社会斗争时，接触到大量的现实问题后，他的思想逐渐发生转变。正如他回忆时所说："1842—1843 年间，我作为《莱茵报》的编辑，第一次遇到要对所谓物质利益发表意见的难事。莱茵省议会关于林木盗窃和地产分析的讨论，当时的莱茵省总督冯·沙培尔先生就摩泽尔农民状况同《莱茵报》展开的官方论战，最后，关于自由贸易和保护关税的辩论，是促使我去研究经济问题的最初动因。"[1] 在此期间，马克思以颇深的法律和哲学专业素养，通过若干篇政论性文章揭示了"实然"的普鲁士王国与"应然"的理性国家间的矛盾。

作为《莱茵报》的编辑和主编，马克思遇到的第一个现实问题便是普鲁士的书报检查制度与出版自由问题。从中，他看到了理性的国家的"法律"与现实的政府的"法令"之间的矛盾。在《评普鲁士最近的书报检查令》中，马克思将国家的法律与政府的行政法令做了区分，认为"出版法"是反映"事物本质"的普遍规范，而"书报检查令"只是"在某个机关自诩为国家理性和国家道德的举世无双的独占者的社会中，在同人民根本对立因而认为自己那一套反国家的思想就是普遍而标准的思想的政府中，当政集团的龌龊的良心却臆造了一套追究倾向的法律、报复的法律，来惩罚思想，其实它不过是政府官员的思想"[2]。这种惩罚"倾向"而不是"行动"的行政法令"在指责新闻出版界时痛斥为反国家行为的一切事情，它自己全都照干不误，并且以此作为书报检查官应尽的职责"，从而使其立法的形式同它的内容相矛盾[3]，进而使只具有"过渡性措施"性质的"书报检查令"成为"出版法"所奉行的基本准则——肯定和支持人们的出版和言论自由的对立面。在《关于出版自由和公布等级会议的辩论》中，马克思又进一步分析了书报检查制度导致的政府与国家的异化，认为在实行书报检查制度的国度里，国家没有新闻出版自由，但作为国家机关的政府自己却享有这种自由。于是，"在新闻出版法中，自由是惩罚者。在书报检查法中，自由却是被惩罚者"[4]。也就是说，后者"只具有法律的形式"，前者"才是真正的法律"。然而，马克思此时并没有放弃对理性国家观的推崇，仍坚持认为"国家应该是政治理性和法的理性的实现"[5]。在他看来，书报检查制度只是普鲁士政府行为

[1]　《马克思恩格斯文集》第 2 卷，人民出版社 2009 年版，第 588 页。

[2]　《马克思恩格斯全集》第 1 卷，人民出版社 1995 年版，第 121—122 页。

[3]　《马克思恩格斯全集》第 1 卷，人民出版社 1995 年版，第 122 页。

[4]　《马克思恩格斯全集》第 1 卷，人民出版社 1995 年版，第 175 页。

[5]　《马克思恩格斯全集》第 1 卷，人民出版社 1995 年版，第 118 页。

对国家理性的暂时背离。

在《关于出版自由和公布等级会议的辩论》中，马克思还察觉到省议会不同代表观点交锋的背后深深隐藏着各自等级物质利益的对立。他认为；“在关于新闻出版的辩论中，特殊等级精神比其他任何场合都表现得清楚、明确而充分”，“特定领域的精神、特殊等级的个人利益、品质的先天的片面性表现得最为强烈、明显，露出一副狰狞的面孔”。[1] 在此，马克思感受到了理性国家的“普遍原则”与现实国家的“特殊利益”之间的矛盾。在《关于林木盗窃法的辩论》中，他又对此作了更深刻的分析，直接探讨了作为法律制定者的省议会与林木所有者的利益关联性。马克思看到省议会在“应该为了保护林木的利益而牺牲法的原则”，还是“应该为了法的原则而牺牲保护林木的利益”的问题上，“利益所得的票数超过了法的票数”[2]。他认为省议会把捡枯枝视为盗窃林木的行为“明显地暴露出私人利益希望并且正在把国家贬为私人利益的手段”[3]。在马克思看来，普鲁士国家并不是普遍理性的代表者。面对林木所有者以牺牲穷人利益为代价肆无忌惮地追求私人利益而置普遍利益于不顾，国家已“变成林木所有者的奴仆”，即“整个国家制度，各种行政机构的作用都应该脱离常规，以便使一切都沦为林木所有者的工具，使林木所有者的利益成为左右整个机构的灵魂。一切国家机关都应成为林木所有者的耳、目、手、足，为林木所有者的利益探听、窥视、估价、守护、逮捕和奔波”[4]。如果说“书报检查令”还只是政府的“法令”对理性的国家“法律”的背离，那么“林木盗窃法”则反映了由代表特殊利益的立法机构制定的“法律”本身与理性国家原则的矛盾。马克思将其咒骂为“下流的唯物主义”，认为这种为特殊利益服务的立法行为是“违反各族人民和人类神圣的精神的罪恶”[5]，这也表明此时他的思想仍笼罩在理性主义的光环之下。

此外，这一时期马克思还看到了国家管理原则与社会现实之间的矛盾。在《摩泽尔记者的辩护》一文中，他从“私人状况”和“国家状况”的相互关系出发分析了摩泽尔河沿岸地区的贫困状况，指出不能认为该地区的贫困状况和国家管理机构

[1] 《马克思恩格斯全集》第1卷，人民出版社1995年版，第146页。
[2] 《马克思恩格斯全集》第1卷，人民出版社1995年版，第288页。
[3] 《马克思恩格斯全集》第1卷，人民出版社1995年版，第261页。
[4] 《马克思恩格斯全集》第1卷，人民出版社1995年版，第267页。
[5] 《马克思恩格斯全集》第1卷，人民出版社1995年版，第289页。

无关。正如不能认为摩泽尔河沿岸地区位于国境之外一样，并强调这种贫困状况同时也就是管理工作的贫困状况[1]。它集中反映了国家的管理原则同社会客观现实之间的矛盾，而这种矛盾内在于脱离“治于人者”的广大公民的官僚等级制度的本身。马克思以国家不顾贫苦农民（葡萄酒酿造者）利益的事实，再次验证了这种官僚等级制度的国家不可能是全社会普遍利益的代表，而只能是管理者谋求统治阶级的甚至官员个人私利的工具。国家管理原则与社会现实的矛盾促使马克思创立了从社会客观关系来解释国家活动的历史唯物主义方法论，他指出：“人们在研究国家状况时很容易走入歧途，即忽视各种关系的客观本性，而用当事人的意志来解释一切。但是存在着这样一些关系，这些关系既决定私人的行动，也决定个别行政当局的行动，而且就像呼吸的方式一样不以他们为转移。只要人们一开始就站在这种客观立场上，人们就不会违反常规地以这一方或那一方的善意或恶意为前提，而会在初看起来似乎只有人在起作用的地方看到这些关系在起作用。”[2]马克思从前认为私人利益对国家和法的制约不符合理性国家的原则，现在看到了社会客观关系对国家的制约作用，并力图探求国家制度和政府行为产生的客观基础，这促使他不得不重新审视黑格尔的理性国家观。

总之，《莱茵报》时期的斗争实践，使马克思接触到大量的“理性国家”与现实国家间的矛盾问题。特别是理性国家在物质利益面前所表现出的苍白无力，使得马克思对黑格尔理性国家观的态度由推崇转向怀疑，思考问题的出发点也由头脑中的“理性国家”转向客观的社会物质利益关系。然而，这时的马克思对黑格尔的理性国家观只是“动摇”，还没有达到“颠覆”，因为此时他只是在经验层面上看到了理性国家与现实国家之间的矛盾，还没有对此展开系统的理论反思，更没有深入到市民社会内部去探究这种矛盾的根源所在。也就是说，他只知道理性国家与现实国家之间存在着矛盾，但还不完全清楚这种矛盾为什么会存在。

二、在批判黑格尔法哲学中理顺市民社会与国家的关系

为了破解《莱茵报》时期“苦恼的疑问”，马克思从生活退回到书斋去探究世界历史。他借助大量的历史材料，围绕市民社会与国家的关系展开研究，写下了五本历史学笔记，即《克洛茨纳赫笔记》。在此期间，恰逢费尔巴哈的《关于哲学改

[1]　参见《马克思恩格斯全集》第1卷，人民出版社1995年版，第364、376页。

[2]　《马克思恩格斯全集》第1卷，人民出版社1995年版，第363页。

造的临时提纲》出版，该书对马克思从理性国家观的影响下解放出来起了巨大的作用。在费尔巴哈看来，存在是主词，思维是宾词。而思辨哲学则歪曲了主词（人、存在）与宾词（思维、属性）的相互关系。因此，“我们只要经常将宾词当作主词，将主体当作客体和原则，就是说，只要将思辨哲学颠倒过来，就能得到毫不掩饰的、纯粹的、显明的真理”[1]。受费尔巴哈的启发，马克思在《黑格尔法哲学批判》中，对黑格尔的理性国家观作了系统的理论清算。

马克思没有使用费尔巴哈那种“将脏水连同婴儿一起泼掉”的方式对黑格尔的思想做全盘否定的批判，而是吸收了其中辩证法的合理内核，肯定了黑格尔对市民社会与国家做出的学理区分，认为“黑格尔觉得市民社会和政治社会的分离是一种矛盾的，这是他的著作中比较深刻的地方”[2]，而且他还把黑格尔归入市民社会的“警察”、“法庭”剔除到“国家”中去，认为它们“不是市民社会本身赖以捍卫自己固有的普遍利益的代表，而是国家用以管理自己、反对市民社会的全权代表”[3]，从而完成了市民社会和国家的彻底分离。在此基础上，马克思把被黑格尔颠倒了的市民社会与国家的关系又颠倒了过来。在他看来，“黑格尔在任何地方都把观念当作主体，而把本来意义上的现实的主体……变成谓语。而发展却总是在谓语方面完成的”[4]，在他那里，“观念变成了独立的主体，而家庭和市民社会对国家的现实关系被理解为观念的内在想象活动”。马克思借鉴费尔巴哈的“颠倒法”，把黑格尔“头足倒置”的理性国家观斥责为“逻辑的、泛神论的神秘主义”[5]。他通过重新认识真正的主体，并追溯其在国家中被“对象化”的过程后，认为：“黑格尔的论点只有像下面这样解释才是合理的：家庭和市民社会是国家的构成部分。国家材料是‘通过情况、任意和本身使命的亲自选择’而分配给它们的。国家公民是家庭和市民社会的成员”，“家庭和市民社会是国家的现实的构成部分……是国家的存在方式。家庭和市民社会使自身成为国家。它们才是原动力”[6]，“政治国家没有家庭的自然基础和市民社会的人为基础就不可能存在。它们对国家来说是必要条件”，因为“国

[1] [德]费尔巴哈：《费尔巴哈哲学著作选集》，商务印书馆1984年版，第102页。

[2] 《马克思恩格斯全集》第3卷，人民出版社2002年版，第94页。

[3] 《马克思恩格斯全集》第3卷，人民出版社2002年版，第64页。

[4] 《马克思恩格斯全集》第3卷，人民出版社2002年版，第14页。

[5] 《马克思恩格斯全集》第3卷，人民出版社2002年版，第10页。

[6] 《马克思恩格斯全集》第3卷，人民出版社2002年版，第11页。

家是从作为家庭的成员和市民社会的成员而存在的这种群体中产生的”。[1] 这样，马克思在颠倒了黑格尔观点的基础上理顺了市民社会与国家的关系，意在表明：设想国家能够具有一种使市民社会的不和谐因素变得和谐并在更高水平上统一他们的普遍特征，这只是一种空想[2]。

为此，马克思批判了黑格尔解决市民社会与国家之间矛盾的“表面化”问题，认为黑格尔“满足于这种解决办法的表面现象，并把这种表面现象当作事情的本质”[3]。在他看来，解决这种矛盾的“表面现象”就是，一方面，黑格尔以市民社会和政治国家的分离为前提，并把这种状况阐释为观念的必然环节、理性的绝对真理，把国家的自在自为存在着的普遍东西同市民社会的特殊的利益和要求对立起来；另一方面，他的愿望又是市民生活和政治生活不分离，把扬弃这种分离看作是理念发展的必然结果，于是，他便把矛盾的解决寄希望于国家内部，而且要以“市民社会各等级本身同时构成立法社会的等级要素”的形式来实现[4]。马克思批判了黑格尔解决矛盾的保守性，认为这种试图以立法权作为中介实现市民社会与国家的统一的努力是徒劳的，因为市民社会通过议员参与政治国家，正是它们分离的表现，而且正是它们纯粹二元性统一的表现——代表的对象是普遍利益，而特殊利益则是代表的物质，特殊利益的精神则是代表的精神[5]。这就使得黑格尔制造了代表制究竟是以“信任”为基础还是“纯形式的游戏”的二律背反，在议员究竟是代表普遍利益还是特殊利益问题上摇摆不定。因此，立法权本身“在自己内部也需要中介，也就是需要掩盖对立”[6]。在马克思看来，对市民社会和国家矛盾的认识，主要是要了解这些矛盾的形成过程和这些矛盾的必然性，即从这些矛盾的本来意义上来把握矛盾。但他认为，这种理解不像黑格尔所想象的那样到处去重新辨认逻辑概念的规定，而是要把握特有对象的特有逻辑[7]。市民社会自身发展的逻辑才是克服市民社会与国家矛盾的根本性力量。于是，马克思提出在批判了黑格尔的国家学说之后，一定要“批

[1] 《马克思恩格斯全集》第3卷，人民出版社2002年版，第12页。

[2] ［英］戴维·麦克莱伦：《马克思思想导论》，郑一明、陈喜贵译，中国人民大学出版社2008年版，第205页。

[3] 《马克思恩格斯全集》第3卷，人民出版社2002年版，第94页。

[4] 参见《马克思恩格斯全集》第3卷，人民出版社2002年版，第92—93页。

[5] 参见《马克思恩格斯全集》第3卷，人民出版社2002年版，第148、157页。

[6] 《马克思恩格斯全集》第3卷，人民出版社2002年版，第113页。

[7] 参见《马克思恩格斯全集》第3卷，人民出版社2002年版，第114页。

判黑格尔对市民社会的看法”。

在《黑格尔法哲学批判》中，马克思也尝试了从经济层面展开对黑格尔“国家决定社会”思想的批判，批判的重心集中在“国家支配私有财产”的观点上。在马克思看来，黑格尔把长子继承制描写成政治国家对私有财产的支配权，是“倒因为果，倒果为因，把决定性的因素变为被决定的因素，把被决定的因素变为决定性的因素”。紧接着，马克思对“长子继承制”的本质及其与政治国家之间的关系进行了深入的阐述，认为政治结构、政治目的的内容、政治目的的目的及其实体“就是长子继承权，是私有财产的最高级形式，是独立自主的私有财产”，在长子继承制中政治国家对私有财产的支配权表现在“政治国家使私有财产脱离家庭和社会而孤立，使它变成某种抽象的独立物”。这种“支配权”就是“私有财产本身的权力，是私有财产的已经得到实现的本质”[1]。在马克思看来，私有财产既不依赖于市民社会，也不依赖于政治国家，而这两者又是这种独立的私有财产的具体表现并由此产生所谓的“自由”和“政治情绪”等各种理念，这充分表明市民社会与政治国家中的中介并不是所谓的“等级要素”，而恰恰就是这种独立的私有财产。通过对私有财产性质的分析，马克思对包括政治国家和政治制度在内的“普遍物”的本质进行了深刻的揭示，认为在现代政治国家中，一切所谓的“普遍物”其实都是各种特定的“私有财产”的表现形式，私有制其实就是政治国家的国家制度本身。正如他所讲：“如果‘无依赖性的私有财产’在政治国家中，在立法权中具有政治的无依赖性的意义，那么它就是国家的政治无赖性。这样，‘无依赖性的私有财产’或‘真正的私有财产’不仅是‘国家制度的支柱’，而且还是‘国家制度本身’。”[2] 马克思关于私有财产和国家关系的阐述，预示着他将对市民社会与国家的关系形成更具突破性的认识。但这时他还没有从市民社会中划分出经济关系，因而只是从法学的“产权”理论而不是经济学的“所有权”理论进行分析，且表述还充满着思辨哲学的晦涩话语。

三、在《德法年鉴》上公开申明“市民社会决定国家”的立场

在《黑格尔法哲学批判》这部未完成的手稿中，马克思将市民社会看作国家的人为基础。然而，当时他的意图是理顺被黑格尔颠倒了的市民社会与国家的关系，因而没有具体阐述这一思想。1844 年 2 月，马克思与卢格在当时革命者的集会地——

[1] 《马克思恩格斯全集》第 3 卷，人民出版社 2002 年版，第 124 页。

[2] 《马克思恩格斯全集》第 3 卷，人民出版社 2002 年版，第 133 页。

巴黎创办了《德法年鉴》。在《德法年鉴》上，马克思发表了他在克洛茨纳赫时期写的《论犹太人问题》和《〈黑格尔法哲学批判〉导言》两篇文章，公开申明自己在市民社会与国家关系上的唯物主义立场，即绝不是国家制约和决定市民社会，而是市民社会决定和制约国家[1]。在这两篇文章中，马克思从“人的解放”的高度深化了他在《黑格尔法哲学批判》中提出的“市民社会是国家的人为基础”的观点。

在《黑格尔法哲学批判》中，马克思沿用黑格尔的做法，以“特殊利益”与“普遍利益”表征市民社会与国家的区别。在《论犹太人问题》中，他借用费尔巴哈“类本质”的思想，把市民社会看作“私生活”的领域，而把国家视为“类生活”领域，认为：“完成了的政治国家，按其本质来说，是人的同自己物质生活相对立的类生活”，而“这种利己生活的一切前提继续存在于国家范围以外，存在于市民社会之中，然而是作为市民社会的特性存在的”。[2] 这样，马克思便认为市民社会与国家的分离就是“私生活”和“类生活”的分离。紧接着，他又从人的二元化的角度继续探讨了这种“私”与“类”的分离，指出：“在政治国家真正形成的地方，人不仅在思想中，在意识中，而且在现实中，在生活中，都过着双重的生活——天国的生活和尘世的生活。前一种生活是政治共同体的生活，在这个共同体中，人把自己看作社会存在物；后一种是市民社会中的生活，在这个社会中，人作为私人进行活动，把他人看作工具，把自己也降为工具，并成为异己力量的玩物。”他进一步阐释道：“人在其最直接的现实中，在市民社会中，是世俗存在物。在这里，即在人把自己并把别人看作是现实的个人的地方，人是一种不真实的现象。相反，在国家中，即在人被看作是类存在物的地方，人是想象的主权中虚构的成员；在这里，他被剥夺了自己现实的个人生活，却充满了非现实的普遍性。”[3] 由于现代社会中政治国家与市民社会的分离，使得个人既生活在政治国家“类生活”的普遍活动中，更生活在充满物质欲望和私人利益的“私生活”的特殊生活中。其中，“类生活”是虚幻的、抽象的、脱离自我的生活，而“私生活”则是具体的、实实在在的、直接的现实生活。这样，马克思在坚持“私人利益”与“公共利益”分离的基础上，将市民社会与国家的分离发展为“现实”的“私”生活与“虚幻”的“类”生活的分离。这时马克思对市民社会本身的分裂、异化还讲得很少（甚至还没有用异化分析市民社会）。

[1] 参见《马克思恩格斯文集》第4卷，人民出版社2009年版，第232页。

[2] 《马克思恩格斯全集》第3卷，人民出版社2002年版，第172页。

[3] 《马克思恩格斯全集》第3卷，人民出版社2002年版，第172—173页。

马克思撰写《论犹太人问题》的目的之一在于批判布鲁诺·鲍威尔把犹太人的解放归结为宗教解放的错误做法。为此，他在文中不仅分析了国家与市民社会的“物质要素”的分离，还阐述了它与市民社会的“精神要素”分离的问题。在批判布鲁诺·鲍威尔的观点时，马克思认为：“犹太人问题最终归结成的这种世俗冲突，政治国家对自己的前提——无论这些前提是像私有财产等这样的物质要素，还是像教育、宗教这样的精神要素——的关系，普遍利益和私人利益之间的冲突，政治国家和市民社会之间的分裂，鲍威尔在反对这些世俗对立在宗教上的表现而进行论战的时候，听任它们持续存在。”[1]在马克思看来，市民社会构成包括物质要素和精神要素，其中，物质要素包括财产、家庭、劳动方式等，精神要素包括宗教、教育等[2]。在此基础上，他从物质要素和精神要素两个方面分析了国家与市民社会实现分离的机制，从物质要素来看，“一旦国家取消了选举权和被选举权的财产资格，国家作为国家就废除了私有财产，人就以政治方式宣布私有财产已被废除”，但是“从政治上废除私有财产不仅没有废除私有财产，反而以私有财产为前提”，因为“财产资格是从政治上承认私有财产的最后一个形式”[3]；从精神要素看，马克思以北美各州为例，认为“在政治解放已经完成了的国家，宗教不仅仅存在，而且是生机勃勃的、富有生命力的存在”[4]，此时，“宗教成了市民社会的、利己主义领域的、一切人反对一切人的战争的精神”[5]。这就揭示出政治解放的意义在于使人在物质和精神两个层面摆脱了国家的束缚，即在物质层面实现了对财产的私有权，在精神层面使宗教成为了自己私生活的一部分。由此也可以看出，马克思没有将市民社会仅仅局限于经济领域，而且注意到了它的精神和文化领域。

马克思批判布鲁诺·鲍威尔把人的解放归结为宗教解放观点的目的在于进一步批判他混淆政治解放与人的解放的做法。他认为，在犹太人解放这个问题上，“鲍威尔的错误是在于他批判的只是‘基督教国家’，而不是‘国家本身’，他没有探讨政治解放对人的解放的关系”，并且“毫无批判地把政治解放和普遍的人的解放混为一谈”。[6]在马克思看来，“只有对政治解放本身的批判，才是对犹太人问题的

[1] 《马克思恩格斯全集》第3卷，人民出版社2002年版，第174页。
[2] 参见《马克思恩格斯全集》第3卷，人民出版社2002年版，第186—187页。
[3] 《马克思恩格斯全集》第3卷，人民出版社2002年版，第171—172页。
[4] 《马克思恩格斯全集》第3卷，人民出版社2002年版，第169页。
[5] 《马克思恩格斯全集》第3卷，人民出版社2002年版，第174页。
[6] 《马克思恩格斯全集》第3卷，人民出版社2002年版，第167—168页。

最终的批判，也才能使这个问题真正变成‘当代的普遍问题’”[1]。因为政治解放使国家从宗教束缚下解脱出来，并废除了人们在政治上的不平等，这的确是一个进步，然而人们在社会领域中的不平等境况却未得到根本的改观。这就意味着，政治解放有自己的“限度”，这种限度在于：如果说任何一种解放都是把人的世界和人的关系还给人自己的话，那么“政治解放一方面把人归结为市民社会的成员，归结为利己的、独立的个体；另一方面把人归结为公民，归结为法人”[2]。也就是说，政治解放并没有克服市民社会同政治国家的相互异化，而是通过把人二重化而完成了这种异化。马克思将造成这种异化的根源归结到经济领域，认为：“犹太人的实际政治权力同他的政治权利之间的矛盾，就是政治同金钱势力之间的矛盾。虽然在观念上，政治凌驾于金钱势力之上，其实前者是后者的奴隶。”[3]于是，在马克思看来，将宗教从政治领域剔除出去，是无济于事的，人类解放只有通过国家和金钱的消灭才能达到[4]，政治革命只有深入并扩展到对市民社会的改造、废除私有制时，才转变为人类解放，而随着私有制的废除，人的二重化也将克服，从而使现实的个人把抽象的公民复归于自身，并且在自己的经验生活、个体劳动、个人关系中间成为“类”的存在物；同时使个人也认识到自己的“固有的力量”，并把这种力量组织起来让社会力量不再以政治力量的形式同自己分离[5]。这样，人的解放就超越了政治解放的限度，不仅实现了政治上的平等，而且消除了社会不平等的经济根源，进而又从根本上保证了社会平等的实现。也就是说人的解放的程度，归根到底取决于人在社会领域解放的程度。这就从主体和价值层面说明了社会对国家的决定关系。

如果说在《论犹太人问题》中，马克思提出“人类解放”的任务，那么，在《〈黑格尔法哲学批判〉导言》中，他则解决了依靠谁来完成这一任务和实现这一任务的途径问题，并从中得出无产阶级是实现人类解放的物质力量的结论。他认为现在“就在于形成一个被戴上彻底枷锁的阶级，一个并非市民社会阶级的市民社会阶级，形成一个表明一切等级解体的等级”，这个阶级“就是无产阶级这个特殊等级”。在他看来，无产阶级不是与国家制度的后果发生片面的对立，而是同这个国家制度的

[1] 《马克思恩格斯全集》第3卷，人民出版社2002年版，第167页。

[2] 《马克思恩格斯全集》第3卷，人民出版社2002年版，第189页。

[3] 《马克思恩格斯全集》第3卷，人民出版社2002年版，第194页。

[4] [英]戴维·麦克莱伦：《马克思思想导论》，郑一明、陈喜贵译，中国人民大学出版社2008年版，第20页。

[5] 《马克思恩格斯全集》第3卷，人民出版社2002年版，第189页。

"前提"——私有制发生全面的对立，因此，"无产阶级宣告迄今为止的世界制度的解体，只不过是揭示自己本身存在的秘密，因为它就是这个世界制度的实际解体。无产阶级要求否定私有财产，只不过是把社会已经提升为无产阶级的原则的东西，把未经无产阶级的协助就已作为社会的否定结果而体现在它身上的东西提升为社会的原则"[1]。明确了超越市民社会、实现人类解放的革命动力后，马克思又再次退回到书斋，到政治经济学中去验证自己的结论。在《1844年经济学哲学手稿》中，他从异化劳动和私有财产的关系的角度分析了无产阶级的社会革命是实现人类解放的正确途径。他认为："社会从私有财产等解放出来，从奴役制度解放出来，是通过工人解放这种政治形式表现的，这并不是因为这里涉及的仅仅是工人的解放，而是因为工人的解放还包含普遍的人的解放；其之所以如此，是因为整个的人类奴役制就包含在工人对生产的关系中，而一切奴役关系只不过是这种关系的变形和后果罢了。"[2] 但是，这时的马克思还不是通过对资本主义剩余价值规律的分析来说明无产阶级的历史使命的，而是用异化理论来论证的。

如果说《黑格尔法哲学批判》时期，马克思主要是从客体意义上提出"市民社会决定国家"观点的，那么，在《德法年鉴》时期，他则从主体——"人"的意义上深化了对自己观点的认识。这时期的"深化"还体现在，从"私"和"类"的区别揭示出社会的"现实"性与国家的"虚幻"性的矛盾，从而为后来科学阐述社会与国家及其二元化的本质做了理论的铺垫。而且，马克思对市民社会"物质要素"和"精神要素"的挖掘，使得自己的社会与国家的分析框架呈现出一种复合二元结构。它虽然仍属于社会与国家二分法的范畴，但其中已蕴含着在市民社会中划分出经济领域与文化领域意蕴。这可以看作是现代的"国家—市场—公民社会"三分法的思想渊源。然而，此时马克思的研究还是以社会与国家二者的对立为前提的，而要从社会领域寻找二者的矛盾根源，必须在社会与国家之间建立联系，并在这种联系中把握二者的统一。

第三节　马克思"市民社会决定国家"理论的科学化

在《黑格尔法哲学批判》中，马克思以市民社会与国家的分离为前提理顺了二

[1] 《马克思恩格斯全集》第3卷，人民出版社2002年版，第213页。

[2] 《马克思恩格斯全集》第3卷，人民出版社2002年版，第278页。

者之间的关系。在《论犹太人问题》中，他用政治异化的理论进一步阐述市民社会与国家的分离和对立。也就是说，马克思这段时期的研究目的在于确立自己“市民社会决定国家”的唯物主义立场，主要是回答“市民社会”和“国家”何者为第一性的问题。随着研究的深入，他开始关注二者的相互关系，探讨两者的统一性问题。在《评一个普鲁士人的〈普鲁士国王和社会改革〉一文》中，马克思指出：“从政治的观点来看，国家和社会结构并不是两个不同的东西，国家就是社会结构”[1]，现代“市民社会的奴隶制是现代国家赖以存在的天然基础，正如奴隶占有制的市民社会是古典古代国家赖以存在的天然基础一样”[2]。

一、在批判鲍威尔思想时阐述“市民社会是国家的自然基础”

1844年，马克思和恩格斯在巴黎第二次富有历史意义的会面时，完成了两人的第一次理论合作，创作了《神圣家族》。在该书中，马克思批判了布鲁诺·鲍威尔在国家与社会关系上的错误思想，并延续他在《评一个普鲁士人的〈普鲁士国王和社会改革〉一文》中的观点，认为：“正如古代国家的自然基础是奴隶制一样，现代国家的自然基础是市民社会以及市民社会中的人，即仅仅通过私人利益和无意识的自然的必要性这一纽带同别人发生关系的独立的人，即为挣钱而干活的奴隶，自己的利己需要和别人的利己需要的奴隶”[3]，揭示了市民社会决定国家的“自然”属性。

从社会主体层面来说，现代国家基础的“自然”属性源于利己的市民生活和市民个人。马克思从“利己主义的个人”出发，认为把市民社会成员联结起来的不是国家，而是利益，指出：“正是自然的必然性、人的特性（不管它们表现为怎样的异化形式），利益把市民社会的成员彼此连接起来。他们之间的现实的联系不是政治生活，而是市民生活。因此，把市民社会的原子彼此连接起来的不是国家，而是如下的事实：他们只是在观念中、在自己的想象这个天堂中才是原子，而在实际上他们是和原子截然不同的存在物，他们不是神类的利己主义者，而是利己主义的人。”在他看来，国家乃是市民社会抽象的政治存在，市民社会作为国家的“自然基础”，其自然属性源于由于各个不同个人之间的“私人利益”需要和“无意识的自然的必然性”，而使整个市民社会在个人的私人利益活动的基础上形成的现实的市民生活。

[1]　《马克思恩格斯全集》第3卷，人民出版社2002年版，第385页。

[2]　《马克思恩格斯全集》第3卷，人民出版社2002年版，第386页。

[3]　《马克思恩格斯文集》第1卷，人民出版社2009年版，第312—313页。

因此，他认为："在今天，只有政治上的迷信还会妄想，市民生活必须由国家来维系，其实恰恰相反，国家是由市民生活来维系的。"[1] 市民社会是以现实的物质活动为其基本特征的，社会成员的现实联系也是以个人对现实物质利益的追求与竞争为主要内容的自发的市民生活，且市民本身还要"力求"使自己的"自由的个性"能够得到"承认"，而这种"自由的人性"和对它的"承认"不过是承认利己的市民的个人，承认构成这种个人的生活内容，即构成现代市民生活内容的那些精神因素和物质因素的不可抑制的运动。于是，马克思认为"现代国家通过普遍人权承认了自己的这种自然基础本身。它并没有创立这个基础。正如现代国家是由于自身的发展而挣脱旧的政治桎梏的市民社会的产物，而今它又通过人权宣言承认自己的出生地和自己的基础"[2]，实现对个人在自然的利益竞争中的"自由的个性"的官方确认。

从社会机制层面看，构成现代国家自然基础的是消灭了特权的市民社会。在马克思看来，从市民社会中产生出来并与等级制度相对立的现代国家，通过宣布"普遍人权"承认自己的出生权，并通过采取各种废除封建特权的措施来保护自己的自然基础。现代国家中的各种"自由"、"人权"等具有市民生活内容的要求，正是与政治社会的"特权"相对立的市民生活自发的自我发展的要求。正如他所讲："工业活动并不因行帮、行会和同业公会的特权的消灭而消灭，相反地，只有消灭了这些特权之后，真正的工业才会发展起来。土地私有制并不因土地占有特权的消灭而消灭；相反地，只有在废除了土地私有制的特权以后，才通过土地的自由分割和自由转让而开始土地私有制的普遍运动。贸易并不因贸易特权的消灭而消灭；相反地，只有通过自由贸易，它才获得真正的实现。同样地，只有在没有任何特权宗教的地方（北美的自由州），宗教才实际上普遍地发展起来。"因此，他认为"现代'公共状况'的基础，发达的现代国家的基础，并不像批判所认为的那样是由特权来统治的社会，而是废除和取消了特权的社会，是使在政治上仍被特权束缚的生活要素获得自由的发达的市民社会。在这里，没有任何'享有特权的封闭状态'同别的封闭状态相对立，也不同公共状况相对立"[3]。由此看来，特权的消灭意味着对个人权利、利益、自由和个性的尊重，而在这些人与生俱来的"自然"力量的合力作用下便形成了以自由、平等、竞争为基础的社会运行机制。这样，现代市民社会便从国

[1] 《马克思恩格斯文集》第 1 卷，人民出版社 2009 年版，第 322 页。
[2] 《马克思恩格斯文集》第 1 卷，人民出版社 2009 年版，第 313 页。
[3] 《马克思恩格斯文集》第 1 卷，人民出版社 2009 年版，第 316 页。

家这个政治桎梏中解放出来，它冲破了“权力本位”的魔咒，使私有产权冲破了政治权力的管制，使社会主体摆脱了政治特权、等级和人身依附关系的束缚而成为真正属于自己的相对独立的自由人，让商品和要素所有者按照统一的价值标准进行平等交易，从而解除了人的财产关系和交往关系的封建枷锁，消灭了社会等级之间的一切旧的差别，取消了一切依靠专横而取得的特权和豁免权，培育出了现代社会中的独立产权和独立个人，也使基于等级制的臣民变成了政治平等的公民，从而造就了现代国家的主体力量。换句话说，作为社会主体的个人，其公民资格的取得，并不是基于他在社会关系中的某种特定地位，而是基于他具有人的资格本身。

从社会经济根源层面讲，现代国家政治权力的自然基础就是社会的财产权力。马克思认为：“人权并没有使人摆脱财产，而是使人有占有财产的自由；人权并没有使人摆脱牟利的龌龊行为，反而赋予人以经营的自由。”[1]国家对普遍人权的承认就是对人们占有财产和追求财富自由的承认。而在马克思看来，财产不是独立于社会关系之外的纯粹的自然物，只有当作为物质载体的自然资源和经济资源为人所拥有时，它才成为财产。也就是说，财产也是一种权力，一种所有者的权力。这种权力在生产、交换、分配和消费过程中，以所有权为基础，通过经营管理权、产品和财产的分配权等多种权利形式表现出来的控制、支配乃至统治他人的权力。它在政治决策、政治目标、政治资源分配和政治体制建构中发挥着决定性的作用[2]。因此，马克思认为，国家权力产生于财产权力，即“所有者权力”，并为所有者的经济利益服务。他举1830年的法国自由资产阶级为例，这时法国的自由资产阶级终于实现了其在1789年的愿望，与大革命前的资产阶级不同，他们的政治启蒙运动已经完成。他们不再把立宪的代议制国家看作国家的理想，不再认为争取立宪的代议制国家就是致力于挽救世界和达到全人类的目的，“而是把它看作自己的独占权力的正式表现，看作对自己的特殊利益的政治上的承认”[3]。所以，现代资产阶级财产关系是靠国家权力来“维持”的，资产阶级建立国家权力的目的也就是为了保卫自己的财产关系。这种“维持”意味着统治阶级利用政治权力，以公共利益代表的名义制定社会资源的分配规则、干预社会生活，把本阶级占优势的财产权力提升为政治权力，以维护、

[1]　《马克思恩格斯文集》第1卷，人民出版社2009年版，第312页。

[2]　王沪宁：《政治的逻辑：马克思主义政治学原理》，上海人民出版社2004年版，第165—166页。

[3]　《马克思恩格斯文集》第1卷，人民出版社2009年版，第326页。

巩固本阶级的物质利益。

二、在《德意志意识形态》中深刻阐明“市民社会是国家的现实基础”

在《德意志意识形态》中，马克思和恩格斯则明确提出市民社会“在一切时代都构成国家的基础以及任何其他的观念的上层建筑的基础”[1]。这明示出，此时马克思语境下的“市民社会”的内涵也发生了变化，即从指代中世纪晚期城市兴起和近代政治革命结果的“现实”的市民社会，转变为表征生产关系、交往关系等物质生活领域的“一切时代”的市民社会。这个“基础”也进一步验证了市民社会与国家统一的可能性，即二者统一于由“利益”联系起来的现实的市民生活和社会关系整体。较之先前的“自然基础”论，《德意志意识形态》中的“现实基础”论更是超越市民社会与国家的鸿沟，将国家视为社会的组成部分，进一步深化了对社会与国家关系的理解。

首先，马克思赋予了市民社会与国家的“分离”以新的内涵。在《黑格尔法哲学批判》中，马克思延续黑格尔的“二分法”思想，将“特殊利益体系”和“普遍利益体系”看作市民社会与国家分离的界标。在《评一个普鲁士人的〈普鲁士国王和社会改革〉一文》中，马克思指出：“国家是建筑在社会生活和私人生活的矛盾上，建筑在普遍利益和私人利益之间的矛盾上的。”[2]在《德意志意识形态》中，他又深化了这一思想，认为：“正是由于特殊利益和共同利益之间的这种矛盾，共同利益才采取国家这种与实际的单个利益和全体利益相脱离的独立形式，同时采取虚幻的共同体的形式。”[3]这种虚幻的共同体的虚幻性就在于，国家在外观形式上是全体社会成员的代表，它所制定的法律，也对包括统治阶级在内的社会所有成员具有普遍约束力，然而，其内容则只是为了维护在社会上占统治地位阶级的利益。这样，市民社会与国家的区别就转化为“实际的利益内容”与“虚幻的共同体形式”之间的区别。市民社会中的“实际利益”不仅包括单个人或单个家庭的特殊利益，而且包括由日益扩大的交往而形成的普遍利益，国家只是采取了与实际的单个利益和全体利益相脱离的“虚幻的共同体的形式”。紧接着，他又进一步阐述道：“国家内部的一切斗争——民主政体、贵族政体和君主政体相互之间的斗争，争取选举权的斗争，

[1] 《马克思恩格斯文集》第1卷，人民出版社2009年版，第583页。
[2] 《马克思恩格斯全集》第3卷，人民出版社1995年版，第386页。
[3] 《马克思恩格斯文集》第1卷，人民出版社2009年版，第536页。

等等，不过是一些虚幻的形式——普遍的东西一般说来是一种虚幻的共同体形式，在这些形式下进行着各个不同阶级间的真正的斗争。”[1] 这表明，围绕着国家形式的斗争的实质是社会内部不同利益的冲突。这种“分离”的新解意味着国家与市民社会势必存在着一种作用与反作用的相互关系。它不仅从“内容决定形式”的深层面深刻论证了“市民社会决定国家”的结论，而且“虚幻的形式”还明示出国家的相对独立性，即它不具体申明代表着哪个阶级的利益，从而与社会中的各个阶级和阶层的利益相分离，表现出表面上的“超脱”性，并利用这种“超脱”对社会施行强制性的影响。这种“分离”的新解的意义还在于揭示出在市民社会与国家现实分离实现之前存在着二者逻辑上的分离。

在对市民社会与国家的分离做出新的解释的基础上，马克思超越了“特殊利益—普遍利益”的二元分析模式。如前所述，从《黑格尔法哲学批判》起，马克思一直沿用“普遍利益—特殊利益”的二元模式分析市民社会与国家的关系，事实上没有摆脱黑格尔的研究路径。在《德意志意识形态》中，他把国家看作是共同利益采取的与实际的单个利益和全体利益相脱离的“虚幻的共同体的形式”，而实质上“是统治阶级的各个人借以实现其共同利益的形式，是该时代的整个市民社会获得集中表现的形式”[2]。于是，在现实社会就形成了“单个利益—阶级利益—全体利益”的三级利益结构。这其中，“阶级利益”相对于“单个利益”而言具有普遍性，而在“全体利益”面前则又成了“特殊利益”。统治阶级掌握国家的目的是通过国家来维护本阶级的特殊利益，但却把国家宣称为“共同利益”的代表。其实，共同利益只具有“普遍”的形式，而全体利益才是“普遍”的实质。统治阶级赋予了国家以“共同利益”的“普遍”外观的目的，无非是为其统治的合法性进行辩护[3]。所以，马克思一针见血地指出这种共同利益只是“统治阶级的共同利益”，而对被统治阶级而言则完全是虚幻的，甚至“是新的桎梏”。[4] 因此，国家与市民社会的利益关系包含着两层含义，即在统治阶级内部体现的是普遍的阶级利益与各个人的特殊利益的关系；而对整个社会，则反映的是统治阶级的特殊利益与全体社会成员普遍利益的关系。“虚幻的共同体”概念反映了代表统治阶级“特殊利益”的国家与反映所

[1] 《马克思恩格斯文集》第 1 卷，人民出版社 2009 年版，第 536 页。

[2] 《马克思恩格斯文集》第 1 卷，人民出版社 2009 年版，第 584 页。

[3] 王贵贤：《〈德意志意识形态〉中的国家观》，载《马克思主义与现实》2006 年第 4 期。

[4] 《马克思恩格斯文集》第 1 卷，人民出版社 2009 年版，第 571 页。

有相互交往的个人的“普遍利益”的社会对立的本质属性，揭示出国家的“共同体”形式是由在市民社会中占统治地位阶级的物质利益内容决定的，这样，马克思就将黑格尔的“特殊利益——普遍利益”的二元模式具体化为“单个利益——共同利益（实质是阶级利益）——全体利益”三位一体的分析框架，从而也揭示出了社会“实际的利益内容”与国家“虚幻的共同体形式”之间矛盾的深层次原因。

同时，马克思对市民社会的基础作用的理解也已从“人为基础”和“自然基础”深化为“现实基础”。在《黑格尔法哲学批判》中，马克思把市民社会称为国家的“人为基础”；在《神圣家族》中，市民社会又被视为现代国家的“自然基础”，仍然受着费尔巴哈人本唯物主义的影响，即把市民社会中的“人”看作抽象的“自然的个人”。在《德意志意识形态》中，马克思从“现实的个人”出发，把市民社会明确为构成国家的“现实基础”。在他看来，社会中的“人”不是孤立存在的“个人”，而是处在社会普遍交往之中的“各个人”，他们为了生存和生活，必须进行生产，生产的发展导致分工的出现，分工的发展又“产生了单个人的利益或单个家庭的利益与所有互相交往的个人的共同利益之间的矛盾”，这种矛盾使这种社会共同利益陷入危机。为此，“对特殊利益进行实际的干涉和约束成为必要”，于是便产生了与特殊利益脱离的、凌驾于社会之上并统治社会的国家。他进一步解释道：“受到迄今为止一切历史阶段的生产力制约同时又反过来制约生产力的交往形式，就是市民社会。前面的学术已经表明，这个社会是以简单的家庭和复杂的家庭，即所谓部落制度作为自己的前提和基础的……这个市民社会是全部历史的真正的发源地和舞台。”[1] 于是，他把“各个不同阶段上的市民社会理解为整个历史的基础”，并“从市民社会作为国家的活动描述市民社会”[2]。这样，马克思不仅揭示了市民社会作为“虚幻共同体”的国家基础的“现实性”，而且还成功地把国家起源的思考置于现实社会基础之上。

三、在批判蒲鲁东思想时实现对社会与国家关系的科学理解

在马克思的早期著作中，“市民社会”和“社会”常常是混用并可以相互置换的。他经常将作为与国家相对应的“市民社会”范畴表征“社会”，用来探讨社会与国家的关系。这一分析范式直至《德意志意识形态》达到成熟。1846年，马克思在为《哲

[1] 《马克思恩格斯文集》第1卷，人民出版社2009年版，第540页。

[2] 《马克思恩格斯文集》第1卷，人民出版社2009年版，第544页。

学的贫困》而致帕·瓦·安年柯夫的信中就市民社会对国家的现实基础作用作了经典而准确的概括，同时也对市民社会与政治国家的内涵作了更加明确的界定。他指出：“在人们的生产力发展的一定状况下，就会有一定的交换和消费形式。在生产、交换和消费发展的一定阶段上，就会有相应的社会制度、相应的家庭、等级或阶级组织，一句话，就会有相应的市民社会。有一定的市民社会，就会有不过是市民社会的正式表现的相应的政治国家。”[1]在此，马克思科学界定了“市民社会”的内涵和构成要素，认为市民社会就是非国家领域的统称，包括社会制度、家庭、等级或阶级组织等要素，而这又都是建立在生产、交换、消费发展到一定阶段基础之上的。这表明，市民社会具有经济本质，但不仅限于经济领域，它也包括社会的文化和生活领域。在此基础上，马克思进一步指明了市民社会的“基础”地位及对国家的“决定”作用，认为“一定的市民社会”决定作为“正式表现”的“一定”的“政治国家”。另外，马克思的这段经典表述也明示出市民社会与国家的时间限度，即二者不是从来就有的，是“生产力发展到一定状态”和“生产、交换和消费发展到一定阶段上”的产物。

马克思早期从“市民社会”论研究社会与国家的关系，其实包含着两个维度的探讨——历史的维度和现实的维度，前者主要考察国家存续期间社会与国家关系演化的一般历史规律，而后者则主要探讨中世纪末期城市兴起和资产阶级革命以来“市民”的社会与现代国家发展的现实层面。然而，对“市民社会”的多重理解难免使研究陷入模糊化的境地。1847 年，马克思在《哲学的贫困》中批判蒲鲁东的小资产阶级社会主义的思想基础，同时使用了“市民社会”、“社会机体”、“资产阶级社会”三个概念，为从“历史”与“现实”两个维度准确、科学地表述社会与国家的关系奠定了基础。

在历史维度的分析上，“社会机体”成为研究社会与国家一般发展规律的主要范畴。如前所述，“市民社会”作为与“国家”相对应的范畴，是随国家的产生而出现的，也必将随着国家的消亡而失去意义，马克思的价值取向就是“为消灭国家和市民社会而斗争”[2]。如果将其适用范围扩大，那势必将国家的存在视为永恒的现象，进而在国家起源问题的解释上也会遇到困难。或许有人会问马克思在《德意志意识形态》中不正是“一切历史阶段”、“一切时代”、“全部历史”来阐明市民社会对国家的现实基础作用的吗？我们知道，马克思、恩格斯在《共产党宣言》中

[1] 《马克思恩格斯文集》第 10 卷，人民出版社 2009 年版，第 43 页。

[2] 《马克思恩格斯全集》第 42 卷，人民出版社 1979 年版，第 238 页。

指出："至今一切社会的历史都是阶级斗争的历史"。1888年，恩格斯在英文版上"将至今一切社会"补充解释为"有文字记载的全部历史"，因为"在1847年，社会的史前史，或文史以前的社会组织，几乎没有人知道"[1]，《德意志意识形态》的写作又在《共产党宣言》发表之前，而且马克思也是到晚年才系统考察人类的史前社会的。据此，这里的"一切历史阶段"、"一切时代"、"全部历史"的物质交往形式可以理解为"有文字记载的全部历史"，这时的私人利益已经逐步发展成为阶级利益。因此，作为与国家相对应的一般视阈下的市民社会，是贯穿于自国家产生以来的全部有阶级存在的历史。在《德意志意识形态》中，马克思将国家看作是建筑在市民社会特殊利益与普遍利益矛盾基础之上的"虚幻的共同体"时，就表明他把国家看作社会的一部分而纳入到社会机体中去整体把握。在《哲学的贫困》中，马克思又进一步揭示了市民社会与国家发展的限度，认为"劳动阶级在发展进程中将创造一个消除阶级和阶级对立的联合体来代替旧的市民社会；从此再不会有原来意义的政权了。因为政权正是市民社会内部阶级对立的正式表现"[2]。这种时间上的限度表明，"市民社会"与"国家"这对分析范畴仅适用于有阶级存在的历史阶段，而对"史前社会"与"未来社会"的发展缺乏有力说明。于是，他便明确以"社会机体"概念来表征社会，认为社会是"一切关系在其中同时存在而又互相依存的社会机体"[3]，它囊括了社会生活的全部领域，是以人的实践和交往活动为基础的"社会体系的各个环节"相互制约、有机联系所构成的整体。与"市民社会"论强调社会与国家的对立和分离不同，"社会机体"论是将国家视为社会的组成部分。在马克思看来，国家作为社会存在的产物，虽然表面上脱离社会而独立存在，但它必须处于整个社会有机体的组织体系和矛盾运动之中。这样也就可以避免自由主义思想家绞尽脑汁去设定和描绘根本不存在的"自然状态"而陷入历史唯心主义的窘境。

同时，"资产阶级社会"也成为研究社会与国家发展的现实维度的主要范畴。从《黑格尔法哲学批判》到《神圣家族》，马克思用"市民社会"主要指代他所生活的西欧近代社会。在马克思看来，近代商品经济的发展和资产阶级革命推动了伴随着中世纪城市兴起的市民社会摆脱国家的束缚而逐步确立。正如他在《德意志意识形态》

---

[1] 《马克思恩格斯文集》第2卷，人民出版社2009年版，第31页。

[2] 《马克思恩格斯文集》第1卷，人民出版社2009年版，第655页。

[3] 《马克思恩格斯文集》第1卷，人民出版社2009年版，第604页。

中所指出："真正的市民社会只是随同资产阶级发展起来的"[1]，而"国家不外是资产者为了在国内外相互保障各自的财产和利益所必须采取的一种组织形式"[2]。尽管马克思这时期也着重探讨了市民社会的商品交换关系、资本和劳动关系等。但此时他的考察对象主要是德国和法国。德国还没有进行资产阶级革命，法国虽然进行了资产阶级的政治革命，但是小农经济仍然占很大比重，均没有形成典型的资本主义社会。而且，此时马克思的思考和表述仍是哲学思辨式的，还缺乏政治经济学的科学分析。因此，尽管他看到了资产阶级统治下的社会的实质，但一直没有使用"资产阶级社会"的概念。到了《哲学的贫困》，马克思批判蒲鲁东政治经济学思想的同时，明确使用"资产阶级社会"这一概念，指出："社会、联合这样的字眼是可以运用于一切社会的名称，既可以用于封建社会，也可以用于资产阶级社会——建筑在竞争上的联合"[3]，并认为"资产阶级得势以后"，"一切旧的经济形势、一切与之相适应的市民关系以及作为旧日市民社会表现的政治制度都被粉碎了"[4]。这样便实现了"资产阶级社会"概念与"市民社会"概念在分析现实社会问题上的有效衔接。此后，"资产阶级社会"成了他分析现代社会的主要范畴。因为在马克思看来，当资产阶级占统治地位时，社会的"市民要素"的发展达到了顶峰。资产阶级社会作为"最后一个对抗形式"的社会是"最发达和最多样的历史的生产组织。因此，那些表现它的各种关系的范畴以及对于它的结构的理解，同时也能使我们透视一切已经覆灭的社会形式的结构和生产关系"[5]，它既是阶级社会的典型形态，更是市民社会的典型形态。

至此，马克思便彻底厘清了社会与国家的关系。这种"厘清"主要体现在：①把被黑格尔"头足倒置"的社会与国家关系又颠倒了过来，并从"现实基础"的意义上形成了"市民社会决定国家"的原理；②进一步明确了"社会"的概念，确立"社会机体"和"资产阶级社会"作为从历史维度和现实维度考察社会与国家关系的主要范畴。

---

[1]　《马克思恩格斯文集》第1卷，人民出版社2009年版，第583页。

[2]　《马克思恩格斯文集》第1卷，人民出版社2009年版，第584页。

[3]　《马克思恩格斯文集》第1卷，人民出版社2009年版，第634页。

[4]　《马克思恩格斯文集》第1卷，人民出版社2009年版，第613页。

[5]　《马克思恩格斯文集》第1卷，人民出版社2009年版，第29页。

第二章 对资产阶级社会与国家的剖析

——马克思社会与国家理论的成熟

马克思在弄清了市民社会与国家的关系之后，便深入到资产阶级社会与国家的内部进行剖析。因为在他看来，资产阶级社会是典型的、充分发展了的、能够借此透视一切已经消亡了的社会关系的“标本形式”；资产阶级国家是“最完备”的国家机器。这就意味着，只有通过对资产阶级社会和国家的解剖，揭示出整个资产阶级社会与国家运行的秘密，才可以由此追溯到以往一切已经覆灭的社会形态的社会与国家的内在矛盾。

第一节 对资产阶级社会与国家关系历史内涵的深刻揭示

1847 年 11 月，马克思参加了共产主义者同盟第二次代表大会。受同盟委托，他和恩格斯为国际共产主义运动撰写的第一个纲领性文献——《共产党宣言》于 1848 年 2 月公开发表。在这一部标志着马克思主义诞生的纲领性文献中，他们通过分析西欧资产阶级社会与国家分离的历程、意义、矛盾和趋势，勾勒出二者分化与统一的历史进程。而后，马克思在《新莱茵报》上发表的《雇佣劳动与资本》等文章则进一步阐发了《共产党宣言》中的思想，特别是对资产阶级社会与国家对立的社会经济根源作了初步分析。

一、社会与国家在资产阶级时代实现了现实的分离

《共产党宣言》开宗明义地指出，至今一切有文字记载的社会的全部历史，都是阶级斗争的历史[1]。马克思认为，当人类进入阶级社会，私人利益和阶级利益产生以后，为了协调社会特殊利益和普遍利益的矛盾，把阶级斗争控制在可控的“秩序”范围内，这就使得作为“虚幻共同体”的国家来进行实际的干预和约束成为必要，

[1] 《马克思恩格斯文集》第 2 卷，人民出版社 2009 年版，第 31 页。

于是整个社会也随之分裂为市民社会与政治国家两个领域，但是社会和国家这种在逻辑上的分离并不意味着它们在现实中也是分离的。国家在产生之初，便凌驾于社会之上，并从市民社会中夺走了全部权力。在马克思看来，这时的市民社会淹没于政治国家，“市民社会的等级和政治意义上的等级是同一的”，“市民社会就是政治社会”，“市民社会的有机原则就是国家的原则”[1]。这种国家与社会的一体化的格局使“在过去的各个历史时代，我们几乎到处都可以看到社会完全划分为各个不同的等级，看到社会地位多种多样的层次。在古代的罗马，有贵族、骑士、平民、奴隶，在中世纪，有封建领主、臣仆、行会师傅、帮工、农奴，而且几乎在每一个阶级内部又有一些特殊的阶层”[2]。这表明，在专制权力所依靠的古代和中世纪，由于农业文明和自然经济占统治地位，支配生产的阶级对国家权力依靠性较强，人们依据政治身份划分不同的等级，整个社会建立起了一套以君主为塔尖、高等级牵制低等级的金字塔式的统治体系，使得市民社会淹没于政治国家之中，个人淹没于等级、公会行帮、特权的包围之中，国家的超经济强制把市民社会牢牢依附于政治权力之上。正如马克思在《论犹太人问题》中所讲，在封建主义时代，“旧的市民社会直接地具有政治性质，就是说，市民生活的要素，例如，财产、家庭、劳动方式，已经以领主权、等级和同业公会的形式升为国家生活的要素”。因此，在中世纪，等级制度通过“等级”这一中介实现社会与国家的同一，使“市民社会的生活机能和生活条件还是政治的”[3]。从未停止过的奴隶反抗奴隶主、农奴反对封建主的斗争的实质便是市民社会力图捍卫自身权利。

紧接着，《共产党宣言》考察了西欧资产阶级的产生历程及其与市民社会发展之间的密切关系：从中世纪的农奴中间产生了初期城市的自由居民，从这个市民等级中间发展出最初的资产阶级分子；随着“交换手段和一般商品的增加”，社会中的“商业、航海业和工业”等市民要素前所未有地高涨起来，致使以前那种封建的或者行会的工业组织已不能再满足随市场出现而增加的需求，进而被工场手工业取而代之；行会师傅被工业的中间等级排挤掉了，各种行业组织之间的分工也随着各个作坊内部分工的出现而消失了。这些都促进了正在崩溃的封建社会内部的革命因素的迅速发展，最终，市场的扩大、需要的增加和由蒸汽和机器引起的产业革命的

[1] 《马克思恩格斯全集》第3卷，人民出版社2002年版，第90页。

[2] 《马克思恩格斯文集》第2卷，人民出版社2009年版，第31—32页。

[3] 《马克思恩格斯全集》第3卷，人民出版社2002年版，第186页。

推动，使机器大工业代替了市场手工业，现代资产者代替了工业中的中间等级。[1] 在中世纪末期，农村中少部分农奴离开农村来到城市，从事商业活动，逐渐成了城关市民，商品经济在专制国家统治的夹缝——城市中逐步兴起。这些初期城市的自由居民摆脱了封建领主的控制而成为商人、手工业者或工场主，以商品货币关系为核心的非政治性“市民”社会获得了相对自主的发展空间。当“大工业和普遍竞争所引起的现代资本”创造了独立于国家政权实体的所有制关系时，社会成员之间的财产关系开始抛弃了共同体的一切外观并消除了国家对所有制发展的任何影响，而由于私有财产摆脱了共同体，国家获得了和市民社会并列的独立存在。这样，包括物质生活在内的社会生活领域不再受国家权力的直接干涉和管制，社会便逐步地从国家中分化、脱离出来。

资本主义生产方式经历了行会手工业、工场手工业和机器大工业三个历史时期，资产阶级也经历了行会师傅、工场主、现代资产阶级三个发展阶段。与此相适应，资产阶级政治地位的变化也经历了三个阶段，即“它在封建主统治时期是一个被压迫的等级，在公社（恩格斯在《共产党宣言》1890 年德文版上加注解释道：‘意大利和法国的市民，从他们的封建领主手中赎买或争得了最初的自治权利以后，把自己的城市团体称为公社’）里面是一个武装的和自治的团体，在一些地方组成为独立的城市共和国，在另一些地方又组成君主国中纳税的第三等级；后来，在工场手工业时期，它是等级制的君主国里或专制的君主国里与贵族相抗衡的势力，并且是一切大君主国的主要基础；最后，从大工业和世界市场确立的时候起，它在现代的代议制国家里夺得了独揽的政治统治权”[2]。就是说，随着商品经济的发展，私人的物质生产和生活摆脱国家干预的要求日益强烈，于是资产阶级通过政治革命摧毁了一切等级、同业公会、行帮和特权，从而消灭了市民社会的政治性质。这其中，以法国大革命最为典型。因为法国革命废除了封建所有制，代之以资产阶级的所有制[3]。这种所有制完全抛弃了任何政治外观，摆脱了国家权力的束缚。而且，法国革命以代议制民主制度取代君主专制制度，为私人领域的独立存在和工商业活动的自由发展提供了法律上和制度上的保障[4]。正如马克思早年批判黑格尔法哲学思想时

[1] 参见《马克思恩格斯文集》第 2 卷，人民出版社 2009 年版，第 32 页。

[2] 《马克思恩格斯文集》第 2 卷，人民出版社 2009 年版，第 33 页。

[3] 《马克思恩格斯文集》第 2 卷，人民出版社 2009 年版，第 45 页。

[4] 何增科：《市民社会概念的历史演变》，载《中国社会科学》1994 年第 5 期。

所说："只有法国革命才完成了从政治等级到社会等级的转变过程"，使"市民社会的等级差别完全变成了社会差别，即在政治生活中没有意义的私人生活的差别"，从而"完成了政治生活同市民社会的分离"[1]。

因此，在马克思看来，社会与国家的分离是在资本主义时代完成的，这种分离是资本主义商品经济和资产阶级政治革命共同作用的产物。

二、社会与国家在资产阶级时代实现分离的"现代"意义

《共产党宣言》对资产阶级的历史功绩给予了充分肯定，认为"资产阶级在历史上曾经起过非常革命的作用"[2]。如前所述，资本主义商品经济和资产阶级政治革命促使社会从国家中分离出来。这种分离确立了"自由竞争以及与自由竞争相适应的社会制度和政治制度"[3]，即以商品货币关系为基础的社会制度和以代议制民主为核心的政治制度，形成了真正意义上的现代社会与现代国家。

这种现代性首先表现在，"阶级"取代"等级"成为社会的基本主体。《共产党宣言》认为，古代和中世纪的社会"完全划分为各个不同的等级"，"社会地位分成多种多样的层次"[4]。尤其在中世纪国家与社会高度"同一"的时期，人们的社会等级就是他的政治等级，这种"等级"实质上是对人的个性和自由的剥夺，是一种身份"等级制"社会[5]。而到了资产阶级时代，阶级对立则简单化了，"整个社会日益分裂为两大敌对的阵营，分裂为两大相互直接对立的阶级：资产阶级和无产阶级"[6]。应该说，资产阶级社会中的"阶级"概念，与以往社会的"等级"概念相比，已发生了质的变化。与作为政治概念的"等级"不同，"阶级"是一个经济概念。它既不以政治因素又不以个人的自然因素为原则，而是以生产要素的所有权和劳动分工为标准，从而使社会成员摆脱那种具有"政治意义"的人身依附关系，真正成为独立的"人"，也使社会中的人际关系变成在分工和私有制基础上的"等价"的交往关系。这种现代商品经济社会的"自由竞争"和"等价交换"原则，要求消灭各种封建特权和"等级"差别，使整个社会只存在简单的"阶级"对立，从而使"一切固定的僵化的关

[1]　《马克思恩格斯全集》第3卷，人民出版社2002年版，第100页。

[2]　《马克思恩格斯文集》第2卷，人民出版社2009年版，第33页。

[3]　《马克思恩格斯文集》第2卷，人民出版社2009年版，第36—37页。

[4]　《马克思恩格斯文集》第2卷，人民出版社2009年版，第31页。

[5]　秦国荣：《市民社会与法的内在逻辑》，社会科学文献出版社2006年版，第131页。

[6]　《马克思恩格斯文集》第2卷，人民出版社2009年版，第32页。

系以及与之相适应的、被尊崇的观念和见解都被消除了，一切新形成的关系等不到固定下来就陈旧了。一切等级的和固定的东西都烟消云散了，一切神圣的东西都被亵渎了。人们终于不得不用冷静的眼光来看他们的生活地位、他们的相互关系”[1]。在次年发表的《对民主主义者莱茵区域委员会的审判》中，马克思再次肯定了“阶级”代替“等级”的历史进步性，认为“正像现代工业实际上消灭了一切差异一样，现代社会也必须消灭城乡之间在法律上和政治上的一切壁障。在这个社会中还存在阶级，可是已不再有等级了。它的发展就在于这些阶级的斗争，可是这些阶级却联合起来反对等级及其天赋王权”。因为“资产阶级社会不能容忍农业受封建特权的限制，工业受官僚监护的限制。这是同它的自由竞争的生活原则相矛盾的”[2]。

随着等级制的解体和自由竞争机制的确立，“货币本位”便取代“权力本位”成为社会行为准则和价值标准。《共产党宣言》用极具文采和充满激情的文字描述道：“资产阶级在它已经取得了统治的地方把一切封建的、宗法的和田园诗般的关系都破坏了。它无情地斩断了把人们束缚于天然尊长的形形色色的封建羁绊，它使人和人之间除了赤裸裸的利害关系，除了冷酷无情的‘现金交易’，就再也没有任何别的联系了。它把宗教虔诚、骑士热忱、小市民伤感这些情感的神圣发作，淹没在利己主义打算的冰水之中。它把人的尊严变成了交换价值，用一种没有良心的贸易自由代替了无数特许的和自力挣得的自由。总而言之，它用公开的、无耻的、直接的、露骨的剥削代替了由宗教幻想和政治幻想掩盖着的剥削。”[3] 尽管“利己主义”和“金钱至上”的行为准则和价值观造成了人际关系的“冷酷无情”，但是马克思却将其视为资产阶级的革命功绩。因为这种“货币本位”取代传统“权力本位”的“历史的革命作用”就在于它打破了基于宗法关系的“等级制”和“特权制”，将束缚人们的“天然尊长的形形色色的封建羁绊”予以斩断，把藏匿于虚幻的“田园诗般的关系”之下的利己主义予以公开。这样，基于身份和等级的“人情社会”就被改造为基于商品货币关系的“契约社会”，使人们在交换价值面前平等地进行“现金交易”，消除了人们基于政治权力和等级特权下的人身依附关系和不等价交换的社会条件，防止政治上处于“高等级”地位的人群对“低等级”人群的财产、自由、平等、安全等权益的吞噬，使人真正成为属于自己的现实的人。在“利己主义”和“金钱至上”

[1] 《马克思恩格斯文集》第2卷，人民出版社2009年版，第34—35页。
[2] 《马克思恩格斯全集》第6卷，人民出版社1961年版，第302页。
[3] 《马克思恩格斯文集》第2卷，人民出版社2009年版，第33—34页。

行为准则和价值观的规范下，“资产阶级抹去了一切向来受人尊崇和令人敬畏的职业的神圣光环。它把医生、律师、教士、诗人和学者变成了它出钱招雇的雇佣劳动者。资产阶级撕下了罩在家庭关系上的温情脉脉的面纱，把这种关系变成了纯粹的金钱关系”[1]。它是因为权力和等级的存在而变得“受人尊重”，显得“含情脉脉”，这些“职业光环”和“含情脉脉的面纱”只不过是罩在利己主义之上的虚幻的外观。

与西欧现代社会制度的确立相适应，“代议民主”取代“君主专制”成为了国家制度的核心内容。《共产党宣言》在描述资产阶级政治地位的发展变化时，认为资产阶级在经历了封建贵族主政的专制君主国的压迫和与之抗衡的阶段后，最终“在现代的代议制国家里夺得了独占的政治统治”[2]。在中世纪一切私人领域都具有政治性质。资产阶级政治革命在打倒旧的专制权力的同时，也消除了出身、等级、文化程度、职业的差别在政治上的意义，使社会中不论属于哪个阶级的公民都获得了平等的政治权利。这样，国家事务就不再作为少数掌握政治权力的人的特权，而被“提升为人民事务”，并被“确定为普遍事务”，国家在形式上成为“真实的国家”，即确立了现代民主制度，主要包括代议制民主和权力制衡机制。资产阶级通过政治革命将市民社会从君主国家的专制权力的束缚中挣脱出来获得独立存在的时候，公民在政治上平等意味着他们都享有参与政治共同体的权利，但这种参与不是直接参与，而是通过选举代表（即议员）的方式组成立法权机关的间接参与，以实现个体的私人利益和阶级的特殊利益；国家则要通过包括行政权和司法权在内的执行权机关来干预市民社会的事务，以维护社会的“普遍利益”和统治阶级的共同的利益，这也就形成了现代国家分权与制衡的权力运行机制。这种权力制衡实际上是现代市民社会与政治国家之间分离与制约关系的政治表现。因为立法权作为市民社会的政治存在的代表，代表的是政治意识，“而政治意识只有在它同行政权发生冲突时才会显示出自己的政治本质”[3]。因此，与“旧社会的相应的政治表现是天赋国王、监护一切的官僚和独立的军队”不同，在现代国家中，现代市民社会可以通过诸如“同意纳税的权利和拒绝纳税的权利”的立法动议对管理公共事务的政府实施监督[4]。

资产阶级由于实现了社会制度和政治制度的上述历史性变革，构建起了与工业

[1]　《马克思恩格斯文集》第 2 卷，人民出版社 2009 年版，第 34 页。

[2]　《马克思恩格斯文集》第 2 卷，人民出版社 2009 年版，第 33 页。

[3]　《马克思恩格斯全集》第 3 卷，人民出版社 2002 年版，第 149 页。

[4]　参见《马克思恩格斯全集》第 6 卷，人民出版社 1961 年版，第 301 页。

化大生产相适应的市民社会机制和民主政治制度，打破了人力资源和物力资源的自由流通和自由配置的制度壁垒，最终促使“资产阶级在它不到一百年的阶级统治中所创造的生产力，比过去一切时代创造的全部生产力还要多、还要大”[1]。

三、资产阶级社会与国家的二元化矛盾及其历史趋势

《共产党宣言》在肯定资产阶级的历史作用之后，笔锋一转，写道：“资产阶级用来推翻封建制度的武器，现在却对准资产阶级自己了。”[2] 由此看来，社会与国家在资产阶时代的分离具有历史的革命性的同时，其自身无法克服的二元化矛盾也充分暴露出来了。

在马克思看来，社会与国家的二元化矛盾表现为“虚幻的国家”与“现实的社会”的二重性。近代以来，市民社会与国家的分离成为欧美世界的普遍法则，这种分离一方面完成了社会的政治解放，使人民群众依靠“普选制”、“代议制”等国家制度由依附于君主和官僚的“臣民”变为独立的、平等的“公民”，使社会力图通过公众的政治参与防止国家与之相异化；另一方面，这种分离把人变成了利己的、孤立的市民，使整个资产阶级社会充满了利己主义。正如《共产党宣言》所讲，“它使人和人之间除了赤裸裸的利害关系，除了冷酷无情的‘现金交易’，就再也没有任何别的联系了”，甚至家庭关系“也变成了纯粹的金钱关系”[3]。这便形成了国家的“虚幻生活”与社会的“现实生活”之间的二元化矛盾。更为根本的是，国家的这种“虚幻性”还表现在它名义是全体社会成员的国家，但实际上只是代表着资产阶级的利益。它虽然消除了出身、等级、文化程度、职业差别在政治上的意义，但它却只有在这些差别存在的条件下才能生存。正如马克思在《共产党宣言》中所讲:“现代的国家政权不过是管理整个资产阶级的共同事务的委员会罢了”[4]，而“工人没有祖国”[5]。在他看来，“资产阶级日甚一日地消灭生产资料、财产和人口的分散状态。它使人口密集起来，使生产资料集中起来，使财产聚集在少数人的手里。由此必然产生的结果就是政治的集中”[6]。而对无产阶级而言，资产阶级国家通过的法律“全

[1] 《马克思恩格斯文集》第 2 卷，人民出版社 2009 年版，第 36 页。
[2] 《马克思恩格斯文集》第 2 卷，人民出版社 2009 年版，第 37 页。
[3] 《马克思恩格斯文集》第 2 卷，人民出版社 2009 年版，第 34 页。
[4] 《马克思恩格斯文集》第 2 卷，人民出版社 2009 年版，第 33 页。
[5] 《马克思恩格斯文集》第 2 卷，人民出版社 2009 年版，第 50 页。
[6] 《马克思恩格斯文集》第 2 卷，人民出版社 2009 年版，第 36 页。

都是资产阶级偏见”，而“隐藏在资产阶级偏见后面的全都是资产阶级利益”[1]。也就是说，资产阶级国家在自由、民主的外观下，隐藏着财产占有者对整个社会的有效统治。由于国家的统治权掌握在资产阶级手中，且资产阶级又掌握着社会的绝大部分财富，而社会成员的绝大多数是仅能维持自己生存的无产者，因此，资产阶级国家不可能也无法理解社会的普遍疾苦，而且资产阶级还利用手中的国家政权维持这种财产上的不平等。这种不平等必然导致阶级对抗的加剧，资产阶级政治革命所创的普选权和代议制等民主制度也都成了无产阶级反抗资产阶级的武器。这就使资产阶级对无产阶级的统治日益困难，统治成本日益昂贵，统治机关日益完备，资产阶级国家似乎日益脱离资产阶级社会而趋于独立。这种“虚幻国家”与“现实社会”之间的矛盾决定了资产阶级国家不断脱离社会的控制，日益与社会相异化的发展趋势。

马克思总是善于深入社会内部寻找国家与社会矛盾的经济根源。在他看来，社会与国家的二元化矛盾根源于劳动依附于资本的社会秩序，而这一社会秩序的形成又源于私有制的存在，且这种私有制不是一般的私有制，而是资本主义的私有制。马克思认为，资产阶级的私有财产是在资本和雇佣劳动的对立中运动的，资产阶级生存和统治的根本条件，就是财富在私人手里的积累，即资本的形成和增殖；而资本的条件又是雇佣劳动，但雇佣劳动却完全是建立在工人的自相竞争之上的[2]。这就使“现代的工人只有当他们找到工作的时候才能生存，而且只有当他们的劳动增殖资本的时候才能找到工作。这些不得不把自己零星出卖的工人，像其他任何货物一样，也是一种商品”[3]。作为商品，“雇佣劳动的平均价格是最低限度的工资，即工人为维持其工人的生活所必需的生活资料的数额。因此，雇佣工人靠自己的劳动所占有的东西，只够勉强维持他的生命的再生产”。这样，资本所有者通过无偿占有工人的剩余劳动积累自己的财富，享受着自己的个性和自由，而“工人仅仅为增殖资本而活着，只有在统治阶级的利益需要他活着的时候才能活着”[4]。这种“资本支配劳动”的社会秩序，不仅存在于生产领域，而且还渗透于生活领域。正如马克思所说：“当厂主对工人的剥削告一段落，工人领到了用现钱支付的工资的时候，马上就有资产

[1]　《马克思恩格斯文集》第2卷，人民出版社2009年版，第42页。

[2]　参见《马克思恩格斯文集》第2卷，人民出版社2009年版，第43、46页。

[3]　《马克思恩格斯文集》第2卷，人民出版社2009年版，第38页。

[4]　《马克思恩格斯文集》第2卷，人民出版社2009年版，第46页。

阶级中的另一部分人——房东、小店主、当铺老板等等向他们扑来。”[1]而且，现代的、资产阶级的家庭正“是建立在资本上面的，建立在私人发财上面的”，“而无产者的被迫独居和公开的卖淫则是它的补充”[2]，他们的妻子和女儿还要受资产者的支配。在次年发表在《新莱因报》上的《雇佣劳动与资本》一文中，马克思到政治经济学中考察了资本支配劳动的资产阶级社会的本质。他认为，这种“工人的奴役地位，资本家的统治”社会秩序的机制在于：通过资本和雇佣劳动之间的交换，资本家换到劳动，即“工人的生产活动，亦即创造力量。工人通过这种创造力量不仅能补偿工人所消费的东西，并且还使积累起来的劳动具有比以前更大的价值”，而“工人为了交换已经得到的生活资料，正是把这种贵重的再生产力量让给了资本”[3]。

从资产阶级社会与国家二元矛盾无法克服且不断加深的趋势中，马克思预见到资产阶级社会与国家必然要被“自由人的联合体”所超越。在他看来，由于资产阶级“甚至不能保证自己的奴隶维持奴隶的生活”，“它不得不让自己的奴隶落到不能养活它反而要它来养活的地步”，因而“社会再不能在它统治下生存下去了”。而且，“工人通过结社而达到的革命联合代替了他们由于竞争而造成的分散状态”，也使对抗资产阶级国家政权的强有力的社会中坚逐渐形成，而所有这些都将预示着“资产阶级的灭亡和无产阶级的胜利是同样不可避免的”。[4]在马克思看来，资产阶级社会与国家二元化的根源在于由私有制引起的资本对劳动的奴役。因此，马克思认为“共产党人可以把自己的理论概括为一句话：消灭私有制”[5]，而私有制的消灭不可能在资产阶级内部完成，只能通过无产阶级从资产阶级手中夺取政权后依靠国家的强制力来完成。于是，马克思斯指出：“共产党人的最近目的是和其他一切无产阶级政党的最近目的一样的：使无产阶级形成为阶级，推翻资产阶级的统治，由无产阶级夺取政权。”[6]然后，“无产阶级将利用自己的政治统治，一步一步地夺取资产阶级的全部资本，把一切生产工具集中在国家即组织成为统治阶级的无产阶级手里”[7]。这也预示着无产阶级对社会的改造要经历一个“国家主导社会”的时期。但是，国

[1] 《马克思恩格斯文集》第 2 卷，人民出版社 2009 年版，第 39 页。
[2] 《马克思恩格斯文集》第 2 卷，人民出版社 2009 年版，第 48—49 页。
[3] 《马克思恩格斯文集》第 1 卷，人民出版社 2009 年版，第 726 页。
[4] 《马克思恩格斯文集》第 2 卷，人民出版社 2009 年版，第 41 页。
[5] 《马克思恩格斯文集》第 2 卷，人民出版社 2009 年版，第 45 页。
[6] 《马克思恩格斯文集》第 2 卷，人民出版社 2009 年版，第 44 页。
[7] 《马克思恩格斯文集》第 2 卷，人民出版社 2009 年版，第 52 页。

家以社会的名义占有生产资料，是它作为国家所采取的第一个也是最后一个独立行动。所以，无产阶级国家对社会只是短暂的主导和干预。“当阶级差别在发展进程中已经消失而全部生产集中在联合起来的个人的手里的时候，公共权力就失去政治性质。”那时，国家政权对社会关系的干预在各个领域中将先后成为多余的事情而自行停止下来。联合起来的个人将组成“代替那存在着阶级和阶级对立的资产阶级旧社会的”联合体，“在那里，每个人的自由发展是一切人的自由发展的条件”。[1]在马克思看来，超越资产阶级社会与国家的整个共产主义革命关键是要对作为国家基础的社会领域的全面变革，既要在“物质要素”层面实现“同传统的所有制关系实行最彻底的决裂”，也要在“精神要素”层面实现“同传统的观念实行最彻底的决裂”。[2]

当马克思准确把握住了资产阶级社会与国家关系的历史内涵之后，便沿着政治批判和经济批判两条线索，分别对资产阶级国家和资产阶级社会发展的矛盾和规律做了详细的考察。

第二节　对与社会相异化的资产阶级国家的具体考察

由于只有法国大革命才完成了从政治等级到社会等级的转变过程，而且革命后建立的纯粹的资产阶级统治“所具有的典型性是欧洲任何其他国家所没有的”[3]，因而马克思经常以法国资产阶级政权更替和演变的历史为例，对资产阶级的国家机器进行深入的解剖。特别是，他根据1848年欧洲革命后的实践，在《1848至1850年的法兰西阶级斗争》、《路易·波拿巴的雾月十八日》中详细考察了法国从七月王朝到二月共和国再到波拿巴政变的历史过程，系统研究了资产阶级政权从君主制到共和制再到君主制的演化关系，卓越分析了资产阶级国家的阶级实质、制度安排和发展规律，并揭示了它与社会相异化的历史趋势。

一、资产阶级国家日益表现出少数掌权者压迫社会多数的性质

1848年法国的“二月革命”推翻了金融贵族统治的七月王朝，建立了革命临时

[1]　《马克思恩格斯文集》第2卷，人民出版社2009年版，第53页。

[2]　《马克思恩格斯文集》第2卷，人民出版社2009年版，第52页。

[3]　《马克思恩格斯文集》第2卷，人民出版社2009年版，第469页。

政府。无产阶级以为这个临时政府似乎就是他们以前所向往的消灭了一切阶级对立、实现人类彻底解放的“社会共和国”。针对这种普遍的陶醉状态，马克思在《1848至1850年的法兰西阶级斗争》中剖析了法国“二月革命”建立的共和国的实质，认为它不是巴黎无产阶级强令临时政府接受的那个社会共和国，而是在政治上对资产阶级社会重新加固的资产阶级共和国，而资产阶级共和国又不外是整个资产阶级的完备的、纯粹的、统治形式[1]。因此，从本质上讲，资产阶级国家与某个特定少数阶级联合，压迫它自己的社会或该社会的多数[2]。

马克思首先从二月共和国临时政府的人员和机构构成看到，占社会成员少数的资产阶级分子掌控着国家的政权。他通过对二月革命前后法国的政治制度比较分析，认为：“资产阶级分裂成为两大集团，一是大地产，一是金融贵族和工业资产阶级，这两大集团曾先后独占政权，前者在复辟王朝时期独占过政权，后者在七月王朝时期独占过政权”[3]，而二月共和国“不是资产阶级中的少数几个集团，而是法国社会中所有阶级，都突然被抛到政权的圈子里来”[4]。由此看来，在二月革命以前，资产阶级只有一小部分人在国王的招牌下进行统治，而二月共和国中则“打落了后面隐藏着资本的王冠”，使资产阶级国家借社会的名义进行统治。然而，马克思看到的却是二月革命产生的临时政府中绝大多数是资产阶级的代表，而工人阶级只有路易·勃朗和阿尔伯两个代表，甚至连拉马丁这个“不代表任何特殊阶级”的“二月革命的代言人”，按其地位和观点来看也是属于资产阶级的。并且，与任何世俗的国家政权机关不同，由路易·勃朗和阿尔伯两人任主席的卢森堡委员会既没有任何经费预算，也没有任何行政权。这样，工人阶级的代表就被逐出了临时政府的所在地，临时政府中的资产阶级分子就把实际的国家政权和行政枢纽完全掌握在自己手中了[5]。更为露骨的是，还没等共和国宣告成立，内阁的一切职位都已被临时政府中的资产阶级分子以及《国民报》派的将军、银行家和律师们瓜分了[6]。不久，在1848年5月4日开幕的制宪国民议会中，占压倒优势的也是资产阶级共和派、《国民报》的共和派，而无产阶级的代表——路易·勃朗和阿尔伯则被国民议会排除在

[1] 参见《马克思恩格斯文集》第2卷，人民出版社2009年版，第99—100、132页。

[2] [英]约翰·麦克里兰：《西方政治思想史》，彭淮栋译，海南出版社2003年版，第616页。

[3] 《马克思恩格斯文集》第2卷，人民出版社2009年版，第132页。

[4] 《马克思恩格斯文集》第2卷，人民出版社2009年版，第86页。

[5] 参见《马克思恩格斯文集》第2卷，人民出版社2009年版，第87页。

[6] 参见《马克思恩格斯文集》第2卷，人民出版社2009年版，第85页。

由自己所任命的执行委员会之外[1]。这样，资产阶级就完全控制了共和国的立法权和执行权。因此，马克思认为二月共和国“首先应该完善资产阶级的统治，因为这个共和国使一切有产阶级同金融贵族一起进入了政权的圈子”[2]。于是，这个曾被无产阶级幻想的“社会共和国”只是复辟王朝和七月王朝的综合，是资产阶级两大集团“在同等掌握政权的条件下维护共同的阶级利益，而又不停止相互间的竞争”的组成形式，国家权力实际上掌握在占社会成员的少部分但拥有社会绝大部分财富的资产阶级手中。

紧接着，马克思通过考察二月共和国的施政过程，揭示出资产阶级的国家机构只不过是为占社会公众少数的资产阶级利益服务的工具而已。马克思通过分析二月共和国的临时政府为挽救社会信用和私人信用而采取的措施，认识到资产阶级国家以维护和服务整个资产阶级的利益为出发点和根本准则，其政策更是围绕着资产阶级的阶级利益这一主轴制定和实施的。本来二月共和国临时政府是推翻金融资本控制的七月王朝的产物。然而，为了维护国家信用，法定偿付期限未到，它就给国家债权人付清了五分、四分五和四分息的债券的息金。然而，此时政府的财政已经拮据不堪，于是它就让小资产者、仆役和工人掏出钱来，为政府赠给国家债权人的这份使他们喜出望外的礼物付款。因此，政府宣布凡存款在100法郎以上的储蓄银行存折今后不得提取现款。这样，储蓄银行中的存款被没收了，使小资产者这时所持有的已经不是储蓄银行的存折而是公债券，于是他们就不得不把这种债券拿到交易所去出卖，从而直接听任交易所犹太人的宰割[3]。面对商业信用危机，临时政府没有迫使银行破产，也没有建立一个国家银行并把全国信用事业置于国家监督之下，却反而规定银行券强制流通。不仅如此，它还把一切外省银行变成了法兰西银行的分行，使法兰西银行网络遍布法国全境。后来，临时政府又向法兰西银行订约借款，把国有森林抵押给它作为担保。而此时，临时政府又日益被有增无减的财政赤字压得直不起腰来，于是它只得采取英勇手段——开征新税。但它不向交易所的豺狼、银行大王、国家债权人、食利者和工业家去征税，而是让农民为资产阶级的信用事业作牺牲。临时政府对所有四种直接税每法郎加征四十五生丁附加税不是像官方报刊所说的落到大地产上，而是首先落在农民阶级身上，即落在法国绝大多数人民身

[1] 参见《马克思恩格斯文集》第2卷，人民出版社2009年版，第99—100页。

[2] 《马克思恩格斯文集》第2卷，人民出版社2009年版，第86页。

[3] 参见《马克思恩格斯文集》第2卷，人民出版社2009年版，第92页。

上[1]。由此看来，掌握行政权的临时政府只是为资产阶级利益服务的。而在马克思看来，被资产阶级渲染的“代表民意”、掌握立法权的制宪会议其实也是如此。如几个月后，由临时政府拟定而由古德肖重新提出的对资本课税的方案（通过抵押税的形式），被制宪议会否决；限制工作日为十小时的法律被废除；重新施行了负债者监禁制度[2]。于是，马克思揭露出“在需要捍卫资产阶级共和国的形式时，制宪议会就拥有民主主义共和派的支持票；在需要捍卫这个共和国的内容时，制宪议会甚至连讲话的方式也与资产阶级保皇集团如出一辙了，因为构成资产阶级共和国内容的正是资产阶级的利益，正是它的阶级统治和阶级剥削的物质条件”[3]。因此，资产阶级的国家机构及其制定的政策是为资产阶级的整体利益服务的，而且它在为资产阶级服务时不惜损害整个社会的利益。

同时，马克思从二月共和国镇压无产阶级反抗的暴力行径中，更加深刻地认识到资产阶级国家的实质就是维护资本奴役劳动的统治秩序。在资产阶级社会，资产阶级和无产阶级构成了社会的基本力量，前者拥有资本的所有权，后者则是劳动的所有者，它们的矛盾也构成了社会的主要矛盾。应该说，资产阶级民主共和制作为对封建君主专制制度的否定，其历史进步性不容抹杀。但是，资产阶级在对国家做出制度安排时不可能真正贯彻主权在民的民主本意。从本质上看，它仍然是阶级统治的工具，只不过它以“民主共和”这个隐蔽的方式掩盖了资产阶级对无产阶级的统治。在《法兰西阶级斗争》中，马克思是这样描述和揭露二月共和国隐蔽的统治方式的，他说：“正如七月君主国不得不宣布自己为设有共和机构的君主国一样，二月共和国也不得不宣布自己为设有社会机构的共和国。”[4]然而，它虽然成立了专门的无产阶级劳动部，但那只能是一个软弱无力的、徒有善良愿望的卢森堡委员会，它所设立的“国家工厂”也只不过是露天的英国习艺所[5]，它所组成的别动队表面上是同资产阶级国民自卫军对立的无产阶级自卫军，而实际上则是从流氓无产者中收买的用以反对无产阶级的“隐蔽武装”。而当资产阶级的骗术被揭穿，无产阶级起来反抗的时候，资产阶级国家就运用军队、警察、法庭、监狱等暴力机器，对无产

[1] 参见《马克思恩格斯文集》第2卷，人民出版社2009年版，第93—94页。
[2] 参见《马克思恩格斯文集》第2卷，人民出版社2009年版，第108—109页。
[3] 《马克思恩格斯文集》第2卷，人民出版社2009年版，第107页。
[4] 《马克思恩格斯文集》第2卷，人民出版社2009年版，第87页。
[5] 参见《马克思恩格斯文集》第2卷，人民出版社2009年版，第88、96页。

阶级实施赤裸裸的暴力镇压。如1848年6月22日，巴黎工人为抗议解散“国家工厂”而举行起义，临时政府悍然动用军队、别动队、国民自卫军对没有领袖、没有统一计划、没有经费和多半没有武器的工人进行了残酷镇压。而后，资产阶级为自己所经受的死亡恐怖进行了闻所未闻的残酷报复，残杀了3 000多名俘虏[1]。马克思在对六月起义和之前的法国革命比较分析后，认为“1789年以来的许多次法国资产阶级革命，没有一次曾侵犯过秩序，因为所有这些革命都保持了阶级统治和对工人的奴役，保持了资产阶级秩序，尽管这种统治和这种奴役的政治形式时常有所改变。六月革命侵犯了这个秩序”[2]。在他看来，六月起义的失败“迫使资产阶级共和国现了原形：原来这个国家公开承认的目的就是使资本的统治和对劳动的奴役永世长存”[3]。

二、资产阶级国家的权力结构演变表现出行政权支配立法权的态势

正如马克思在后来的《法兰西内战》的写作中所指出的，“现代资产阶级国家体现在议会和政府两大机构上”[4]。其中，资产阶级的政府是“以凌驾于社会之上的权力自居的阶级统治形式”，而它的议会则是“以社会自身的权力自居的阶级统治形式”[5]。也就是说，拥有立法权的议会和掌握行政权的政府分别是“社会”和“国家”的代表。1789年大革命之前的法国实行的是行政权高于立法权或立法权融于行政权的君主专制制度。法国著名思想家孟德斯鸠设想国家的立法权、行政权和司法权平行设置，并以掌握立法权的代议机关去制约和监督掌握行政权的官僚机关。这种分权制衡的民主制较之君主专制具有很大的历史进步性。在君主专制时期，议会是资产阶级对抗王权的有力武器。因此，在资产阶级代议制建立初期，立法权似乎更受重视一些，甚至出了所谓“议会万能”的论调。但是，随着资产阶级统治地位的巩固，行政机关逐渐成为了兴趣焦点，资产阶级国家的现实发展也呈现出行政权凌驾于立法权之上的趋势。在《1848至1850年法兰西阶级斗争》中，马克思从共和国宪法的矛盾中看到了立法权只是名义上高于行政权，不可能从根本上制约行政权，认为“宪法中所包含的矛盾的表现：矛盾一方是享有主权、不许解散、通过实行普选权而产生的国民议会，另一方是总统，按照条文，总统应当对国民议会负责，而实际上，

[1] 参见《马克思恩格斯文集》第2卷，人民出版社2009年版，第101页。

[2] 《马克思恩格斯文集》第2卷，人民出版社2009年版，第103页。

[3] 《马克思恩格斯文集》第2卷，人民出版社2009年版，第104页。

[4] 《马克思恩格斯文集》第3卷，人民出版社2009年版，第213页。

[5] 《马克思恩格斯文集》第3卷，人民出版社2009年版，第193页。

总统不仅同样通过实行普选权而获得批准，并把分配在国民议会各个议员身上从而百倍分散的全部选票集中于一身，而且，总统还掌握着全部行政权，而国民议会则只是作为一种道义力量悬浮在行政权之上”[1]。在马克思看来，尽管由变更制、选举制、任期制、责任制产生的总统较之终身的、世袭的、无责的君主是一种重大的历史进步，但除此之外，它具有王权的一切特征。由于实权掌握在总统而不是议会手中，使得“宪法实施的第一天就是制宪议会统治的最后一天”[2]。在《路易·波拿巴的雾月十八日》中，马克思又通过分析1848—1851年波拿巴在立法权与行政权的斗争中复辟帝制的过程，看到由于议会不能有效地制约总统，使行政权由超常发展导向了军事专制，并引发了波拿巴的政变。他认为这“直接的具体结果就是波拿巴对议会的胜利，行政权对立法权的胜利，无言语的力量对言语的力量的胜利。在议会中，国民将自己的普遍意志提升为法律，即将统治阶级的法律提升为国民的普遍意志。在行政权面前，国民完全放弃了自己的意志，而服从于他人意志的指挥，服从于权威。和立法权相反，行政权所表现的是国民的他治而不是国民的自治”[3]。在马克思看来，造成行政权逐渐凌驾于立法权之上的原因在于资产阶级政治制度的本身。

首先，资产阶级分权制度本身就蕴含着行政权支配立法权的先天性缺陷。二月共和国制宪议会通过的宪法将国家权力平行分给了代表立法权的国会和掌握行政权的总统。马克思认为这样的宪法本身就有一个致命弱点，那便是它“不是在脚踵上，而是在头脑上，或者不如说，是在两个头脑（在这里宪法便消失了）上：一个是立法议会，另一个是总统”[4]。一方面，国民议会是由普选产生并享有连选连任权的750名人民代表构成的一个不受监督、不可解散、不可分割的立法机关，它拥有无限的立法权、最终决定（宣战、媾和及商约等）权、独揽大赦权，并因自己不间断地召集会议而经常站在政治舞台最前面。另一方面，总统是一个具有王权一切特性的暂时的独裁者，事实上处在国家权力体系的核心地位：他掌握行政权的一切手段，有权不经国民议会而任免自己的内阁阁员，分封一切官职，统率一切武装力量，从而在法国操纵着至少有150万人的命运（因为有这么多的人在物质生活上依靠于50万各级官吏和各级军官）；他享有赦免个别罪犯、解散国民自卫军以及（经国务会

[1] 《马克思恩格斯文集》第2卷，人民出版社2009年版，第121页。
[2] 《马克思恩格斯文集》第2卷，人民出版社2009年版，第115页。
[3] 《马克思恩格斯文集》第2卷，人民出版社2009年版，第563页。
[4] 《马克思恩格斯文集》第2卷，人民出版社2009年版，第484页。

议同意）罢免由公民自己选出的省委员会、县委员会、市镇委员会的特权；另外，同外国缔结条约时，他也具有倡议和领导的作用。这样，作为根本大法的宪法在权力授予的制度安排上就显示出偏向行政权的倾向，因为它把实际权力授给了总统，而力求为国民议会保证精神上的权力；它使国民议会永远留在舞台上，成为公众日常批评的对象，而总统却在极乐世界[1]，从而造成了有责无权的议会和有权无责的总统之间的不对等。紧接着，马克思又从权力的来源的角度分析了这种不对等性，他认为因为宪法规定总统由所有的法国人直接投票选举，而全法国的选票是分散在750个国民议会议员之间，可是在这里选票就集中在一个人身上。这种“750”对“1”的权力格局，使选民感到国会议员只不过是某个政党、某个城市、某个桥头堡的代表，甚至只是表示必须选出一个人来凑足750个人民代表，而总统则是一种神权的体现者和人民恩赐的统治者，于是他们不关注议会选举和议员候选人的具体情况而把选举总统看作是自己行使主权的王牌，从而使“民选的国民议会和国民只有形而上学的联系，而民选的总统却和国民发生个人联系”[2]。在马克思看来，宪法对权力授予和权力来源的不对等规定使立法权在与行政权的对抗中总是极其怯懦地、畏缩地、沮丧地、软弱无力地放弃了斗争[3]。这样的结果便是，国民议会在逐渐丧失了内阁和军队总指挥权，在与行政权公开决裂后，“被自己的阶级、军队以及其余各阶级所抛弃”而走向“死亡和崩溃”[4]。

如果说资产阶级分权制度的先天性缺陷是导致行政权支配立法权的直接原因，那么资产阶级立法权不能最终制约行政权反而还沦落成它的附属品的根本原因在于维护资产阶级利益和统治的需要。马克思通过分析波拿巴成立的第一个也是最后一个议会制内阁——巴罗—法卢内阁解散从而使议会失去对行政权控制的事件后，认为“法国资产阶级的物质利益恰恰是和保持这个庞大而分布很广的国家机器最紧密地交织在一起的。它在这里安插自己多余的人口，并且以国家薪俸形式来补充它用利润、利息、地租和酬金形式所不能获得的东西。另一方面，资产阶级的政治利益又迫使它每天都要加强压制，即每天都要增加国家政权的经费和人员，同时又不断地进行反对社会舆论的战争，并由于猜疑而去摧残和麻痹独立的社会运动机关，如

[1]　《马克思恩格斯文集》第2卷，人民出版社2009年版，第485页。

[2]　《马克思恩格斯文集》第2卷，人民出版社2009年版，第486页。

[3]　参见《马克思恩格斯文集》第2卷，人民出版社2009年版，第489页。

[4]　《马克思恩格斯文集》第2卷，人民出版社2009年版，第559页。

果不能把它们根本割掉的话。这样，法国资产阶级的阶级地位就迫使它一方面要根本破坏一切议会权力包括它自己的议会权力的存在条件，另一方面则使得与它相敌对的行政权成为不可克制的权力”[1]。从资产阶级政治的发展路向上看，当它尚处在和封建王权对抗的状态中时，立法权是其削弱王权势力的有力武器，于是他们便鼓吹“议会至上”、“议会万能”等论调；而当资产阶级不仅在议会中，而且也在行政权中确立了自己的统治地位时，他们便千方百计地限制立法权而扩大行政权。因为议会这个曾经作为资产阶级反对王权的工具有可能成为无产阶级反对资产阶级甚至获得统治权力的战场。立法权和行政权的这种二律背反关系，使行政机关逐渐脱离议会的有效制约成为资产阶级国家权力的核心，而议会则逐渐成沦落为行政机关的附属品。这样，当无产阶级通过议会斗争掌握立法权而构成了对资产阶级统治的威胁时，资产阶级便可以利用行政权力支配的常备军、无所不管的官僚制度、愚民的僧侣、奴性的司法体系和政府权力，毫不犹豫地消灭立法权以阻止无产阶级的“和平夺权”。正是借助强大的行政权力，波拿巴才“自命为负有保障‘资产阶级秩序’的使命”，并于1851年12月2日实现了复辟帝制的政变。这昭示着行政权力臻于完备，并且达到了行政独裁的程度，成为无产阶级革命道路上必须首先予以摧毁的对象。

三、资产阶级国家的发展呈现出日益凌驾于社会之上的趋势

国家产生之初便以维护共同利益之名凌驾于社会之上，并钳制着社会生活的方方面面。社会与国家在资产阶级时代实现现实的分离，已经表明社会把经济领域收回到自己的手中。资产阶级在上升时期也试图通过普选权、代议制、社会舆论等途径寻求社会对国家的监督。然而，当资产阶级确立了它的统治地位后，并没将这些民主制度真正贯彻下去，用以防止国家脱离社会的制约和监督成为与社会相异化的力量；相反，旧式的国家机器却在资产阶级时代膨胀到登峰造极的程度，并不断地脱离社会的控制而日益凌驾于社会之上。马克思在全面考察了1848年欧洲革命后的法兰西共和国的制度安排和现实发展的基础上，认为资产阶级国家也避免不了日益脱离社会控制并凌驾于社会之上的发展趋势。

首先，行政权的超常发展使国家对社会的控制达到了无所不包的程度。在考察1848年革命后法国政治发展的现实时，马克思看到在行政权力扩大的背景下，国家对社会控制扩大到了极端形式，认为“在法国这样的国家里，行政权支配着由50多

[1] 《马克思恩格斯文集》第2卷，人民出版社2009年版，第512页。

万人组成的官吏大军，也就是经常和绝对控制着大量的利益和生存；在这里，国家管制、控制、指挥、监视和监护着市民社会——从它那些最广大的生活表现起，直到最微不足道的行动止，从它的最一般的生存形式起，直到个人的私生活止；在这里，这个寄生机体由于非常的中央集权而无处不在、无所不知，并且极其敏捷、极其灵活，同时现实的社会机体却又是极无自动性、极其软弱、极不固定”[1]。而此时，议会没有简化国家管理，也没有缩减官僚队伍，使立法权根本不足以彻底制约行政权，结果导致行政权随着阶级斗争的日趋尖锐而不断膨胀起来。到了波拿巴时代，行政权已经掌控着以庞大的官僚机构和军事机构为班底构成的复杂而巧妙的国家机器，进而指挥着 50 万人的官吏队伍和 50 万人的军队。于是，它便成为“俨如密网一般缠住法国社会全身并阻塞其一切毛孔的可怕的寄生机体”[2]。这样，在庞大的行政主导的国家寄生机体的无处不在、元所不知并且极其敏捷、极其灵活的控制之下，现实的社会必然陷于极无自动性、极其软弱、极不固定的萎缩状态。因为在行政权面前，国民完全放弃了自己的意志，而服从于他人意志和权威的指挥。因此，行政权所表现的是国民的他治而不是国民的自治，它使每一种共同的利益，都立即脱离社会而作为一种最高的普遍的利益与之相对立。也就是说，它不再是社会成员的自主行动而成为政府活动的对象[3]。而且，马克思还通过追溯法国近代政治的发展历程，从历史的全景审视了行政权的超常发展导致国家全面控制社会的发展态势。他认为，庞大的中央集权的国家机器是在法国君主专制时代开始产生的，第一次法国大革命又进一步破坏了一切地方性的权力而使中央集权得到发展，同时也就扩大了政府权力的容量、属性和走卒数目；在此基础上，拿破仑完成了资产阶级的国家机器；正统王朝和七月王朝在这个国家机器中并没有增添什么新的东西，不过是扩大了政府部门之间的分工，从而使这个国家机器更加趋于完备和庞大。也就是说，一切变革都是使资产阶级机器更加完备，而不是把它摧毁，就连议会制共和国在它反对革命的斗争中，除采用高压手段而外，还不得不加强政府权力的工具和集中化；而到了波拿巴时期，这个机器便达到了那个时期所能达到的顶峰，致使像波拿巴这样一个从外国来的、被喝醉了的兵痞拥为领袖的冒险家都可以利用它来操纵社会[4]。这也成

[1]　《马克思恩格斯文集》第 2 卷，人民出版社 2009 年版，第 511 页。

[2]　《马克思恩格斯文集》第 2 卷，人民出版社 2009 年版，第 564 页。

[3]　参见《马克思恩格斯文集》第 2 卷，人民出版社 2009 年版，第 564—565 页。

[4]　参见《马克思恩格斯文集》第 2 卷，人民出版社 2009 年版，第 565 页。

了被早年马克思讽刺为“用复旧的办法来消除市民社会和政治国家的二元性”[1]的现实写照。

其次，普选权的废除割裂了国家与社会间的主体联系。作为资产阶级革命成果之一的普选权的确立，使社会公众掌握了议员、总统和其他官员（直接或间接）的任免权，从而使统治者的产生方式由基于血统的世袭制转变为基于民主的选举制。但是，马克思却看到，二月共和国的新宪法的特点是它在宣布实行普遍的自由的同时，却又在实施细则中将这一自由取消。七月王朝过高的选举资格限制虽然在二月共和国时期被取消，使直接的普遍的选举权得到确认。然而，1850年3月31日的选举法不仅把政治犯，把所有被认为藐视早已确定的社会舆论和出版法的罪犯一律划入不能享受政治权利的范围，而且实际上规定了居住资格，从而使三分之二的法国人不能参加投票。结果，只有资产阶级可以不受其他阶级的同等权利的任何妨碍而享受这些自由。因而，马克思指出：“宪法的每一条本身都包含有自己的对立面……在一般词句中标榜自由，在附带条件中废除自由。”[2]普选权的各种各样的限定条件表明，资产阶级只有在其统治是普选的结果和结论时才承认普选权是人民主权意志的绝对行为，一旦普选权的内容不再能归结为资产阶级的统治，资产阶级就会加以调整，甚至以取消普选权进行报复[3]。在马克思看来，“宪法的基础是普选权。废除普选权，这就是秩序党的最后结论，资产阶级专政的最后结论”[4]。因为把资产阶级统治看作普选权的产物和结果，看作人民主权意志的绝对表现，就是资产阶级宪法的意义。但是，当这种选举权、这种主权意志的内容已不再归结为资产阶级统治的时候，宪法也就没什么意义了。资产阶级的责任正是通过调整选举权，使它合乎资产阶级的统治这一理性，而普选权一再消灭现存国家权力而又从自身再造出新的国家权力，其目的就是要消灭整个资产阶级统治的稳定状态，时刻危及资产阶级一切的现存权力和权威，并威胁要把无政府状态本身提升为权威。因此，资产阶级便将它一向用来掩饰自己并从中汲取无限权力的普选权抛弃。这也就等于公开承认：“我们的专政以前是依靠人民意志而存在的，现在它却必须违背人民意志而使自己巩固

[1] 《马克思恩格斯全集》第3卷，人民出版社2002年版，第103页。
[2] 《马克思恩格斯文集》第2卷，人民出版社2009年版，第484页。
[3] 参见《马克思恩格斯文集》第2卷，人民出版社2009年版，第520页。
[4] 《马克思恩格斯文集》第2卷，人民出版社2009年版，第170页。

起来。”[1]路易·波拿巴的雾月十八日政变，资产阶级抛弃了其阶级统治的“最强大最完备的形式”——议会制共和国，后退到了“低级的、不完备的、较软弱的形式”——君主国，正是普选制的历史命运的写照。普选权的废除使人民群众根本无法参与国家权力，更无法控制议会对行政权的制约，因为“国民议会和每个议员一旦使人民，即他们的授权人丧失了权利，自己也就会丧失代表权”[2]，从而加速了资产阶级国家政权凌驾于社会之上的趋势。

再次，对自由舆论的限制削弱了对国家的监督。资产阶级在反对封建专制的斗争中提出了“言论自由”、“新闻自由”等口号，探索出了一条社会监督和制约国家权力的有效途径。然而，自由舆论不是一种有组织的精神形态，它既可以作为一种监督和制约国家权力的社会力量，但同时也有可能受控于国家权力[3]。马克思通过考察法国二月共和国制定的新闻政策，看到资产阶级并没有忠实自己的“新闻自由”理念，而是对社会舆论设置了种种限制。六月起义被镇压后，立宪共和国颁布了新的新闻出版法、结社法和戒严法；巴黎各监狱关满囚犯，政治流亡者被驱逐出境，一切超出《国民报》限度的报纸都被查封；里昂及其邻近五个省被迫服从军人的粗暴专横的统治；检察机关无处不在；已经受过多次清洗的大批公职人员再次受到清洗。马克思认为：“这都是获得胜利的反动派必不可少和经常重复的惯用手法，其之所以在六月大屠杀和六月放逐后还值得一提，只是因为这次它们不单是用来对付巴黎，而且也用来对付外省，不单是用来对付无产阶级，而且首先是用来对付中等阶级。”[4]与普选权的废除相配套，不久问世的新的新闻出版法经过秩序党的修正而变得更加严厉。它规定要增加保证金，还要对报纸副刊上登载的小说征收特别印花税，并将周刊和月刊上发表的所有达到一定页数的作品都纳入征税范围。更为致命的是，它规定报刊上的每一篇文章都要有作者署名。在马克思看来，“保证金的规定扼杀了所谓的革命报刊；人民把这些报刊的死亡看成是对废除普选权的报应。但是，新法律的意图和作用不仅仅局限于这一部分报刊。当报刊匿名发表文章的时候，它是广泛的无名的社会舆论的工具，它是国家中的第三种权力。每篇文章都署名，就使报纸仅仅成了或多或少知名的人士的作品集。每一篇文章都降到了报纸广告的水平。

[1]　《马克思恩格斯文集》第2卷，人民出版社2009年版，第171页。

[2]　《马克思恩格斯文集》第2卷，人民出版社2009年版，第178页。

[3]　参见陈力丹：《马克思主义新闻学词典》，中国广播电视出版社2002年版，第7页。

[4]　《马克思恩格斯文集》第2卷，人民出版社2009年版，第145页。

以前，报纸是作为社会舆论的纸币流通的，现在报纸却变成了多少有点不可靠的单户票据，它的价值和流通情况不仅取决于支票者的信用，而且还取决于背书人的信用”[1]。也就是说，它是用取消自由的办法来规定宪法允诺的自由。本来报刊的使命应该是反映社会不满、监督政府行为、捍卫公众利益，而这样一来，社会舆论对国家监督的成本就要随保证金、税收的增加而增加（增加了媒体的开支），风险就要随署名的要求而加大（暴露身份的监督者有被当权者报复和迫害的危险），效果也就随之从“国家中的第三种权力”降低到广告的水平，从而使公众政治参与的渠道被关闭，监督和制约政治权力的能力被削弱，国家这个寄生机体便可以肆无忌惮地侵蚀社会。

马克思从资产阶级国家与社会相异化的趋势中看到了打碎资产阶级国家机器的必要性，并努力为无产阶级探寻一条实现人类解放的正确途径。他看到，资产阶级国家试图将权力的统一与权力结构的制度化达到完美的状态，以装饰其“社会公共利益代表”的面孔。然而，它的宪法通过普选权给予了政治权力的那些阶级——无产阶级、农民阶级和小资产者，正是它要永远保持其社会奴役地位的阶级，而被它认可享受旧有社会权力的那个阶级——资产阶级，却被剥夺了这种权力的政治保证。这样的结果便是，资产阶级的政治统治被宪法硬塞进了民主主义的框子里，而这个框子时时刻刻都在帮助敌对阶级取得胜利，并危及资产阶级社会的基础本身。也就是说，宪法要求前者不要从政治的解放前进到社会的解放，要求后者不要从社会的复辟后退到政治的复辟[2]。马克思认为打破这一僵局的办法只有无产阶级革命。法国六月起义的失败也使工人阶级“认识了这样一条真理：它要在资产阶级共和国范围内稍微改善一下自己的处境只是一种空想，这种空想在一开始企图加以实现的时候就会成为罪行。于是，原先无产阶级想要强迫二月共和国予以满足的那些要求，那些形式上过分而实质上琐碎的甚至是资产阶级性质的要求，就由一个大胆的革命战斗口号取而代之，这个口号就是：推翻资产阶级，工人阶级专政”[3]。因此，可以说资产阶级的政治革命为无产阶级的社会革命准备了条件。当无产阶级感到在资产阶级共和国范围内稍许改善一下自己的处境都只是一种空想的时候，便要起来反抗打碎这个国家机器，建立自己的阶级专政。

[1] 《马克思恩格斯文集》第2卷，人民出版社2009年版，第179页。

[2] 参见《马克思恩格斯文集》第2卷，人民出版社2009年版，第115页。

[3] 《马克思恩格斯文集》第2卷，人民出版社2009年版，第104页。

第三节　对资本支配劳动的资产阶级社会本质的逻辑论证

早期马克思在批判黑格尔的理性国家观的时候便认识到，对于国家问题，“既不能从它们本身来理解，也不能从所谓人类精神的一般发展来理解，相反，它们根源于物质的生活关系，这种物质的生活关系的总和，黑格尔按照18世纪的英国人和法国人的先例，概括为‘市民社会’，而对市民社会的解剖应该到政治经济学中去寻求”[1]。同样，马克思也是到社会领域中去寻找资产阶级国家与社会二元化矛盾的物质根源的。在《1844年经济学哲学手稿》和《德意志意识形态》中，马克思在分析“分工”和“所有制”的基础上，以哲学的语言和哲学的思维初步考察了商品经济条件下社会交往的物化和异化问题。然而，这种哲学式的论证还无法对商品经济社会的运动规律进行科学分析。在撰写《资本论》的过程中，他沿着政治经济学批判的路向，以资本逻辑为基础，对资产阶级社会的内部结构及其本质则有了完整的认识和把握，揭示了现代社会同资本的内在同构关系。在马克思看来，随着中世纪中后期商业生活的日益发达，财产关系逐渐摆脱了共同体的控制，人们以产权私人所有为基础，通过商品和货币结合起来的交往关系形成了本来意义上的“市民”的社会。随着工业革命的发生及其所带来的工业生活和商业生活的繁荣，市民社会的所有内涵和矛盾在资本主义条件下得到了最充分的暴露，从而也揭示了现代资产阶级国家与社会相异化的“斯芬克斯之谜”。

一、自由平等的商品经济准则异化为资本支配劳动的关系

在《资本论》及其手稿中，马克思谈到，商品是资产阶级社会经济机体的细胞，资本主义生产占统治地位的社会财富表现为一个“庞大的商品堆积”，商品关系已经渗透到社会生活的各个领域，人与人之间的关系也都直接或间接地表现为建立在私有制和广泛的社会分工基础之上的商品关系，即“作为交换主体的个人的经济关系”。而在商品经济条件下，社会奉行平等和自由原则。在马克思看来，“商品是天生的平等派”[2]，商品生产必须以一种平等尺度衡量一切商品，把不同商品所包含的不同劳动转化为抽象的无差别的人类劳动，独立的商品占有者交换不同使用价值

[1]　《马克思恩格斯文集》第2卷，人民出版社2009年版，第591页。

[2]　《马克思恩格斯文集》第5卷，人民出版社2009年版，第104页。

的商品才有实现的可能。生产商品的社会必要劳动时间就成为衡量商品价值的平等尺度。以社会必要劳动时间为基础的等价交换就成为商品经济运行的基本准则。这种社会规定使得人们“作为交换的主体，他们的关系是平等的关系。在他们之间看不出任何差别，更看不出对立，甚至连丝毫的差异也没有”[1]。因而，社会主体由于不同商品的使用价值而产生交换，从而体现了相互的平等关系，货币与不同使用价值之间的交换更是这种平等关系的现实表现[2]。同样，使用价值的自然差异又使独立的互不依赖的个人所提供的私人劳动产品要顺利实现交换，除了需要平等的原则外，还要加上自由的规定。人们要按照等价交换的原则行使他们的平等权利，就要摆脱封建的束缚和人身依附关系，成为自由的、不受限制的人，即“谁都不能用暴力占有他人财产，每个人都是自愿地转让财产”[3]。这样，商品经济以它所奉行的“等价交换”、“交易自由”的交往准则确立了现代社会平等和自由的规则。人的社会存在决定社会意识。等价交换和交易自由的商品经济规则反映到社会意识之中便是自由平等的社会价值观。正如马克思所说：“作为纯粹观念，平等和自由仅仅是交换价值的交换的一种理想化的表现。”[4]而“平等和自由”反映到国家之中就是“民主”。这就是现代资产阶级民主政体取代中世纪君主专制政体的经济基础。

然而，马克思看到，资产阶级社会“平等自由”形式下掩盖的却是资本支配劳动的“不自由、不平等”的现实。他认为：“商品表现为价格以及商品的流通等等，只是表面的过程，而在这一过程的背后，在深处，进行的完全是不同的另一些过程，在这些过程中个人之间这种表面上的平等和自由就消失了。”[5]价值规律作为商品经济的基本规律包括两方面内容——商品的价值量由社会必要劳动时间决定和实行等价交换在资本主义条件下发生了矛盾：资本家按照等价交换原则用 $c+v$ 的货币量购买的生产资料和劳动力，而在出售产品时同样按照等价交换原则却换取了 $c+v+m$ 的货币量。也就是说，在社会必要劳动时间一定和流通领域实行等价交换的情况下出现了不等价现象。马克思经过研究进一步分析了这种不平等。

首先，在流通领域，劳动者是摆脱了封建人身依附关系的束缚、可以自由出卖

[1] 《马克思恩格斯全集》第 30 卷，人民出版社 1995 年版，第 195 页。

[2] 参见《马克思恩格斯全集》第 31 卷，人民出版社 1998 年版，第 359 页。

[3] 《马克思恩格斯全集》第 30 卷，人民出版社 1995 年版，第 198 页。

[4] 《马克思恩格斯全集》第 30 卷，人民出版社 1995 年版，第 199 页。

[5] 《马克思恩格斯全集》第 30 卷，人民出版社 1995 年版，第 202 页。

劳动力的劳动力所有者，在法律上具有与货币所有者平等的公民权。正如马克思所说："这个领域确实是天赋人权的真正伊甸园。那里占统治地位的只是自由，平等，所有权和边沁。自由！因为商品例如劳动力的买者和卖者，只取决于自己的自由意志。他们是作为自由的、在法律上平等的人缔结契约的。契约是他们的意志借以得到共同的法律表现的最后结果。平等！因为他们彼此只是作为商品占有者发生关系，用等价物交换等价物。所有权！因为每一个人都只支配自己的东西。边沁！因为双方都只顾自己。"[1] 然而，劳动者的这一"自由"是以失去生产资料的"一无所有"为代价的，既"没有别的商品可以出卖"，也"没有任何实现自己的劳动力所必需的东西"[2]，但他们的劳动力不卖出去，对劳动者就毫无用处。而且，他们还会感到一种残酷的自然必然性：他的劳动力的生产曾需要一定量的生存资料，而它的再生产又不断地需要一定量的生存资料。这样，摆在劳动力所有者面前便是这样一个残酷的现实：为了生存不得不出卖劳动力，因为如果劳动力不卖出去，劳动力所有者就换不回一定量的生活资料的供给，就要影响他们的生存和发展。也就是说，他们实际上只有选择出卖给哪个资本家的自由，而没有出卖和不出卖劳动力的自由。在劳动力的买卖过程中，尽管他们与货币的所有者是作为平等权利的商品生产者发生关系的，但是由于资源的稀缺和资方对生产资料的垄断，而劳动力的供给又相对较大，劳动力买卖的竞争异常激烈，且资方和劳方之间又存在信息不对称，从而使得劳方在劳动力买卖过程中处于不利地位。也就是说，"工人在把自己出卖给资本家以前就已经属于资本了。工人在经济上的隶属地位，是由他的卖身行为的周期更新、雇主的更换和劳动的市场价格的变动造成的，同时又被这些事实所掩盖"[3]。即便如此，由于劳动力的让渡和劳动力的实际使用即劳动存在一定的时间差，这就造成劳动力在购买契约发生作用即投入使用以后才能获得自己的价值补偿，从而使劳动力的支付方式也成了迫使工人给资本家的信贷。

更为关键的是，当交易完成，离开流通领域这个天赋人权的真正乐园，进入生产领域，自由、平等和劳动力的所有权就化为泡影。这时，货币的所有者变成了资本家，劳动力所有者变成了雇佣工人，"一个笑容满面，雄心勃勃；一个战战兢兢，畏缩

[1]　《马克思恩格斯文集》第5卷，人民出版社2009年版，第204页。

[2]　《马克思恩格斯文集》第5卷，人民出版社2009年版，第197页。

[3]　《马克思恩格斯文集》第5卷，人民出版社2009年版，第666页。

不前，像在市场上出卖了自己的皮一样，只有一个前途——让人家来鞣”[1]。工人“在成交以后却发现：他不是‘自由的当事人’，他自由出卖自己劳动力的时间，是他被迫出卖劳动力的时间；实际上，他‘只要还有一块肉、一根筋、一滴血可供榨取’，吸血鬼就决不罢休”[2]。资本家把工人的劳动力当作一张皮从市场上买来，到隐蔽的、静悄悄的生产场所，工人可就身不由己地被人家当作一张皮来任意地踩了，从这里资本家要刮出他所要的一切。在生产场所里，自由、平等、所有权和利益等统统不见了。所能看到的是，雇佣劳动者在资本家面前，不是自由和平等，而是在雇佣期间所有权的丧失，任人宰割，任人驱使，为资本家赚钱而辛苦地劳动着。资本家消费他所购买的劳动力，工人的劳动属于资本家。工人在资本家监督下劳动，只能获得补偿自己必要劳动的工资，而他们的劳动产品则全部属于资本家。资本家通过支配雇佣工人劳动力的使用权，“用他总是不付等价物而占有的他人的已经对象化了的劳动的一部分，来不断再换取更大量的他人的活劳动”[3]，从而使资本依靠对劳动的“指挥权”获得无偿占有工人剩余劳动的“合法权”和“强制权”。这样便使在资本主义生产过程本身的进行中，再生产出劳动力和劳动条件的分离，也就是再生产出剥削工人的条件，并使之永久化，即不断迫使工人为了生活而出卖自己的劳动力，同时不断使资本家能够为了发财致富而购买劳动力，而这种过程本身必定还会把工人不断地当作自己劳动力的卖者投回商品市场，并把他们自己的产品不断地转化为资本家的购买手段[4]。而且，随着技术进步所带来的资本有机构成的提高，资本对劳动力需求的不断减少，不仅“越来越减少吸引工人”，而且还“会越来越多地排斥它以前所雇佣的工人”[5]，形成一支绝对服从资本、可供资本支配的“产业后备军”，最终把工人牢牢地钉在资本上。

这样，资本所有者——资本家便取得了对劳动力所有者——工人的支配权。在资本的支配下，工人每日为生计疲于奔命而没有更多的闲暇关心政治，也没有更多的精力去研究竞选等政治游戏规则。相反，资本家由于从繁重的劳动中解脱出来，而且凭借其财产优势获取更多的政治信息和资源，掌控更多的社会舆论。即使他自

[1] 《马克思恩格斯文集》第5卷，人民出版社2009年版，第205页。

[2] 《马克思恩格斯文集》第5卷，人民出版社2009年版，第349页。

[3] 《马克思恩格斯文集》第5卷，人民出版社2009年版，第673页。

[4] 参见《马克思恩格斯文集》第5卷，人民出版社2009年版，第665—666页。

[5] 《马克思恩格斯文集》第5卷，人民出版社2009年版，第724页。

己忙于经营脱不开身，也有能力组织自己的“智库”或竞选班子为其出谋划策，这就使得资本家在政治生活中比工人拥有更多的话语权和参与权。况且，资本主义政治本身就做出了有利于资方的制度安排，如财产资格的限制、竞选费用的要求等。更为关键的是，资本家将无偿占有剩余劳动而形成的高额利润的一部分通过“纳税”的方式交给国家，而这一部分税收又恰恰是政府财政收入的主要来源。于是，资本便可以通过控制国家的财政命脉实现对国家权力的支配。因此，资本支配劳动的社会秩序便是资产阶级垄断国家政权的社会根源。

二、资本支配劳动的根源在于资本主义的所有权规律

在商品经济条件下，“一切经济关系都不过是简单交换即商品交换以及与之相适应的所有权、自由和平等这些规定的始终不变的关系的各种不同名称而已”[1]。而且，这种“所有权、自由、平等”的三位一体在资产阶级社会得以真正实现。资本家和工人作为货币所有者和劳动力所有者，他们之间的交换关系是按照平等和自由的商品经济规则进行的。那为什么他们之间存在着事实上的不平等呢？资本家付给工人 v 的货币量，为什么能够获得 $v+m$ 的收益呢？问题根源就在“所有权”上。马克思在《资本论》第 1 卷中以“所谓的原始积累”为标题分析了资本所有权和劳动力所有权的生成过程，认为这一过程是创造资本关系的过程，也就是劳动者和他的劳动条件的所有权分离的过程。它一方面使社会的生活资料和生产资料转化为资本，另一方面使直接生产者转化为雇佣工人[2]。而且，这一过程充满了资本所有者对劳动者的征服、奴役、掠夺、杀戮等暴力行径。应该说，“所有权”的确立打破了财产对共同体和劳动者对土地的依附关系，既是对财产所有者的尊重，也是对劳动力所有者的尊重。但此时，新被解放的劳动者已经成了被剥夺了一切生产资料和旧封建制度给予他们的一切生活保障之后的雇佣工人，他们只能自由地出卖自己的劳动力给资本家，否则将无法生活。而且，新兴的资本所有者还动用国家机器，通过血腥立法惩罚被剥夺者，以此方式迫使工人“自愿”地出卖自己。这样，作为劳动力所有者的雇佣工人从诞生之日起就从属于拥有资本所有权的资产阶级了。也就是说，他们在把自己出卖给资本家以前就从属于资本了。而且，劳动力这种商品的使用价值具有其他一般商品所没有的特殊性。它使得雇佣工人在生产过程中不仅再

---

[1]　《马克思恩格斯全集》第 31 卷，人民出版社 2009 年版，第 363 页。

[2]　参见《马克思恩格斯文集》第 5 卷，人民出版社 2009 年版，第 822 页。

生产出自身劳动力的价值，而且再生产出超过自身劳动力价值以上的剩余价值，从而使得资本家投入的货币发生了价值增值。资本家购买劳动力也正是看到了它的这个可增值的特殊性。在生产过程中，他们通过绝对或相对地延长工人剩余劳动时间、提高劳动强度、改进生产技术等方法，最大限度地获取由雇佣劳动者创造的剩余价值。

通过分析资本主义简单再生产，马克思发现：资本家用来支付工资的可变资本，不是资本家自己预付的，而是工人阶级在前一生产周期中创造的，是“资本家把工人自己的对象化劳动预付给工人”[1]；资本家的全部资本，不管最初的来源如何，经过若干再生产循环之后，也都会变为逐年无偿占有的剩余价值，而“即使资本在进入生产过程的时候是资本使用者本人争得的财产，它迟早也要成为不付等价物而被占有的价值，成为别人的劳动形式或其他形式的物质化”[2]。如果简单生产还可以说资本家的初始投资属于他自有的话，那么，马克思在分析了扩大再生产后进一步发现：构成资本积累的剩余价值，或扩大再生产的追加资本，是资本家无偿占有的。也就是说，它一开始就没有一个价值原子不是由无酬的别人劳动产生的，工人本年度创造的剩余价值被当作下一年的资本使用，而资本家对过去无酬劳动的所有权，成为现今已日益扩大的规模占有活的无酬劳动的唯一条件，进而使资本家积累得越多，他就越能更多地积累[3]。这样，“以商品生产和商品流通为基础的占有规律或私有权规律，通过它本身的、内在的、不可避免的辩证法转变为自己的对立物”[4]，即资本所有者和劳动力所有者之间的等价交换关系，仅仅是流通过程的一种表面现象，或是一种与内容本身无关的并只是使它神秘化的形式；而其内容则是，资本家总是用他的不等价物去占有别人已经物化的劳动的一部分，来不断再换取更大量的别人的活劳动。如果说，在简单商品生产条件下，生产者对自己的劳动产品拥有所有权，那么，在资本主义条件下，“所有权对于资本家来说，表现为占有别人无酬劳动或它的产品的权利，而对于工人来说，则表现为不能占有自己的产品”[5]。这样，商品生产的所有权规律也就转变成了资本主义的占有规律。在这一规律支配下的资本主义的生产和再生产过程，一方面使生产出来的物质财富被资本家无偿占有，另一方

[1] 《马克思恩格斯文集》第5卷，人民出版社2009年版，第655页。

[2] 《马克思恩格斯文集》第5卷，人民出版社2009年版，第658页。

[3] 参见《马克思恩格斯文集》第5卷，人民出版社2009年版，第672—673页。

[4] 《马克思恩格斯文集》第5卷，人民出版社2009年版，第673页。

[5] 《马克思恩格斯文集》第5卷，人民出版社2009年版，第674页。

面又生产出除劳动力之外一无所有的无产者。于是，“劳动力必须不断地作为价值增值的手段并入资本”[1]，从属于资本而不能脱离资本，从而使资本支配劳动的社会秩序常态化和永久化。

商品生产的所有权规律转变成了资本主义的占有规律，也就意味着资本家和工人的所有权关系演变为资本同雇佣劳动的关系，其实质便是：资本对工人剩余劳动的无偿占有，并通过这种占有取得对工人劳动产品的所有权，同时也就意味着工人失去对自己劳动产品的所有权。正如马克思在《经济学手稿（1857—1858年）》中所讲：“为了把资本同雇佣劳动的关系表述为所有权的关系或规律，我们需要把双方在价值增值过程中的关系表述为占有过程。例如，剩余劳动变为资本的剩余价值，这一点意味着：工人并不占有自己的劳动产品，这个产品对他来说表现为他人的财产，反过来说，他人的劳动表现为资本的财产。”[2]工人得到补偿自己必要劳动的工资仅仅能够供个人的生活消费。而且，由于工人每次所得的工资只能维持暂时的生活，所以当工人进行个人消费之后，仍然是一无所有产者，不得不以雇佣劳动者的身份再次出卖劳动力，遭受资本家剥削。这就使得工人的个人消费是为资本家再生产劳动力的必要条件。正如马克思所说：“个人消费一方面保证他们维持自己和再生产自己，另一方面通过生活资料的消费来保证他们不断地出现在劳动市场上。”[3]在《资本论》第3卷中，马克思通过对资本主义生产总过程的考察，分析了剩余价值转化为利润和平均利润的过程，揭示了剩余价值以利润和地租的形式在产业资本、商业资本、银行资本和土地所有者之间的分配，认为其实质反映的就是“等量资本换取等量利润”资本分配规则掩盖下的整个资本家和土地所有者阶级凭借资本和土地所有权共同瓜分工人阶级剩余劳动的创造的剩余价值的关系，而工人取得的“工资，总是先要以资本形式同工人相对立，然后才取得收入的形式，即工人的收入的形式”[4]。尽管工人阶级为提高工资不断斗争并取得了一定的成果，自己的待遇也有所提高、生活有所改善，甚至持有的财产也多了些，但这不会消除雇佣工人对资本的从属关系，因为“资本主义积累的本性，绝不允许劳动剥削程度的任何降低或劳动价格的任何提高，有可能严重地危机资本关系的不断再生产和它的规模不断扩大

---

[1]　《马克思恩格斯文集》第5卷，人民出版社2009年版，第708—709页。

[2]　《马克思恩格斯全集》第30卷，人民出版社1995年版，第463页。

[3]　《马克思恩格斯文集》第5卷，人民出版社2009年版，第662页。

[4]　《马克思恩格斯文集》第7卷，人民出版社2009年版，第994—995页。

的再生产”[1]。

在资本主义占有规律作用下，劳动者的劳动条件转化为资本，生产劳动不断地走向社会化，土地和其他生产资料也进一步转化为社会使用的即公共的生产资料。但此时，生产资料的所有权是在私人资本家手中的，而且在激烈的市场竞争中，少数资本家不断打败多数资本家，使得资本不断向少数人集中，这又进一步扩大了劳动协作的规模。这样，生产的社会化与资本主义私人占有制之间的矛盾便成了资产阶级社会不可自愈的顽症[2]。一方面，社会化的大生产要求社会共同占有生产资料；另一方面，资本所有者为谋取私人利益最大化不但不愿意放弃生产资料的所有权，反而还要提高私人资本集中的程度以获取更大的剩余价值。因而，生产的社会化与生产资料资本主义私人占有制之间的矛盾便构成了资产阶级社会普遍利益与特殊利益对立的经济根源。尽管资产阶级国家试图通过经济干预等措施缓解这一矛盾，但它终究是被私人资本控制的“总资本家”，不可能从根本上侵害私人资本的特殊利益，因而也不可能找到治愈这一顽症的灵丹妙药。这样，马克思就通过政治经济学的批判，从资产阶级社会内部找到了社会与国家对立的根源。

三、拜物教是资产阶级社会物质生活关系在精神领域中的反映

马克思不仅看到了商品经济条件下资产阶级社会的平等与自由，更看到了商品和货币关系下社会的物化和异化。在他看来，由于人们之间的交换是商品物的交换，因而人们之间的相互依赖关系直接表现为“普遍的社会物质变换、全面的关系、多方面的需要以及全面的能力的体系”[3]。这一关系虽然打破了人的直接依赖关系下个人不得不依附一定社会共同体的局限性，使个人获得了独立性，但是个人却又依赖于物的力量，并受其支配。物的力量本来是人们自己社会结合的力量的物质表现，然而，由于个人是独立的，只是通过交换才发生彼此之间的联系，而“交换价值作为整个生产制度的客观基础这一前提，从一开始就包含着对个人的强制，个人的直接产品不是为个人自己的产品，只有在社会过程中它才成为这样的产品，因而必须采取这种一般的并且诚然是外部的形式”[4]，故而这种联系对于个人来说是外在的、

[1] 《马克思恩格斯文集》第5卷，人民出版社2009年版，第716页。

[2] 参见《马克思恩格斯文集》第5卷，人民出版社2009年版，第873—874页。

[3] 《马克思恩格斯全集》第30卷，人民出版社1995年版，第107页。

[4] 《马克思恩格斯全集》第30卷，人民出版社1995年版，第203页。

异化的、无法驾驭的力量。这样，人与人之间的社会联系，就蜕变成以商品和货币为中介、彼此占有对方的私人所有的交换关系，相互补充的社会交往变成了彼此互为手段的、利己的物化交往，使社会中的“各个人让他们自己的社会关系作为物同他们自己相异化”[1]。这种物化关系反映在人的思想中便是“拜物教”，即“在资产阶级经济以及与之相适应的生产时代中，人的内在本质的这种充分发挥，表现为完全的空虚化，这种普遍的对象化过程，表现为全面的异化，而一切既定的片面目的的废弃，则表现为为了某种纯粹外在的目的而牺牲自己的目的本身”[2]。尽管社会试图通过信用系统扬弃这种异化。但是，“这种扬弃异化、人向自己因而也向别人复归，仅仅是一个假象；何况这是卑劣的和极端的自我异化，非人化，因为它的要素不再是商品、金属、纸币，而是道德的存在、社会的存在、人自己的内在生命，更可恶的是，在人对人的信任的假象下面隐藏着极端的不信任和完全的异化”[3]。如果说，马克思揭示资本雇佣劳动的规律是出于对资产阶级社会“物质要素”的批判，那么，拜物教则可看作为他批判的资产阶级社会的“精神要素”。具体说来，资产阶级社会中的“拜物教”主要包括商品拜物教、货币拜物教和资本拜物教。

首先，商品经济下社会的物化关系就具有了一种神秘的“超自然”的力量，使人们产生了对商品和货币的恐惧、崇敬的拜物欲。它控制着商品生产者，支配着商品生产者的命运，为商品生产者崇拜和迷信。正如马克思所说：“劳动产品一旦作为商品来生产，就带上拜物教性质，因此，拜物教是同商品生产分不开的。”[4]在他看来，这种商品和货币的拜物教是人们物化的社会关系的“虚幻的形式”，即物化的社会关系在社会意识中的反映。最初一看，商品好像是一种简单而平凡的东西。然而，经分析，它却是一种很古怪的东西，充满形而上学的微妙和神学的怪诞。因此，当商品转化为劳动产品，它就成了可感觉而又超感觉的物或社会物[5]。人们在商品交换过程逐渐形成这样的观念：每个人在交易中只有对自己来说才是自我目的，而对他人来说只是手段；他是手段同时又是目的，但只有成为他人的手段才能达到自己的目的，只有达到自己的目的才能成为他人的手段[6]。货币作为充当一般等价物的商

[1]　《马克思恩格斯全集》第 30 卷，人民出版社 1995 年版，第 110 页。

[2]　《马克思恩格斯全集》第 30 卷，人民出版社 1995 年版，第 480 页。

[3]　《马克思恩格斯全集》第 42 卷，人民出版社 1979 年版，第 21—22 页。

[4]　《马克思恩格斯文集》第 5 卷，人民出版社 2009 年版，第 90 页。

[5]　参见《马克思恩格斯文集》第 5 卷，人民出版社 2009 年版，第 88 页。

[6]　参见《马克思恩格斯全集》第 31 卷，人民出版社 1998 年版，第 357—358 页。

品，是支配它借以把商品关系间接表现出来的那个东西的真正的权力，所以货币这个媒介也就成为真正的上帝。于是，人们对它的崇拜就像基督教徒崇拜上帝一样，这便是货币拜物教。其实早年马克思在《1844年经济学哲学手稿》中就对货币拜物教作了形象的描述："私有制不懂得要把粗陋的需要变为人的需要。它的理想主义不过是幻想、任意的奇想、突发的怪想；没有一个宦官不是厚颜无耻地向自己的君主献媚，并力图用卑鄙的手段来刺激君主的麻木不仁的享受能力，以骗取君主的恩宠；工业的宦官即生产者则更厚颜无耻地用更卑鄙的手段来骗取银币，从自己按照基督教教义去爱的邻人的口袋里诱取黄金鸟。"[1] 在为准备《资本论》而作的经济学手稿中，马克思又作了更深刻的阐述，认为货币是致富欲望的唯一对象，这种欲望本质上就是万恶的求金欲。因为"抽象的享受欲要求有一个包含一切享受可能性的对象。货币在它作为财富的物质代表的规定上，使抽象的享受欲得到实现；货币在它单纯是同作为财富的特殊实体的商品相对立的一般形式的财富时，使吝啬得到实现。为了把货币本身保存下来，吝啬不得不牺牲掉对于特殊需要对象的一切关系，放弃这一切关系，以便满足货币欲本身的需要"[2]。

在此基础上，马克思进一步分析认为，在资产阶级社会的资本和雇佣劳动这一轴心关系被隐藏在物之属性的外壳里面，在表象上仅呈现为资本和劳动力各自的所有者之间自由买卖和订立契约的单纯货币关系，并以这一假象为内在环节，引导出预付资本货币的自我增值运动，从而揭示出资本的拜物性。他说："资本不是物，正像货币不是物一样。在资本中也像在货币中一样，人们的一定的社会生产关系表现为物对人的关系，或者说，一定的社会关系表现为物的天然的社会属性。"[3] 资本的拜物性也是一种具有宗教思维特征的意识形态。它表明，"把劳动的社会生产力转换成资本的物的属性——这种做法已如此根深蒂固，以致机器、科学的应用、发明等等的好处，在它们的这种异化形式中，被看作是必然的形式，从而所有这一切都被看作是资本的属性"[4]。它使人们将资本作为世界的本质，作为幸福的终极根源，作为根本的奋斗目标和终极归宿，进而为了攫取资本的增殖而不惜一切代价。正如马克思引述托·约·邓宁《工联和罢工》中的观点："资本害怕没有利润或利润太少，

[1] 《马克思恩格斯全集》第3卷，人民出版社2002年版，第339—340页。

[2] 《马克思恩格斯全集》第30卷，人民出版社1995年版，第174页。

[3] 《马克思恩格斯文集》第8卷，人民出版社2009年版，第485页。

[4] 《马克思恩格斯文集》第8卷，人民出版社2009年版，第541页。

就像自然界害怕真空一样。一有适当的利润，资本就会非常胆壮起来。只要有 10%的利润，它就会到处被人使用；有 20%，就会活泼起来；有 50%，就会引起积极的冒险；有 100%，就会使人不顾一切法律；有 300%，就会使人不怕犯罪，甚至不怕绞首的危险。如果动乱和纷争会带来利润，它就会鼓励它们。走私和奴隶贸易就是证据。”[1]在批判萨伊的“三位一体”公式时，马克思又形象地描绘出了资本拜物教的图景，认为“在资本—利润（或者，更好的形式是资本—利息），土地—地租，劳动—工资中，在这个表示价值和一般财富的各个组成部分同财富的各种源泉的联系的经济三位一体中，资本主义生产方式的神秘化，社会关系的物化，物质生产关系和它的历史社会规定性直接融合在一起的现象已经完成：这是一个着了魔的、颠倒的、倒立着的世界。在这个世界里，资本先生和土地太太，作为社会的人物，同时又直接作为单纯的物，在兴妖作怪”[2]。

这样，马克思便以资本逻辑为基础，揭示了现代社会与国家同资本的内在同构关系，认为在资本主义占有规律的作用下，生产的社会化与资本主义私人占有制之间的矛盾不可避免。这一矛盾也是普遍利益（社会化生产的要求）与特殊利益（私人资本）对立的经济根源。因此，要真正颠覆现代市民社会与国家，就必须从政治解放转向社会解放，以“自由人联合体”实现对资产阶级社会的超越，从而突破政治解放的历史局限性，消灭以剥削他人的但形式上是自由的劳动为基础的私有制，以消除人的生活本身的异化。

[1]　《马克思恩格斯文集》第 5 卷，人民出版社 2009 年版，第 871 页。

[2]　《马克思恩格斯文集》第 7 卷，人民出版社 2009 年版，第 940 页。

第三章　对社会与国家发展规律的新探索

——马克思社会与国家理论的丰富

19世纪60年代中期以后，马克思在忙于撰写《资本论》的同时，密切关注（如巴黎公社革命）、积极参与（如第一国际）无产阶级的斗争实践。他根据资本主义现实发展和革命实践的新变化，不断拓展新的研究领域，在把握资本主义条件下社会与国家发展规律的基础上，对社会与国家问题形成了一系列的新思想。从方法论上讲，这些新思想的形成又得益于“社会机体”论的运用。如果说马克思对市民社会与政治国家关系的厘清主要是对黑格尔理性国家观的超越的话，那么，从“社会机体”把握社会与国家的关系则是对近代自由主义观点的超越。

如前文所述，“市民社会”作为与“国家”相对应的范畴，是随国家的产生而出现的，也必将随着国家的消亡而失去意义，如果将其适用范围扩大，那势必将国家的存在视为永恒的现象，无法对国家发展的未来趋势和国家的起源做出科学的解释。而在“社会机体”论的解释中，国家是社会的组成部分，从而在逻辑上就可以推出国家脱胎于社会内部并最终向社会复归的结论。于是，马克思没有像自由主义者那样，从“自然状态”、“原初地位”、“社会契约”等非历史、非现实的逻辑假设出发，也没有遵循“市民社会吞噬国家”的法则，而是着眼于社会机体之中，预测“国家重新返回社会机体”未来趋势，探寻国家源于社会内部矛盾运动的奥秘。

同时，市民社会（以资产阶级社会为典型）是随着欧洲中世纪晚期城市自治权的出现而兴起的，“市民社会”概念是以欧洲的社会生活关系、历史传统、文化习俗、政治伦理、制度观念等为基本背景的[1]，其空间适用范围也仅限于西方世界。相反，东方世界的社会与国家长期处于合二而一的同构状态，也没有经历过资本主义的充分发展，对它的研究显然不宜以基于社会与国家分离的“市民社会”论为分析框架，也不宜将马克思研究资产积极社会与国家发展规律所得的结论，套用到东方民族社会与国家问题的分析上。因此，晚年马克思通过对东方社会独特性的考察，来补充

[1] 秦国荣：《市民社会与法的内在逻辑》，社会科学文献出版社2006年版，第119页。

单从西方世界研究社会与国家发展的一般规律的不足。

第一节 对国家向社会复归历史趋势的科学预测

当马克思早年用历史唯物主义的方法在人类思想史上第一次正确阐明了社会和国家的关系时，便从市民社会从政治国家中分离的历史进程中看出了国家向社会复归的历史趋势。19世纪六七十年代后，马克思又在长期深入研究和揭示资产阶级社会与国家发展规律的基础上，结合工人阶级革命实践的新变化特别是在总结巴黎公社经验以及在与机会主义斗争中形成的新的认识，对国家向社会复归的基本走势作了科学的预测。

一、从资本逻辑推论出国家向社会复归的目标是“自由人联合体”

市民社会从国家分离出来，仅仅是实现了人的政治解放和政治自由，而社会领域仍然充满了人的异化和物化的关系。这也是社会与国家二元矛盾的集中表现。因此，人类的最终解放和人的自由的充分实现便成了马克思终生的理想追求。受黑格尔理性国家观的影响，早年的马克思还是将克服社会与国家矛盾的希望寄托在了国家身上。1842年6月，在他为《莱因报》写的政论性文章中，提出应当“把国家看作是相互教育的自由人的联合体”[1]。后来，通过对黑格尔法哲学的批判，马克思把被黑格尔头足倒置的社会与国家的关系颠倒了过来，努力从社会领域寻求克服社会与国家矛盾的钥匙。然而，“自由人的联合体”仍然是马克思一贯关注的伟大主题。1845年，马克思在同恩格斯所著的《德意志意识形态》中，明确区分了“虚假的共同体”与“真正的共同体”，指出“在过去的种种冒充的共同体中，如在国家中，个人自由只对那些在统治阶级范围内发展的个人来说是存在的，他们之所以有个人自由，只是因为他们是这一阶级的个人。从前各个人联合而成的虚假的共同体，总是相对于各个人而独立的；由于这种共同体是一个阶级反对另一个阶级的联合，因此，对于被统治的阶级来说，它不仅是完全虚幻的共同体，而且是新的桎梏”。而在“在真正的共同体的条件下，各个人在自己的联合中并通过这种联合获得自己的自由”[2]。这既是对黑格尔理性国家观的彻底清算，更是指明了国家向社会复归的

[1] 《马克思恩格斯全集》第1卷，人民出版社1995年版，第217页

[2] 《马克思恩格斯文集》第1卷，人民出版社2009年版，第571页。

方向——个人的自由联合。在国家等虚假的共同体中，只有统治阶级群体中的人实现了自由，而对占社会成员多数的被统治阶级而言，则根本没有自由可言，而真正的共同体所追寻的就是在无差别联合的基础上实现每个人自由而全面的发展。在《哲学的贫困》中，马克思又将这种“共同体”发展为“联合体”，认为“劳动阶级在发展进程中将创造一个消除阶级和阶级对立的联合体来代替旧的市民社会；从此再不会有原来意义的政权了。因为政权正是市民社会内部阶级对立的正式表现”[1]。“联合体”取代“共同体”也表明马克思从概念上将其同作为“虚幻共同体”的国家划清了界限。因为“共同体”只是社会的原初形式，它相对于个体的人来说是独立的，而“联合体”则意味着人们在消除了根本的利益冲突的基础上，通过自己的联合真正把社会组织了起来。在《共产党宣言》中，他又明确提出“代替那存在着阶级和阶级对立的资产阶级旧社会的，将是这样一个联合体，在那里，每个人的自由发展是一切人的自由发展的条件”[2]，这便是社会意义上的“自由人的联合体”的最初表述。在《资本论》中，马克思深入“市民社会”内部，从政治经济学的角度进一步揭示了资产阶级社会与国家发展的资本逻辑，在此基础上，设想以“自由人联合体”实现对资产阶级社会与国家的彻底颠覆，实现国家向社会的完全复归。

马克思在《资本论》第1卷中揭示了商品经济社会的拜物教秘密后，便预设以“自由人联合体”取而代之，提出：“让我们换一个方面，设想有一个自由人联合体，他们用公共的生产资料进行劳动，并且自觉地把他们许多个人劳动力当作一个社会劳动力来使用……这个联合体的总产品是社会的产品，这些产品的一部分重新用作生产资料。这一部分依旧是社会的，而另一部分则作为生活资料由联合体成员消费。因此，这一部分要在他们之间进行分配……仅仅为了同商品生产进行对比，我们假定，每个生产者在生活资料中得到的份额是由它的劳动时间决定的。”[3]在他看来，“自由人联合体”是以“联合劳动”和社会所有制为基础，实现了劳动的社会化和生产资料的社会化。在“自由人联合体”中，人们联合的纽带就是“劳动”，因为人们只有在劳动的过程中才有可能认识和利用客观规律去改造既定的环境和条件、达到自己的目的、实现真正的自由，即被看作自我实现的实在的自由“见之于活动恰恰

[1] 《马克思恩格斯文集》第1卷，人民出版社2009年版，第655页。

[2] 《马克思恩格斯文集》第2卷，人民出版社2009年版，第53页。

[3] 《马克思恩格斯文集》第5卷，人民出版社2009年版，第96页。

就是劳动”[1]。而人们能够自由联合的基础则在于“自由人联合体”所实现的所有制形式上的根本性的变革，即“在资本主义时代的成就的基础上，也就是说，在协作和对土地及靠劳动本身生产的生产资料的共同占有的基础上，重新建立个人所有制”[2]。因为“资本家对这种劳动的异己的所有制，只有通过他的所有制改造为非孤立的单个人的所有制，也就是改造为联合起来的、社会的个人所有制，才可能被消灭”[3]。换句话说，马克思设想要“重建”的“个人所有制”，并非孤立的单个人的所有制，而是实现了对生产资料公共占有的“社会所有制”，社会的劳动剩余分配给个人的也仅是生活资料而非生产资料，其分配的尺度也是“劳动面前人人平等”。这既实现了劳动者与生产资料的直接结合，又克服了私人劳动与社会劳动的矛盾，还避免了依靠生产资料的所有权奴役他人劳动的现象。这就从根本上颠覆了资本支配劳动的逻辑，确立了劳动本位的社会交往准则。因此，社会所有制的建立和联合劳动的实现，使社会组建成一个自觉的和有计划的联合体，将会从根本上消除私有资本制度对社会化大生产的瓶颈制约，因而也就消除了现代社会的特殊利益（私人资本收益最大化）与普遍利益（生产的社会化要求）对立的经济根源。正如马克思所讲，“只有当社会生活过程即物质生产过程的形态，作为自由联合的人的产物，处于人的有意识有计划的控制之下的时候，它才会把自己的神秘的纱幕揭掉”[4]。

如果说社会所有制和联合劳动主要是在经济领域奠定“自由人联合体”的基础的话，那么，实现人的自由发展则是其终极的价值追求，这也就最终实现了人的解放。马克思认为：“尽管在资本主义生产的基础上，对于直接生产者大众来说，他们的生产的社会性质是以实行严格管理的权威的形式，并且是以劳动过程的完全按等级安排的社会机构的形式出现的——这种权威的执掌者，只是作为同劳动相对立的劳动条件的人格化，而不是像在以前的各种生产形式中那样，以政治的统治者或神权的统治者的资格得到这种权威的，但是，在这种权威的执掌者中间，在不过是作为商品所有者互相对立的资本家自己中间，占统治地位的却是极端无政府状态，在这种状态中，生产的社会联系只是表现为对于个人随意性起压倒作用的自然规律。”[5]

---

[1]　《马克思恩格斯全集》第 30 卷，人民出版社 1995 年版，第 615 页。

[2]　《马克思恩格斯文集》第 5 卷，人民出版社 2009 年版，第 874 页。

[3]　《马克思恩格斯文集》第 8 卷，人民出版社 2009 年版，第 386 页。

[4]　《马克思恩格斯文集》第 5 卷，人民出版社 2009 年版，第 96 页。

[5]　《马克思恩格斯文集》第 7 卷，人民出版社 2009 年版，第 998 页。

因而，在资本统治和商品堆积的社会中，尽管摆脱了政治权威或神权统治的控制，但人们还生活在“必然王国”之中，还要受“不顾个人自由意志而压倒一切的自然规律”的支配。商品经济的自由法则实现的也只是生产的“极端无政府状态”。而在自由人的联合体中，社会所有制和联合劳动以社会化的生产形式解决了资本主义社会生产方式的内在矛盾，使人与社会之间、社会与自然之间、人与自然之间的矛盾关系得到真正的解决，个人将不再是商品、货币、资本的代表，而是一个从异化和物象化的关系中解放出来的自由的人格，使人真正地成为人。到那时，现实的个人把抽象的公民复归于自身，并且作为个人，在自己的经验生活、自己的个体劳动、自己的个体关系中间，成为人自身的真正存在物；同时，人也认识到自身“固有的力量”是社会力量，并把这种力量组织起来，因而也不再把社会力量以政治力量的形式同自身分离，人的解放也就真正完成。因为“社会化的人，联合起来的生产者，将合理地调节他们和自然之间的物质变换，把它置于他们的共同控制之下，而不让它作为盲目的力量来统治自己；靠消耗最小的力量，在最无愧于和最适合于他们的人类本性的条件下来进行这种物质变换”[1]。到那时，“财富的尺度绝不再是劳动时间，而是可以自由支配的时间”[2]。因此，只有在“自由人联合体”中，才能彻底地颠覆现代社会与国家的资本逻辑，实现从政治解放到社会自身彻底解放的飞跃。

二、从巴黎公社实践中看到国家向社会复归的历史趋势

如果说马克思对“自由人联合体”的设想是在揭示资产阶级社会与国家发展规律基础上逻辑推演得出的结论，那么，马克思晚年则通过对巴黎公社实践经验的总结同样看到了国家向社会复归的历史趋势。他认为：“公社——这是社会把国家政权重新收回，把它从统治社会、压制社会的力量变成社会本身的充满生气的力量；这是人民群众把国家政权重新收回，他们组成自己的力量去代替压迫他们的有组织的力量；这是人民群众获得社会解放的政治形式，这种政治形式代替了被人民群众的敌人用来压迫他们的假托的社会力量（即被人民群众的压迫者所篡夺的力量）（原为人民群众自己的力量，但被组织起来反对和打击他们）。”[3] 在马克思看来，从本质上讲，“公社体制会把靠社会供养而又阻碍社会自由发展的国家这个寄生‘赘瘤’

[1] 《马克思恩格斯文集》第 7 卷，人民出版社 2009 年版，第 998—929 页。

[2] 《马克思恩格斯全集》第 31 卷，人民出版社 1998 年版，第 104 页。

[3] 《马克思恩格斯文集》第 3 卷，人民出版社 2009 年版，第 195 页。

迄今所夺去的一切力量，归还给社会机体”[1]。具体来说，这种“归还”具体体现在以下方面：

首先，从本质属性看，巴黎公社作为“人民群众获得社会解放的政治形式”，是真正的“社会共和国”。在马克思看来，资产阶级建立的共和制度消灭了等级、特权和专制权力，实现了社会的政治解放。但这只是使社会中的资产阶级群体解放了自己，资产阶级共和国“在性质上也越来越变成了资本借以压迫劳动的全国政权，变成了为进行社会奴役而组织起来的社会力量”[2]，没有改变国家成为脱离并日益凌驾于社会之上的异己力量的本质属性。因此，马克思提出要在政治解放的基础上实现社会解放的命题。他看到巴黎公社便是从政治解放上升到社会解放的组织形式，认为“在法国和在欧洲，共和国只有作为‘社会共和国’才有可能存在；这种共和国应该剥夺资本家和地主阶级手中的国家机器，而代之以公社；公社公开宣布‘社会解放’是共和国的伟大目标，从而以公社的组织来保证这种社会改造”[3]。也就是说，巴黎公社使无产阶级在1848年革命时期所呼喊的“社会共和国”的口号变成了现实。在马克思看来，这种共和国的“社会”性在于：常备军被废除而代之以武装的人民，警察也被立刻罢免了政治职能而不再是中央政府的工具，这两支旧政府手中的物质力量被铲除后，公社也就清除了共和国身上阶级统治的政治色彩，成为可以使劳动在经济上获得解放的政治形式[4]。因为马克思看到公社颠覆了造成社会与国家二元化对立的资本支配劳动的逻辑，认为它“想要消灭那种将多数人的劳动变为少数人的财富的阶级所有制”，“想要把现在主要用作奴役和剥削劳动的手段的生产资料、土地和资本完全变成自由的和联合的劳动的工具，从而使个人所有制成为现实”[5]，进而为全社会的解放奠定所有制基础。而且，公社所采取的社会措施也“已经清楚地、有意识地宣告他们的目的是解放劳动和改造社会”[6]。它将分布城乡的自治社区组织成为全国性的“自由平等的生产者的联合体”，用以取代凌驾于社会之上、与社会相对立的国家政权。

其次，从根本制度看，巴黎公社实行了“人民群众把国家政权重新收回”的“真

[1]　《马克思恩格斯文集》第3卷，人民出版社2009年版，第157页。

[2]　《马克思恩格斯文集》第3卷，人民出版社2009年版，第152页。

[3]　《马克思恩格斯文集》第3卷，人民出版社2009年版，第205页。

[4]　参见《马克思恩格斯文集》第3卷，人民出版社2009年版，第154、158页。

[5]　《马克思恩格斯文集》第3卷，人民出版社2009年版，第158页。

[6]　《马克思恩格斯文集》第3卷，人民出版社2009年版，第207页。

正民主制”。早年马克思批判黑格尔的理性国家观的时候，就认识到“民主制”是克服社会与国家对立的途径，认为“其他一切国家结构都是某种确定的、特定的、特殊的国家形式，而在民主制中，形式的原则同时也是物质的原则。因此，只有民主制才是普遍和特殊的真正统一”[1]。而民主的实质则是规定了国家向社会复归的主体意义，即“人民群众有权决定国家的一切事务，有权参与制约国家的一切活动，有权选举、监督和罢免国家官员”[2]。马克思看到巴黎公社在铲除了国家的压迫性质之后，旧政权的合理职能便从僭越和凌驾于社会之上的当局那里夺取过来，归还给社会的负责任的勤务员。而且，公社是由巴黎各区通过普选选出的负责任的、随时可以罢免的市政委员组成的，从而奠定了真正民主制度的基础[3]，即实行了真正的人民民主制和人民监督制。其中，人民民主制是通过普选制来实现的，公社的普选权已经“不是为了每三年或六年决定一次由统治阶级中什么人在议会里当人民的假代表，而是为了服务于组织在公社里的人民，正如个人选择权服务于任何一个为自己企业招雇工人和管理人员的雇主一样”[4]；而人民监督制则是通过责任制和罢免制来实现的，即公社“以真正的责任制来代替虚伪的责任制，因为这些勤务员总是在公众监督之下进行工作的”[5]，公社委员、警察、所有其他各行政部门的官员、法官和审判官，都已经由旧政权权力所有者的官吏变为公社负责任的、随时可以罢免的工作人员，并且从公社委员起，自上之下，一切公职人员都只能领取相当于工人工资的报酬[6]，这就从制度上防止了公职人员由社会的公仆蜕变成为社会的主人。

再次，从运行机制看，巴黎公社奉行民选机关支配行政机关的“议行合一”模式。马克思看到，资产阶级反对君主专制时缔造的资产阶级的代议制民主和“三权分立”的权力制衡制度没有解决，反而扩大了国家与社会相异化的矛盾。因为资产阶级为了巩固资本对劳动的统治权，“必须赋予行政机关以越来越大的镇压之权，同时还必须把它自己的议会制堡垒——国民议会——本身在行政机关面前的一切防御手段

[1] 《马克思恩格斯全集》第3卷，人民出版社2002年版，第40页。

[2] 荣剑：《社会批判的理论与方法——马克思若干重要理论研究》，中国社会科学出版社1998年版，第109页。

[3] 参见《马克思恩格斯文集》第3卷，人民出版社2009年版，第154—157页。

[4] 《马克思恩格斯文集》第3卷，人民出版社2009年版，第156页。

[5] 《马克思恩格斯文集》第3卷，人民出版社2009年版，第196页。

[6] 《马克思恩格斯文集》第3卷，人民出版社2009年版，第154页。

一个一个地加以剥夺”[1]。这种行政权力超常发展的趋势使资产阶级议会从“代表民意”的立法机构逐步蜕化到了“清谈馆”地步。针对资产阶级国家权力呈现的“行政导向”的趋势，马克思认为巴黎“公社是一个实干的而不是议会式的机构，它既是行政机关，同时也是立法机关”[2]。这就是被后来的马克思主义者概括为“议行合一”模式的经典表述。在巴黎公社，其最高权力机关是普选产生的公社委员会，政府机构是公社委员会领导下的，对公社委员会负责的执行、司法、军事、公安、财政、粮食、外交、劳动和贸易、教育、社会福利十个委员会。前者是“议”，后者是“行”，它们是合一的，是一个由选民选举产生、协同工作的统一整体[3]。其中，组成最高权力机构——公社委员会的市政委员是巴黎各区通过普选选出的，而各个政府机构的执行权又由经公社选举并对公社负责的“勤务员”掌握。这表明，公社的组织形式从整体上看是“立法权”和“执行权”合二为一的（其内部公社委员会与政府部门之间也有必要的分工），但它的革命意义不在于形式，而在于其创设了民选机关支配行政机关的权力配置原则：它强调由人民选出的权力机关在国家机构中的至上地位和管理国家事务的全权性，而行政机关在地位上要受制于民选机关，它只能执行民选机关的决议而不能凌驾于其之上，这就从权力的运行机制上保证了国家向社会的复归。

三、在与机会主义斗争中阐明国家向社会复归“过渡时期”辩证法

19 世纪 70 年代以后，各种机会主义思潮充斥于国际工人运动之中。在未来社会与国家关系问题上，尤其以巴枯宁为代表的无政府主义和拉萨尔的“自由国家”学说最为典型。巴枯宁认为如果无产阶级成了统治阶级就意味着，将来还有另一个无产阶级要从属于这个新统治的国家，于是他便鼓吹立即取消国家和一切政治权威以及工人阶放弃政治斗争的理论。对此，马克思反驳道：在无产阶级取得政权后，“只要其他阶级特别是资本家阶级还存在，只要无产阶级还在同它们进行斗争（因为在无产阶级掌握政权后无产阶级的敌人和旧的社会组织还没有消失），无产阶级就必须采用暴力措施，也就是政府的措施；如果无产阶级本身还是一个阶级，如果作为阶级斗争和阶级存在的基础的经济条件还没有消失，那么就必须用暴力来消灭或改

[1] 《马克思恩格斯文集》第 3 卷，人民出版社 2009 年版，第 153 页。

[2] 《马克思恩格斯文集》第 3 卷，人民出版社 2009 年版，第 154 页。

[3] 朱光磊：《政治学概要》，天津人民出版社 2008 年版，第 233 页。

造这种经济条件，并且必须用暴力来加速这一改造的过程”[1]。拉萨尔主义幻想用一切合法手段去争取建立“自由国家”来消除一切社会的和政治的不平等。马克思批判他更是颠倒了社会与国家的关系，认为“它不把现存社会（对任何未来社会也是一样）当作现存国家的（对未来社会来说是未来国家的）基础，反而把国家当作一种具有自己的‘精神的、道德的、自由的基础’的独立存在物”[2]。在马克思看来，拉萨尔主义者将“自由”与“国家”这对相互矛盾的概念纠合在一起来表达对“现代国家”未来发展趋势的设想，“只要不是靠幻想夸大了的，就是已经实现了”[3]。说它“已经实现了”，是指奉行自由主义的资产阶级共和国。说它“是靠幻想夸大了的”，是在于以统治阶级为主导的国家本身就无所谓真正的自由，资产阶级共和国所实现的也只是资本支配劳动的自由，而无产阶级只能“自由”地选择被哪个资本支配；而当人类进入自由王国之时，国家也就“自行消亡”了，因为自由就在于把国家由一个高踞于社会之上的机关变成完全服从这个社会的机关[4]。针对无政府主义和“自由国家”学说的谬论，马克思从“目前‘资本和地产的自然规律的自发作用’只有经过新条件的漫长发展过程才能被‘自由的、联合的劳动的社会经济规律的自发作用’所代替”的现实出发[5]，明确提出“在资本主义社会和共产主义社会之间，有一个从前者变为后者的革命转变时期。同这个时期相适应的也有一个政治上的过渡时期，这个时期的国家只能是无产阶级的革命专政”[6]。

从社会层面看，“共产主义社会第一阶段”是国家向社会复归必经的“革命转变时期”。在《哥达纲领批判》中，马克思将资本主义社会和共产主义社会之间的“革命转换时期”概括为“共产主义社会第一阶段”。在他看来，这一革命转换阶段的特点在于，它在经济、道德和精神等各个方面都还带着它刚刚脱胎出来的那个旧社会的痕迹。如它的分配原则——按劳分配虽然消除了依靠对资本的占有去剥削他人的可能性，但这个平等权利还总是被限制在一个资产阶级的范围内：生产者的权利是同他们提供的劳动成比例的；平等就在于以劳动这个同一的尺度来计量[7]。也就是

[1] 《马克思恩格斯文集》第3卷，人民出版社2009年版，第403页。
[2] 《马克思恩格斯文集》第3卷，人民出版社2009年版，第444页。
[3] 《马克思恩格斯文集》第3卷，人民出版社2009年版，第445页。
[4] 《马克思恩格斯文集》第3卷，人民出版社2009年版，第444页。
[5] 《马克思恩格斯文集》第3卷，人民出版社2009年版，第199页。
[6] 《马克思恩格斯文集》第3卷，人民出版社2009年版，第445页。
[7] 参见《马克思恩格斯文集》第3卷，人民出版社2009年版，第434—435页。

说“它仍然将劳动作为一种交换价值，只不过不再局限于一个阶级团体（无产阶级）而已，而是成了普遍化的现象”[1]。可以说，按劳分配作为一种不承认阶级差别的平等权利，但它默认劳动者不同等的个人天赋和工作能力等天然特权。所以就其内容来讲，它像一切权利一样也是一种不平等的权利。马克思认为“这些弊病，在经过长久的阵痛刚刚从资本主义社会里产生出来的共产主义社会第一阶段，是不可避免的”[2]。然而，尽管存在这些“弊病”，共产主义社会的第一阶段却实现了社会关系从“资本本位”向“劳动本位”转变的伟大变革。它将以资本和地产的形式掌握在非劳动者手中的物质生产条件转变为劳动者自己的集体财产，从而使它通行的调节商品交换同一原则——等价交换在内容和形式都改变了，在那里，谁都不能提供除自己劳动之外的其他任何东西，同时，除了个人的消费资料，没有任何东西可以转为个人的财产。这就从根本上剥夺了少数人利用自己占有的生产资料剥去奴役他人劳动的权力，从而形成以劳动者为主体、以等量劳动换取等量报酬为原则的社会交往格局，并在全社会树立“自食其力”、“劳动光荣”和“尊重劳动”、“尊重创造”的良好氛围，逐步使劳动不仅仅是谋生的手段，而且本身成为生活的第一需要[3]，最终实现向“各尽所能，按需分配”的共产主义社会高级阶段的过渡，到那时，“财富的尺度绝不再是劳动时间，而是可以自由支配的时间”[4]。

从国家层面讲，无产阶级专政是国家向社会复归必要的政治过渡形式。1852年，马克思在给魏德迈的信中就指出无产阶级专政“不过是达到消灭一切阶级和进入无阶级社会的过渡……”[5]晚年马克思在总结巴黎公社的经验和批判机会主义的斗争中又深化了对这一思想的认识，认为“由于无产阶级在为摧毁旧社会而斗争的时期还是在旧社会的基础上进行活动，因此自己的运动还采取多少同旧社会相适应的政治形式，所以，在这一斗争时期，无产阶级还没有建立起自己的最终的组织，为了解放自己，它还要使用一些在它获得解放以后将会放弃的手段”[6]。在他看来，无产阶级取得政权后，如果作为无产阶级敌人的资本家阶级及其旧的社会组织没有最终被

[1] ［英］吉登斯：《资本主义与现代社会理论》，郭忠化、潘华凌译，译文出版社2007年版，第70页。

[2] 《马克思恩格斯文集》第3卷，人民出版社2009年版，第435页。

[3] 参见《马克思恩格斯文集》第3卷，人民出版社2009年版，第435页。

[4] 《马克思恩格斯全集》第31卷，人民出版社1998年版，第104页。

[5] 《马克思恩格斯文集》第10卷，人民出版社2009年版，第106页。

[6] 《马克思恩格斯文集》第3卷，人民出版社2009年版，第408页。

消灭，如果无产阶级本身还是一个阶级以及阶级斗争和阶级存在的基础的经济条件还没有消失，那无产阶级政权仍然需要保留必要的专政职能以及附属的物质力量——军队、警察、监狱等镇压工具，仍然需要为改造社会而保留公共权力的强制力。也就是说，与共产主义第一阶段“在经济、道德和精神方面都还带着它脱胎出来的那个旧社会的痕迹”相适应，无产阶级政权仍“还采取多少同旧社会相适应的政治形式”。但是，无产阶级专政绝不是资产阶级国家的翻版。在《法兰西内战》中，马克思特别强调“工人阶级不能简单地掌握现成的国家机器，并运用它来达到自己的目的”[1]。因此，无产阶级专政也就意味着资产阶级国家机器的打碎和新型国家的诞生。它作为新型的国家制度就“新”在作为最大多数人的无产阶级的“阶级专政”蕴含着最彻底的社会主义民主。正如卢森堡所说：“无产阶级的历史任务在于，当它走向政权时，在资产阶级民主的位置上，创造出社会主义民主以代替之而不是取消一切民主……社会主义民主开始于社会主义政党夺取政权的时刻。社会主义民主不是别的，它就是无产阶级专政。”[2]也就是说，马克思使用的“专政”一词，仍然保留了它许多世纪以来的含义，并不与“民主”相对立[3]。他在《共产党宣言》中就明确指出“工人革命的第一步就是使无产阶级上升为统治阶级，争得民主”[4]。这也与马克思早期将民主制看作是克服社会与国家对立途径的思想一脉相承。“真正民主制”的不断落实，也意味着人民群众把国家政权逐步收回，最终使这个“在争取阶级统治的斗争中获胜的无产阶级所继承下来的一个祸害”，将被“在新的自由的社会条件下成长起来的一代”全部抛掉[5]。

总之，马克思对“共产主义社会第一阶段”和“共产主义高级阶段”的区分是对他“自由人联合体”思想的细化，即从“按劳动时间分配消费资料”到“以自由支配的时间作为财富的尺度”的过渡。“无产阶级专政”则是对巴黎公社政权性质的理论概括。“共产主义第一阶段”和“无产阶级专政”的过渡时期的历史任务就是，逐渐消灭阶级差别和一切由这些差别产生的社会的和政治的不平等，最终使国家回到社会的怀抱，让公共权力失去了政治性质，使整个社会同传统的所有制关系和传

[1] 《马克思恩格斯文集》第3卷，人民出版社2009年版，第151页。

[2] 《国际共运史研究资料》第4期，人民出版社1982年版，第45页。

[3] M. Draper, Marx and the Dictatorship of the proletariat, in *Karl Marx's Social and Political Thought: Critical Assesments*, Routledge,1990,V01,Ⅲ,pp.289-315.

[4] 《马克思恩格斯文集》第2卷，人民出版社2009年版，第52页。

[5] 《马克思恩格斯文集》第3卷，人民出版社2009年版，第111页。

统的观念实行最彻底的决裂，使每一个成员在不危机这个社会的基本条件下都能完全自由地发展和发挥它的全部才能和力量。

第二节　对国家脱胎于社会内部矛盾运动的历史确证

对国家起源问题的科学回答是准确把握社会与国家关系的重要前提。马克思在其生命的最后时期，在继续从事着他“一生的黄金时代的研究成果”——《资本论》的创作过程的同时，把研究的目光投向了人类的史前社会，孜孜不倦地从他同时代人的古代社会史著作中摘录了数量惊人的笔记，试图从源头上确证他关于社会决定国家的结论。马克思在摘录柯瓦列夫斯基《公社土地占有制，其解体的原因、进程和结果》时，看到旧的农村公社转变为国家职能的执行机构过程，认为“公社—氏族团体和农村团体被用于行政和司法的目的。中央行政机关将警察职权和司法职权，即治安的责任，委托给他们。这就意味着，这些氏族和公社已经由与执行这些职能无关的独立的机关变为国家的最下级的警察和保安机构了”。这样，“自古以来维系他们的那种连带或联合保证（连环保），就成了共同对国家负责的关系了”[1]。后来，他通过摘录、吸收摩尔根《古代社会》中的合理思想，批判梅恩《古代法制史讲演录》和拉伯克的《文明的起源和人类的原始状态》中的错误观念，积极探寻国家从社会中起源的奥秘。马克思逝世后，恩格斯完成了战友的遗愿，对国家起源问题作了系统化、理论化的阐述。

一、马克思从摩尔根的《古代社会》中吸收国家起源的合理成分

1877年，美国学者摩尔根《古代社会》一书的发表，在人类思想和社会科学领域产生了划时代的影响。它不仅探寻了史前社会内部结构的奥秘，而且还揭示了从史前社会到文明社会进化的过程和规律。马克思对摩尔根的这一科学贡献十分重视，他详细摘录了摩尔根《古代社会》一书中所有有科学价值的篇章，剔除了书中的错误观点和不正确的说法，经过去粗取精、去伪存真，集中了摩尔根著作的精华，并将原书的结构由生产技术的发展——政治观念的发展——家庭形式的变化和私有制的产生改造为生产技术的发展和家庭形式的变化——私有制和国家的产生，从而以彻底的唯物主义历史观阐明了国家起源于社会内部矛盾运动的观点。

[1]　《马克思古代社会史笔记》，人民出版社1996年版，第42页。

马克思首先肯定，摩尔根的著作为验证没有国家的“氏族社会”的长期存在“提供了前所未有的事实根据”。摩尔根通过史前史的资料证明，史前社会的组织基础是建立在血缘关系之上的氏族，所以他将史前时期的社会形态表征为“氏族社会”。正如马克思在摘录中所指：“最古老的组织是以氏族、胞族和部落为基础的社会组织；氏族社会就是这样建立起来的，在氏族社会中，管理机关和个人的关系，是通过个人对某个氏族或部落的关系来体现的。这些关系是纯粹人身性质的。此后，产生了以地域和财产为基础的政治组织；在这里，管理机关和个人的关系，是通过个人对地域，例如对乡、区和国的关系来体现的”，并且“氏族组织在亚洲、欧洲、非洲、美洲、澳洲都有发现：它一直保持到文明时代开始时才形成的政治社会建立为止”[1]，而在盛行氏族制度的地方，国家是不存在的[2]。这也由氏族制度的民主性本质所决定。马克思从摩尔根对易洛魁氏族的考察中看到：氏族的全体成员都是人身自由的人，都有相互保卫自由的义务，在特有权利和个人权利方面一律平等；不论酋长或酋帅都不能要求任何优越权，他们是由血亲纽带结合起来的同胞；自由、平等、博爱，虽然从来没有明确表达出来，却是氏族的根本原则，因而氏族作为当时社会制度和管理制度的单位，是组织起来的社会的基础[3]。虽然氏族社会同样存在着包括“部落会议”等管理机构，但这些管理机构绝不是现代意义上的政治社会，它仅仅是政治社会得以起源和发展的“萌芽”。因为从氏族社会组织管理机构的性质和运行机制来看，每一个氏族、胞族、部落，都是一个组织完备的自治团体。当若干部落溶合为一个民族时，所产生的管理机关也必然和该民族的各组成部分的根本原则相协调[4]。它们以血缘关系为纽带，是平等的组织而不是等级制的官僚机构，部落首领也不是拥有特权的官吏。因而“在氏族的基础上不可能建立政治社会或国家”，甚至像墨西哥峡谷这些地区还“完全没有存在过政治社会”[5]。

进而，马克思从摩尔根的著作中找到了国家从社会内部产生的物质动因。他从《古代社会》中看到，摩尔根对古希腊和古罗马国家的形成过程的考察，揭示了从无国家的氏族社会到国家产生的物质动因。这个物质动因便是私有制的产生和对财

[1] 《马克思古代社会史笔记》，人民出版社 1996 年版，第 200 页。

[2] 参见《马克思古代社会史笔记》，人民出版社 1996 年版，第 201 页。

[3] 参见《马克思古代社会史笔记》，人民出版社 1996 年版，第 211 页。

[4] 参见《马克思古代社会史笔记》，人民出版社 1996 年版，第 302 页。

[5] 《马克思古代社会史笔记》，人民出版社 1996 年版，第 232—233 页。

富的保护的需要。希腊人在野蛮时代高级阶段出现了用土墙围绕、最后用整齐石块砌成的墙围绕的城市，这些城市建有城楼、胸墙和城门，以便能同等地保护所有的人并能大家合力防守，而能够达到这种水平的城市，就表示已经有了稳定的和发达的田野农业，已经有了家畜群，有了大量商品和房产地产[1]。在马克思看来，这种包括房产、地产在内的财产的大量出现，表明在氏族内部已经产生了私人占有财富的事实和私有制的观念，而这种私有制和私有观念的出现造成同一个氏族中的财产差别便“使氏族成员的利益的共同性变成了他们之间的对抗性”[2]。这时，原有的氏族社会那种只是由简单的机构和人员承担的管理模式和运行机制已经不能适应像财产保护和城市管理这种新的社会需要，氏族社会便开始向政治社会演变。比较有典型意义的便是梭伦的改革，他重新提出了提修斯把社会分成几个阶级的计划，不同的是他不是按职业而是按财产的多寡把人民分为四个阶级[3]。同样，对于古罗马，私有制也成了氏族社会瓦解并向政治社会过渡的根本内推力。正像马克思所摘录的，在古罗马的很早时期，一部分土地就被个人所有了，到了罗慕洛时代，把土地分配给个人就逐渐成为经常的和十分普遍的现象了，而这正是“绝对的个人所有制的开端”，甚至“土地不仅由政权机关分配，而且也由政权机关授予”，并以国家法律的形式确认了土地私人占有制取代“由个人行为而产生的占有权”。[4] 于是，出于对私有财产保护的需要，“以氏族为基础的社会和以地域和财产为基础的国家并存”的态势在延续了两百年的时间里，国家“逐渐取代了前者”。[5]

此外，马克思还认为摩尔根的著作揭示了氏族管理机构向国家机构的演化过程。氏族社会没有国家和国家机构，但是不等于没有秩序。这一秩序正是依靠由民主选举并可以罢免的酋长和氏族会议等组成的简单管理机构来维持。马克思从摩尔根的著作中看到，在野蛮时代低级阶段，社会就产生了掌握民政的部落联盟酋长会议和与之并列的掌握军务的最高军事酋帅。而后，随着部落联盟的产生，出现了几个部落联合作战的情况，人们开始感到必须有一位指挥联合部队行动的总司令，于是第一次出现了最高军事首长。在马克思看来，这个最初“由于社会在军事上的需要”

[1] 参见《马克思古代社会史笔记》，人民出版社 1996 年版，第 309 页。

[2] 《马克思古代社会史笔记》，人民出版社 1996 年版，第 317 页。

[3] 参见《马克思古代社会史笔记》，人民出版社 1996 年版，第 313 页。

[4] 《马克思古代社会史笔记》，人民出版社 1996 年版，第 330 页。

[5] 《马克思古代社会史笔记》，人民出版社 1996 年版，第 335 页。

而设立的最高军事首长职位却成了“人类历史上一个不可避免的不幸的大事”。因为这是军事权力与民政权力分离的开始，随着这种分离的完成，管理机关的外貌就根本改变了。而随着时间的推移，管理机关的职能也就分配在这两种权力之间了。这个新职位便是最高行政长官的萌芽，只是当时这个职位还是选举产生而不是世袭继承的，因为世袭继承制只要一出现，就都是暴力（篡夺）的结果，而不是由于人民的自由的赞同[1]。后来，当氏族制度不能适应社会复杂变化的需要时，氏族、胞族和部落的所有民政权力就逐渐被剥夺而移交给了新的选民团体。于是，一种制度逐渐消失，另一种制度逐渐出现，两种制度在一个时期中曾经并存。在这个过程中，最初委之于巴塞勒斯的军事权力现在转交给受更大限制的将军和军事首长了，司法权现在则属于执政官和审判官，而行政权则交给城市长官，这样，人民赋予原始酋长会议的整个权力，经过分化而逐渐形成了各种权力[2]。而后，酋长会议逐渐演变成为政治社会的最高行政长官，氏族会议演变为了元老院，军事长官演变成了国王，从而确立了国家最初的雏形。这也表明，国家机构不是从来就有的，而是适应社会发展的需要而由具有社会自治性的氏族管理机构演变而来的。

二、马克思在批判梅恩和拉伯克的著作中确证自己国家起源的观点

在充分肯定摩尔根氏族理论的基础上，马克思对他同时期所摘录的另外两部关于史前社会的著作——梅恩的《古代法制史讲演录》和拉伯克的《文明的起源和人的原始状态》——中否定氏族地位的倾向进行了批判，进一步探讨了国家起源的问题。

马克思在批判梅恩的观点时指出，国家不是先验存在的，而是社会身上的“赘瘤”。他根据摩尔根关于氏族社会的研究成果，认为“梅恩先生作为一个呆头呆脑的英国人，不是从氏族出发，而是从后来成为首领的家长出发”[3]，从而做出了诸多对氏族社会不正确的理解。如梅恩把氏族以致部落的首领的完全自然的职能说成“人为的”和“纯粹行政的权力”，杜撰出“军事首领最初就是部落首领本人”的谬论[4]。这些混沌的认识使梅恩不加区分地吸收奥古斯丁、霍布斯等人的国家起源理论，认为国家和政治社会“这一事实在一定程度上是apriori（先验）存在”。对此，

[1] 参见《马克思古代社会史笔记》，人民出版社1996年版，第247—248页。

[2] 参见《马克思古代社会史笔记》，人民出版社1996年版，第309页。

[3] 《马克思古代社会史笔记》，人民出版社1996年版，第443页。

[4] 参见《马克思古代社会史笔记》，人民出版社1996年版，第474—476页。

马克思批判道："不幸的梅恩本人也根本不知道：在存在国家（在原始公社等之后）——即政治上组织起来的社会——的地方，国家绝不是君主；它不过看来如此。"[1] 紧接着，马克思分析了梅恩思想的逻辑矛盾。梅恩认为，霍布斯在探讨国家（管理和统治形式）的起源时提出的"实力论"被"分析法学家"（奥古斯丁和边沁）的一些学生大胆发挥为统治者个人或者集团通过不受控制地显示意志而实际行使着社会的积累起来的实力。他认为这些论断根本不符合事实。大量的各种（道德的）影响始终在影响、限制或者阻止统治者对社会实力的实际操纵。对此，马克思认为这一"道德的"就能表明梅恩对问题了解得有多么差。单就这些影响（首先是经济的）以"道德的"形式存在而论，它们始终就是派生的、第二性的，而绝不是第一性的。也就是说，相对于社会而言，国家不是第一性的，而是派生的、第二性的。因此，在社会与国家关系问题上，梅恩忽略了深得多的东西。这就是国家看起来是至高无上的独立存在，但那不过只是表面的，而所有各种形式的国家其实都是社会身上的"赘瘤"，而且它也只是在社会发展的一定阶段中才出现的；而被梅恩所质疑的奥古斯丁将统治权的观点抽象化的错误正是在于把政治优势当作某种凌驾于社会之上的、以自身为基础的东西[2]。

在此基础上，马克思强调社会阶级利益和经济条件才是国家起源的根本动因。在对摩尔根《古代社会》一书所作的笔记和摘录中，他便发现了私有制和财富等引发国家从社会机体中"脱胎"而出的物质动因。在《古代法制史讲演录》一书的摘录中，马克思认为梅恩将国家看成是"至高无上的独立存在"，而这一表面认识的背后隐藏着抽象的、超阶级的国家观。在梅恩看来，共同体的历史，正是在每一个社会中决定着统治者如何运用或不去运用他的不可抵挡的强制力量的全部历史，构成这一历史的所有一切，即全部大量的意见、感情、信仰、各种各样的迷信和偏见（继承下来的和自己已学到的），其中有些是社会制度造成的，有些则是人天生的素质。对此，马克思反讽道："这全部历史在梅恩那里都溶化到所谓'道德因素'中去了。"[3] 他通过考察梅恩关于部落首领变为封建领主的论述，认为人类进入野蛮时代的高级阶段，伴随着私有制的出现和财富的分化，原来出身于非显贵的自由民的部落首领后来成了特殊阶级的成员，同时他还看到了古希腊由于债务契约所引发的阶级分化

[1]　《马克思古代社会史笔记》，人民出版社 1996 年版，第 509 页。

[2]　参见《马克思古代社会史笔记》，人民出版社 1996 年版，第 509—510 页。

[3]　《马克思古代社会史笔记》，人民出版社 1996 年版，第 511 页。

的图景：高利的资本借贷、债务人无可奈何的沦落使平民阶级对贵族阶层负债累累而成为奴隶，而贵族阶级依靠抢劫将大量的原始资本掌握在手中，并且独占着职位的利益[1]。于是马克思认为国家起源的历史经历了社会经济条件变化和社会利益关系变迁的漫长历史阶段，“先是个性摆脱最初并不是专制的桎梏（如傻瓜梅恩所理解的），而是群体即原始共同体的给人带来满足和乐趣的纽带——从而是个性的片面发展。但是只要我们分析这种个性的内容即它的利益，它的真正性质就会显露出来。那时我们就会发现，这些利益又是一定的社会集团共同特有的利益，即阶级利益等等，所以这种个性本身就是阶级的个性等等，而它们最终全都以经济条件为基础。这种条件是国家赖以建立的基础，是它的前提”[2]。而且，这种社会集团或阶级个性的利益差别必然引起他们之间的冲突。因而马克思援引梅恩的话认为“政治社会，是由一个社会征服另一个社会或由一个社会或部落的首领征服大量的居民而建成的”[3]，但他不认为这是梅恩所说的各社会集团融合遭遏止后所致，而是国家起源必然的经济条件。这其中已蕴含国家源于阶级斗争不可调和之意。

在批判拉伯克的著作时，马克思则注意到了作为社会意识的宗教对国家起源的促进作用。从社会的经济生活揭示国家的起源，是马克思在国家观问题上坚持彻底的唯物主义的集中体现。然而正如后来恩格斯所讲，马克思并不是简单的经济决定论者，他在强调国家脱胎于社会机体的根本的物质动因的同时，也关注社会精神和文化层面对国家起源的影响。例如，在考察摩尔根的著作中，他就注意到雅典人的社会制度在经历了“氏族—兄弟氏族—部落—民族”四个阶段融合在一起的六大纽带中首当其冲的便是“共同的宗教仪式和祀奉某一个神的特权，这个神被认作始祖并有特殊的称呼”[4]。如果说从财富、私有制、阶级分析揭示的是国家起源的物质要素，那么，在《文明的起源和人类的原始状态》一书的笔记中，马克思通过引述、批判拉伯克关于宗教的论述，谈了国家起源的精神要素。他首先引述了拉伯克关于宗教发展七个阶段的论述，认为“按照拉伯克先生的说法，宗教有下列诸阶段：（1）无神论；（2）拜物教；（3）自然崇拜或图腾崇拜；（4）萨满教；（5）偶像

[1] 参见《马克思古代社会史笔记》，人民出版社 1996 年版，第 448、459 页。
[2] 《马克思古代社会史笔记》，人民出版社 1996 年版，第 510 页。
[3] 《马克思古代社会史笔记》，人民出版社 1996 年版，第 520 页。
[4] 《马克思古代社会史笔记》，人民出版社 1996 年版，第 291 页。

崇拜或拟人观；（6）神成了造物主；（7）道德和宗教联系了起来”[1]。在此基础上，他从拉伯克关于神权促进王权、宗教崇拜巩固人的崇拜的论述中发现了宗教与国家产生的内在联系：随着文明的发展，首领们越来越横暴，越来越要求人们更加尊敬他们，人们关于权力和威仪的概念也随之大大升级，达到前所未有的高度；这些升了级的概念后来也被用于神，而随着首领和国王的权力逐渐增大，人们在思想上对存在一个“非过去任何时候所想象的强权”逐步习以为常；同时首领们也要求人民奴隶般地尊敬他们，直至这种尊敬达到近乎崇拜的地步。这样，这种基于人的崇拜的权力拜物教使首领们越来越脱离自己的臣民[2]。另外，马克思还特别考察了拉伯克关于萨满教在国家起源中的作用的论述，引述道：“在萨满教还没有完全取代图腾崇拜的地方，君主政治的建立连同它那一套经常性的排场和礼仪，导致远为更加有组织的对旧有诸神的礼拜。”[3]

三、恩格斯完成了马克思系统阐述国家起源问题的夙愿

马克思曾经打算以摩尔《古代社会》的研究成果为基础，联系自己唯物主义的历史研究所得出的结论撰写一部关于史前社会和国家起源的专著。然而，可惜的是他没有实现自己的愿望就与世长辞了。后来恩格斯完成了战友的遗愿，广泛利用了马克思对摩尔根《古代社会》一书的摘要和批语，写出了著名的《家庭、私有制和国家的起源》一书。正如恩格斯在该书的开篇所讲：“以下各章在某种程度上是实现遗愿。不是别人，正是卡尔·马克思曾打算联系他的——在某种限度内我可以说是我们两人的——唯物主义的历史研究所得出的结论来阐述摩尔根的研究成果，并且只是这样来阐明这些成果的全部意义。”[4]恩格斯在这部著作中用唯物史观系统论述了人类早期社会发展的历史，对摩尔根关于从氏族到国家更替的材料补充以经济内容，科学地证明了国家产生的原因和阶级本质。在他看来，“国家并不是从来就有的。曾经有过不需要国家而且根本不知道国家和国家权力为何物的社会。在经济发展到一定阶段而必然使社会分裂为阶级时，国家就由于这种分裂而成为必要了”[5]。

首先，恩格斯明确提出国家的产生是社会内部两种生产发展的结果。马克思在

[1]　《马克思古代社会史笔记》，人民出版社 1996 年版，第 529 页。

[2]　参见《马克思古代社会史笔记》，人民出版社 1996 年版，第 534—535 页。

[3]　《马克思古代社会史笔记》，人民出版社 1996 年版，第 536 页。

[4]　《马克思恩格斯文集》第 4 卷，人民出版社 2009 年版，第 15 页。

[5]　《马克思恩格斯文集》第 4 卷，人民出版社 2009 年版，第 193 页。

创立唯物史的书稿《德意志意识形态》和批判资本主义的著作《资本论》中对人类自身生产和物质资料生产都有所涉及，但由于客观材料的限制，他更多地关注了物质资料生产，而对人自身生产也是从物质资料再生产的需要来考察的。晚年马克思从同时代史前社会研究成果特别是摩尔根的《古代社会》中得到启迪，对两种生产的内容及其相互关系进行了探索。然而，这种探索还是初步的，表述也比较零碎。恩格斯根据马克思留下的笔记，对国家的产生根源于社会两种生产的观点作了明确阐述。他在《家庭、私有制和国家的起源》的第一版序言中指出，“根据唯物主义观点，历史中的决定性因素，归根结底是直接生活的生产和再生产。但生产本身又有两种。一方面是生活资料即食物、衣服、住房以及为此所需的工具的生产；另一方面是人类自身的生产，即种的繁衍。一定历史时代和一定地区内的人们生活于其下的社会制度，受着两种生产的制约：一方面受劳动的发展阶段的制约；另一方面受家庭的发展阶段的制约。劳动越不发展，劳动产品的数量，从而社会的财富越受限制，社会制度就越在较大程度上受血族关系的支配”[1]。也就是说，在人类社会发展的早期阶段，社会生产力水平极端低下，血缘关系对于社会制度具有决定作用，然而随着生产力的发展，私有制、交换、财产差别以及阶级等新的社会成分应运而生，当它们在几个时代中竭力使旧的社会制度适应新的条件，直到两者的不相容性而最终导致彻底的变革时，以血族团体为基础的旧社会，由于新形成的各阶级的冲突而被炸毁，代之而起的便是组成为国家的新社会，但国家的基层单位则已经不是血族团体而是地区团体了。恩格斯关于人类社会的发展始于两种生产并受两种生产制约的论述旨在说明，“国家并不是从外部强加给社会的一种力量，国家的产生是社会内部两种生产发展的结果”[2]。

其次，恩格斯精辟论证了国家是阶级矛盾不可调和的产物的观点。马克思在对摩尔根的《古代社会》摘录的笔记中就注意到了国家是基于财产差别和阶级分化的材料，在批判梅恩的著作中又明确揭示经济利益冲突这一国家产生的物质动因。在《家庭、私有制和国家的起源》一书中，恩格斯根据马克思所作的大量的古代社会史笔记，系统考察了国家起源的阶级基础。他认为，氏族社会的共同利益，使人类能够在没有国家公共权力的条件下也能维持一定的秩序和稳定，从而维持人类的生存和发展。然而，随着社会分工的发展和氏族社会内部私有制、商品、货币等新经济生活条件

[1] 《马克思恩格斯文集》第4卷，人民出版社2009年版，第15—16页。

[2] 王惠岩：《当代政治学基本理论》，高等教育出版社2001年版，第8页。

的出现，社会必然分裂为自由民和奴隶、进行剥削的富人和被剥削的穷人，逐渐分化为两大利益相互冲突与对立的阶级——剥削阶级与被剥削阶级。由于这两大阶级的利益是根本对立和直接对抗的，因而它们之间的对立和冲突一直威胁着社会秩序和稳定，而此时的氏族社会不仅再也不能调和这种对立，反而必然使这种对立尖锐化，为了防止这些阶级相互间连续不断的公开斗争使社会秩序陷入混乱而让整个人类陷入生存的困境，就需要出现“第三种力量”的统治，而这第三种力量似乎站在相互斗争着的各阶级之上，压制它们的公开的冲突，顶多容许他们之间的斗争在经济领域内以所谓合法形式决出结果来。这就意味着，氏族制度在被分工及其后果——社会分裂为阶级炸毁后便被国家代替了[1]。于是，恩格斯精辟地论述道：“国家决不是从外部强加于社会的一种力量。国家也不像黑格尔所断言的是‘伦理观念的现实’，‘理性的形象和现实’。确切说，国家是社会在一定发展阶段上的产物；国家是承认：这个社会陷入了不可解决的自我矛盾，分裂为不可调和的对立面而又无力摆脱这些对立面。而为了使这些对立面，这些经济利益互相冲突的阶级，不致在无谓的斗争中把自己和社会消灭，就需要有一种表面上凌驾于社会之上的力量，这种力量应当缓和冲突，把冲突保持在‘秩序’的范围以内；这种从社会中产生但又自居于社会之上并且日益同社会相异化的力量，就是国家。”[2]

此外，恩格斯还注意到了国家的产生是氏族机关蜕化为社会的异化物的结果。他以雅典国家这一“最纯粹、最典型的形式”为研究对象，考察了氏族机关从“自己保卫自己的真正的武装的人民”蜕变为用来反对人民的、武装的“公共权力”的过程。在他看来，随着世袭王权和世袭贵族的基础奠定下来，“氏族制度的机关就逐渐脱离了自己在民族中，在氏族、胞族和部落中的根子，而整个氏族制度就转化为自己的对立物：它从一个自由处理自己事务的部落组织转变为掠夺和压迫邻近部落的组织，而它的各机关也相应地从人民意志的工具转变为独立的、压迫和统治自己的机关了”[3]。国家作为一种特殊的公共权力，其特殊性就在于它已经不再直接就是自己组织为武装力量的居民，而是贵族用来对付奴隶的公共权力。因此，构成这种权力的，不仅有诸如军队、宪兵和警察这样武装的人，而且还有物质的附属物，

[1]　参见《马克思恩格斯文集》第4卷，人民出版社2009年版，第188页。

[2]　《马克思恩格斯文集》第4卷，人民出版社2009年版，第189页。

[3]　《马克思恩格斯文集》第4卷，人民出版社2009年版，第184页。

如监狱和各种强制措施，而这些东西都是以前的氏族社会所没有的[1]。紧接着，恩格斯从公众与官员的关系中分析了国家与社会的异化关系。在他看来，为了维持国家这种公共权力，公民需要缴纳“氏族社会完全没有”的捐税并认购公债，而掌握公共权力和征税权的官吏则作为社会机关而凌驾于社会之上。这样，“从前人们对于氏族制度的机关的那种自由的、自愿的尊重，即使他们能够获得，也不能使他们满足了；他们作为同社会相异化的力量的代表，必须用特别的法律来取得尊敬，凭借这种法律，他们享有了特殊神圣和不可侵犯的地位”[2]。国家的这种社会异化性首先表现在它是“最强大的、在经济上占统治地位的阶级”镇压和剥削被压迫阶级的手段，它假借“公共”的名义为统治阶级谋取利益。更有甚者，当互相斗争的各阶级达到了势均力敌的地步，以致国家权力作为表面上的调停人而暂时获得了对于两个阶级的某种独立性时，国家就利用这种对抗性的均衡为自己谋取私利，如法兰西第一帝国特别是第二帝国的波拿巴主义“唆使无产阶级去反对资产阶级，又唆使资产阶级来反对无产阶级”，俾斯麦民族的新德意志帝国让“资本家和工人彼此保持平衡，并为了衰落的普鲁士土容克的利益而遭受同等的欺骗”[3]。也就是说，这时的国家不仅不代表被统治阶级的利益，而且连统治阶级的利益也不代表了，而只是成为掌握国家权力的权贵们谋取私利的工具罢了，从而使国家与社会的异化达到了登峰造极的程度。

第三节　对东方社会与国家独特发展规律的探索

特利尔、波恩、柏林、巴黎、布鲁塞尔、伦敦，马克思一生的生活足迹都遍布于西欧世界。他早期和中期对社会和国家发展的历史考察和得出的结论，也主要是以欧洲的社会生活关系、历史传统、文化习俗、政治伦理、制度观念等为基本背景的。然而，随着思考的深入和认识的成熟，马克思逐渐意识到自己仅仅以西欧资本主义产生发展来研究人类社会发展规律的局限性。正如他在批评米海洛夫斯基时所说：“他一定要把我关于西欧资本主义起源的历史概述彻底变成一般发展道路的历史哲学理论，一切民族，不管他们所处的历史环境如何，都注定要走这条路——以

[1] 参见《马克思恩格斯文集》第4卷，人民出版社2009年版，第190页。
[2] 《马克思恩格斯文集》第4卷，人民出版社2009年版，第191页。
[3] 《马克思恩格斯文集》第4卷，人民出版社2009年版，第192页。

便最后都到达在保证社会劳动生产力极高度发展的同时又保证每个生产者个人最全面的发展的这样一种经济形态。但是我要请他原谅（他这样做，会给我过多的荣誉，同时也会给我过多的侮辱）。”[1] 为了弥补仅从典型的西欧资产阶级世界研究社会与国家一般发展规律的不足，马克思以印度和俄国为主要蓝本，同时考察了包括中国、埃及、波斯、土耳其在内的以亚细亚生产方式为特征的“自然形成的共同体”国家，探究了东方社会与国家的独特发展规律。19 世纪 50 年代，马克思在《纽约每日论坛报》发表的一系列文章集中探讨了包括印度、中国在内的东方社会与国家问题。在《资本论》的写作过程中，马克思对独特的东方社会与国家的经济基础也给予了特别关注，而到了 19 世纪 70 年代后半期，他甚至中止了《资本论》的写作，而将研究的目光投向了世界东方。

一、亚细亚生产方式：东方宗法社会与专制国家生成的基础

马克思真正注意和开始对东方社会的思考可以追溯到 1853 年 6 月，他在致恩格斯的书信中，认为弗朗斯瓦·贝尔尼埃所著的《大莫卧儿等国游记》在论述东方城市的形成方面，是非常“出色”、“明确”和“令人信服的”[2]。1853 年，在《不列颠在印度统治的未来结果》一文中，马克思第一次提出“亚洲式社会”、“亚洲社会”的概念，以示与“西方式的社会”、“西方社会”相区别。

东方古代社会的土地制度有别于西欧的领主所有制，简单商品经济发展极其微弱，缺乏与国家权力抗衡的贵族势力，在国家领域也没有欧洲的议会等民主传统，从而也就决定了东方社会的宗法性和国家的专制性。在《资本论》及其手稿中，马克思明确提出了“亚细亚的所有制形式”、“亚细亚的生产方式”等概念并加以详细考察，将其与西欧的“古典古代的”、“日耳曼的”所有制形式、生产方式加以比较分析。在他看来，“不存在土地私有制”和自给自足的“村社”制度构成了东方社会与国家同构的基础。

（一）不存在土地私有制：了解东方社会的“一把真正的钥匙”

马克思首先认识到“不存在土地私有制”是了解东方社会的“一把真正的钥匙”。从西欧社会发展的历史进程来看，在原始土地公有制解体基础上产生的私有制逐渐发展为以自由的个人土地所有制为基础、完全脱离国家并和国家所有制相并存的形

[1]　《马克思恩格斯文集》第 3 卷，人民出版社 2009 年版，第 466 页。

[2]　参见《马克思恩格斯文集》第 10 卷，人民出版社 2009 年版，第 112 页。

态，最终在资本主义完成了对以原始共产为经济内容的公社所有制关系的彻底否定。然而，马克思敏锐地洞察出了东西方的差异性，认为“贝尔尼埃正确地看到，东方（他指的是土耳其、波斯、印度斯坦）一切现象的基础是不存在土地私有制。这甚至是了解东方天国的一把真正的钥匙”[1]。在《经济学手稿（1857—1858年）》中，马克思通过对“亚细亚的所有制形式”与个人对土地完全私有的“古典古代的所有制形式”、公有土地只是个人财产补充的“日耳曼的所有制形式”比较后发现，不存在土地私有制是东方社会共同体的一个突出特点，认为亚洲人“朴素天真地把土地看作共同体的财产，而且是在活劳动中生产并再生产自身的共同体的财产”，而“每一个单个的人，只有作为共同体的一个肢体，作为这个共同体的成员，才能把自己看成所有者或占有者”。[2] 而且，“在大多数亚细亚的基本形式中，凌驾于这一切小的共同体之上的总合的统一体表现为更高的所有者或唯一的所有者，因而实际的公社只不过表现为世袭的占有者”[3]。这样，亚细亚的土地所有制就呈现出了三个层次：最高层次——国家，它作为凌驾于一切小的共同体之上的总合统一体，是土地唯一的实际所有者，同样，剩余产品也不言而喻地属于这个“最高的统一体”；中间层次——公社，它不是土地的真正所有者，而是世袭的实际占有者；最低层次——公社共同体内的个人，他们不拥有土地的最高所有权，事实上失去了财产，而只能作为一个“肢体”依附于公社或国家共同体。正如马克思所说：“在亚细亚的（至少是占优势的）形式中，不存在个人所有，只有个人占有；公社是真正的实际所有者；所以，财产只是作为公共的土地财产而存在。”[4] 这样，国家就有可能利用其对土地的最终所有权，利用“公社”这个中介达到控制整个社会的目的。而在欧洲封建社会，一个村落中有一个唯一的、作为土地“核心所有者”的领主，也就是说这个领主掌握着村落土地的终极所有权，这些领主与国家之间通过契约规定彼此的权利和义务，尽管内容是不平等的，但在程序上国家要尊重领主经济的独立性。这里需要说明的是，“不存在土地私有制”不能简单地理解为完全公有制，这主要是区别于欧洲领主经济而言的，东方社会也存在着私有因素。后文将对此作具体阐述。

[1] 《马克思恩格斯文集》第10卷，人民出版社2009年版，第112页。
[2] 《马克思恩格斯全集》第30卷，人民出版社1995年版，第466页
[3] 《马克思恩格斯全集》第30卷，人民出版社1995年版，第467页。
[4] 《马克思恩格斯全集》第30卷，人民出版社1995年版，第475页。

（二）土地公社制基础上自给自足的村社：东方社会的基本单位

当找到了解东方的“真正钥匙”后，马克思进一步认识到，建立在土地公社制基础上的自给自足的村社构成了东方社会的基本单位。在《纽约每日论坛报》时期，马克思便注意到，“从远古的时候起，在印度便产生了一种特殊的社会制度，即所谓村社制度，这种制度使每一个这样的小结合体都成为独立的组织，过着自己独特的生活”[1]。在《经济学手稿（1857—1858年）》中，他又详细探讨了这种自给自足的村社制度，认为亚洲的公社源于自然形成的共同体，它是家庭和扩大成为部落的家庭，或者通过家庭之间互相通婚而组成的部落，或部落的联合。这就使东方的公社还是基于血缘关系、“村庄表现为土地的附属物”的乡村社会，而不像古希腊古罗马的西欧社会那样有了一定的商品经济基础、杂居现象比较普遍的、以城市作为农民（土地所有者）而建立的居住地[2]。因此，马克思认为“亚细亚形式必然保持得最顽强也最长久，这取决于亚细亚形式的前提：单个人对公社来说不是独立的，生产的范围限于自给自足，农业和手工业结合在一起，等等”[3]。后来，他在《资本论》中又分析了东方社会自给自足性的经济根源，认为东方社会自给自足性在于自然经济本身，即“由于产品地租形式同一定种类的产品和生产本身相联系，由于对这种形式来说农业和家庭工业的结合是必不可少的，由于农民家庭这样一来实现了几乎完全的自给自足，由于它不依赖于市场和它以外那部分社会的生产运动和历史运动，总之，由于自然经济本身的性质，这种形式也就完全适合于为静止的社会状态提供基础，如像我们在亚洲看到的那样”[4]。在马克思看来，以土地公社占有为基础的农业与手工业直接结合的公社内部的分工，与以生产资料分散在不同商品所有者之间的社会分工有着根本的不同。他以印度为例指出，这种公社内分工还属于“职业的分离自然地发展起来、随后固定下来、最后由法律加以巩固的早期社会形式”的性质。它由于没有或极少同外部交换的推动，从而决定了公社自身的自给自足状态。因此，建立在土地公有、农业和手工业直接结合以及固定分工之上的村社共同体都是一个自给自足的生产整体[5]。这种农村公社仿佛“互不联系的原子”，构成了东方社会的

[1]　《马克思恩格斯文集》第2卷，人民出版社2009年版，第681页。

[2]　参见《马克思恩格斯全集》第30卷，人民出版社1995年版，第468—469页。

[3]　《马克思恩格斯全集》第30卷，人民出版社1995年版，第478页。

[4]　《马克思恩格斯文集》第7卷，人民出版社2009年版，第899页。

[5]　参见《马克思恩格斯文集》第7卷，人民出版社2009年版，第413页。

基本单位。这就要求必须有一个强有力的国家政权，以防止出现由于村社的自给自足性造成整个社会的一片散沙的局面。

（三）东方乡村社会的独特性：东方国家专制性的“坚实基础”

马克思看到东方社会“不存在土地私有制”和自给自足的村社制度的独特性决定了东方国家必然是专制的。首先，亚细亚生产方式下的土地尽管表现为公社占有，而非个人所有，但在每一个孤立的公社之上，却矗立着国家这个更高的统一体。而专制君主作为许多共同体之父正是这个统一体的人格化身，才是土地最高的、神授的、唯一的所有者，他通过公社这个中介将劳动和再生产的自然条件——土地赐给公社中的单个人，这些只能占有、不能所有的“间接的财产”使公社及其内部的个人只是专制君主的统治之下的附属物。在《资本论》中，马克思又谈道，东方“国家就是最高的地主。在这里，主权就是在全国范围内集中的土地所有权。但因此那时也就没有私有土地的所有权，虽然存在着对土地的私人的和共同的占有权和用益权”[1]。再有，马克思以印度为例，看到像节约用水和共同用水这种基本的要求“在西方，例如在佛兰德和意大利，曾促使私人企业结成自愿的联合；但是在东方，由于文明程度太低，幅员太大，不能产生自愿的联合，因而需要中央集权的政府进行干预”[2]。而由于东方国家中所有的公共工程均由政府来承担，又导致民间社会及其生产的发展只能依靠政府，从而使“在亚细亚各民族中起着非常重要作用的灌溉渠道，还有交通工程等等，就表现为更高的统一体，即凌驾于各小公社之上专制政府的事业”[3]。同时，马克思又看到，一方面，“印度人民也像所有东方各国的人民一样，把他们的农业和商业所凭借的主要条件即大规模公共工程交给政府去管”，另一方面，他们又“散处于全国各地，因农业和手工业的家庭结合而聚居在各个很小的地点”。正由于东方村社存在着自给自足的经济结构，它所带来的不仅是个人的封闭、自私和对国家与整个社会的漠不关心，而成为“迷信的驯服工具”，从而又加固了东方国家的专制性。于是，马克思感叹道：“我认为，很难想象亚洲的专制制度和停滞状态有比这更坚实的基础。”[4] 而且，从东方村社组织形成过程中也可以看出其原始氏族解体的没有西欧社会充分，使东方国家在形成的过程中把宗法的、血缘的因素

[1] 《马克思恩格斯文集》第 7 卷，人民出版社 2009 年版，第 894 页。

[2] 《马克思恩格斯文集》第 2 卷，人民出版社 2009 年版，第 679 页。

[3] 《马克思恩格斯全集》第 30 卷，人民出版社 1995 年版，第 468 页。

[4] 《马克思恩格斯文集》第 10 卷，人民出版社 2009 年版，第 118 页。

吸收了进去，使专制君主成了全国的“总家长”。

二、“同一”与“分化”：东方社会与国家的双重结构关系

领主制和简单商品经济的存在、古代民主的历史积淀以及教权与王权分化，使得西欧自古便在社会与国家之间形成了一种张力。到了近代，以商品货币关系为基础的社会制度和以代议制民主为核心的政治制度的确立，使市民社会与现代国家实现了现实的分离。然而，马克思看到东方社会与国家的结构关系却不同于这种样式，它呈现出的则是一种“同一”与“分化”的双重结构关系。

（一）公私兼具的农村公社：东方社会与国家双重结构关系的基础

在《资本论》写作中，马克思把不存在土地私有制、自给自足的农村公社和专制主义的国家政权的三位一体看作是“亚细亚生产方式”下东方社会与国家的基本特征。而到了19世纪70年代后期，他通过对古代社会历史的研究，对东方社会与国家的历史有了新的见解，他注意到柯瓦列夫斯基《公社土地占有制，其解体的原因、进程和结果》中关于印度农村公社土地关系中公有制和私有制因素并存的论述并加以肯定，即像印度这样的东方社会，“除了氏族公社之外还有比邻公社或农村公社；定期的平均分配耕地和草地——包括交换住房——的制度与终身的不平等的份地制度并存”，“公社的经营和私人的经营同时存在；有的地方有公社耕地，而另外一些地方则只有公社附属地（如森林、牧场等）；有的地方，公社全体居民都可以使用公社土地，有的地方使用权仅限于少数古老移民家庭；除了上述形形色色的公共所有制以外，还有农民的小块土地所有制，最后，还有往往包括整个区的大面积的大土地所有制”。[1]1881年2月至3月初，马克思在给查苏利奇的复信草稿中，通过对比早期公社系统阐述了东方东村公社的二重性：首先，所有较早的原始公社都是建立在自己社员的血缘亲属关系基础之上的，而农村公社是最早没有血缘关系的自由人的社会联合；其次，在农村公社中，房屋及其附属物——园地是农民私有的，相反，公共房屋和集体住所是较古的公社的经济基础；最后，在农村公社中土地不准转卖，定期在公社成员中重新分配，每个农民用自己的力量来耕种分地，并把产品留为己有，而在较古的公社中，生产是共同进行的，共同的产品除了以备再生产的部分外，平均分配。这样，公有制以及公有制所造成的各种社会联系使公社基础

[1] 《马克思古代社会史笔记》，人民出版社1996年版，第25页。

稳固；同时，房屋的私有、耕地的小块耕种和产品的私人占有又使那种比较原始的公社条件不相容的个性得到发展。因此，在马克思看来，亚洲的农村公社是古代形态的最后形态或最后时期，是从公有制到私有制、从原生形态到次生形态的过渡时期[1]。农村公社的这种公私兼具的双重属性构成了马克思把握东方社会发展道路的出发点，它决定了东方社会与国家“同一”与“分化”的双重结构关系。因为公有制以及公有制所造成的各种社会联系使公社基础稳固，同时也便于国家利用对土地的终极所有权加强对社会的控制；而房屋的私有、耕地的小块耕种和产品的私人占有又使那种与较原始的公社条件不相容的个性得到发展，让社会获得相对属于自己的活动空间。当然，东方农村公社中的私有制与西欧封建领主经济有着本质的不同，它更多的是在使用权（而非所有权）层面上讲的，涉及的也多是生活资料而非生产资料领域。这就使农村公社中的私有制因素处于对公有制因素的依附地位。

（二）专制国家垄断社会：东方社会与国家呈现出“同一”关系

如前所述，东方社会土地的公社所有，实为国家所有，而国家政权又掌握在专制君主手中，君主则是全国土地事实上唯一的所有者。正如马克思所摘录的柯瓦列夫斯基著作中所讲，大漠沃尔皇帝和被皇帝授权的省督在把村和区赐给他们的官吏和武士作为食邑之后，他们还有权再夺回他们的采邑，而土地占有者必须在获得皇帝敕令之后，才能行使他们被授予的权利[2]。这与西欧封建社会的层层分封土地，受封人只向自己的封主宣誓效忠是不同的，那里遵循着“我的附庸的附庸不是我的附庸”准则。因此，马克思也不同意柯瓦列夫斯基将印度的“采邑制”、“公职承包制”和“荫庇制”同西欧封建社会简单类比的做法，因为“根据印度的法律，统治权不得在诸子中分配”[3]。这就堵塞了印度社会通往西欧封建制度的源泉。东方社会的这种王权至上的土地所有制使君主“大家长”式地垄断着整个国家包括立法权和执行权在内的全部政治权力。正如马克思援引梅恩对印度法制史的研究结论的所指，在古代农村公社，只要还处在原始的影响下，就不可能实行真正的立法权，而“现在只存在于东方的、还保留着几乎原封未动的地方原始集团的那些大国的统治者，也没有实行过使人可以理解的立法权”[4]。这也使得这些东方国家只有君主和官员组成的行政

[1] 参见《马克思恩格斯文集》第2卷，人民出版社2009年版，第574页。

[2] 参见《马克思古代社会史笔记》，人民出版社1996年版，第74页。

[3] 《马克思古代社会史笔记》，人民出版社1996年版，第68页。

[4] 《马克思古代社会史笔记》，人民出版社1996年版，第520页。

机构，而缺乏像西欧那样的来自社会力量与之制衡的立法机构。同时，这种专制政体又因土地的国有制而在人民面前变得更加强横和牢固，使得国家对社会的渗透也更加全面和彻底，甚至村社原先掌管的社会职能（司法和警察）现在成为由国家托付、责成和规定的了，而人们为维持基本生活则普遍依赖于王权，使得东方这些社会一直是专制政治。因此，人们对于这些高居首位的暴君的命令，不管它们如何粗暴残忍，也总是无条件地服从[1]。也就是说，在王权的统治之下，亚洲人既无超越个人的权力，也成不了个人的主人，而只是处于他人的统治之下，逐渐养成柔顺的习惯。这也使得社会发展状况取决于政府的施政情况。马克思在对印度进行考察后认为："我们在一些亚洲帝国经常可以看到，农业在一个政府统治下衰败下去，而在另一个政府统治下又复兴起来。在那里收成取决于政府的好坏，正像在欧洲随时令的好坏而变化一样。"[2]

（三）村社的分散自治，东方社会与国家之间关系还有彼此相对独立的一面

在考察东方社会与国家"同一"关系的同时，马克思还注意到，东方的农村公社同其政治结构之间存在着一种彼此相对独立的关系。与"劳动者表现为土地附属物"的西欧农奴制不同，村社的劳动者"只有作为这个共同体的一个肢体，作为这个共同体的成员，才能把自己看成所有者或占有者"[3]，再加上东方国家的"公共工程是中央政府的事情"导致民间社会及其生产的发展只能依靠政府，在这种民间不过问公共工程或公共事业的情况下，"除了这个政府之外，整个国家（几个较大的城市不算在内）分为许多村社，它们有完全独立的组织，自成一个小天地"[4]。在《不列颠在印度的统治》中，马克思引用英国下院关于印度事务的一份报告中的资料验证自己的观点：从政治上看，村社很像一个地方自治体或市镇自治区，官吏和职员作为居民的首领，一般总管村社事务，调解居民纠纷，行使警察权力，执行村社里收税的职务；而"从远古的时候起，这个国家的居民就在这种简单的自治制的管理形式下生活。村社的边界很少变动。虽然村社本身有时候受到战争、饥荒或疫病的严重损害，甚至变得一片荒凉，可是同一个村名、同一条村界、同一种利益甚至同一个家族却一个世纪又一个世纪地保持下来。居民对各个王国的崩溃和分裂毫不关心；

[1] 参见《马克思古代社会史笔记》，人民出版社 1996 年版，第 42、519 页。

[2] 《马克思恩格斯文集》第 2 卷，人民出版社 2009 年版，第 680 页。

[3] 《马克思恩格斯全集》第 30 卷，人民出版社 1995 年版，第 466 页。

[4] 《马克思恩格斯文集》第 10 卷，人民出版社 2009 年版，第 117 页。

只要他们的村社完整无损，他们并不在乎村社转归哪一个政权管辖，或者改由哪一个君主统治，反正他们内部的经济生活始终没有改变”[1]。据此，马克思认为从遥远的古代直到19世纪最初十年，无论印度的政治变化多么大，可是它的社会状况却始终没有改变。后来，在《资本论》中，他又将其作为分析整个亚洲社会与国家关系的方法，指出：“这些自给自足的公社不断地按照同一形式把自己再生产出来，当它们偶然遭到破坏时，会在同一地点以同一名称再建立起来，这种公社的简单的生产有机体，为揭示下面这个秘密提供了一把钥匙：亚洲各国不断瓦解、不断重建和经常改朝换代，与此截然相反，亚洲的社会却没有变化。这种社会的基本经济要素的结构，不为政治领域中的风暴所触动。”[2]这样，在政府成为专制的政府，而民间又处于保守、封闭的情况下，即使东方社会存在着表面上轰轰烈烈的政治运动，整个社会实际上只能是停滞的一潭死水。但是，广大农村公社的分散存在，使东方社会对国家的独立性还是非常有限的。因为村社都是在自己的小天地内自治的，彼此之间缺乏相互联系的需求和组织机制，从而也就形成不了制衡国家的社会合力，使整个社会在改朝换代频繁的时代下，不被这个政府控制，就被那个政府占有，始终无法摆脱被国家垄断的境遇。

三、跨越“卡夫丁峡谷”：东方社会与国家的历史趋势

马克思将“亚细亚生产方式”、“亚细亚所有制形式”作为和其他社会形态长期并存的独立的社会经济形态，表明东方社会与国家有着区别于西欧世界的特殊性质、特殊的发展规律和未来命运。如前所述，以自给自足的农村公社为基本单位的东方社会表现出极强的超稳定性，而东方的国家政权为了实现自己的统治，一方面奴役村社共同体，另一方面还要千方百计利用并维持农村公社的存在，就算是村社共同体内部出现了破坏自身的因素，它也会基于自己的特殊利益从中阻挠，从而使得村社共同体能够保持较长时期的存在。也就是说，东方国家的存在并不是也没有消除农村公社的孤立性和消极性。这就使得东方民族自身无法复制西方在资本主义条件下实现社会与国家的现实分离，其发展的趋势也具有自身的独特性。这也是马克思长期特别是晚年思考的一个重大历史命题。

[1] 《马克思恩格斯文集》第2卷，人民出版社2009年版，第682页。

[2] 《马克思恩格斯文集》第5卷，人民出版社2009年版，第414—415页。

（一）西方文明的入侵：不能从根本上改变东方社会与国家的基本架构

东方民族自身无法从根本上改变其社会与国家的状况，那么，西方文明从外部的侵入是否可以完成这一变革呢？马克思早期就给出了否定性的回答。1853年，他在《不列颠在印度的统治》中，分析了英国对印度的入侵给东方社会与国家超常稳定结构的冲击作用，说："的确，英国在印度斯坦造成社会革命完全是受极卑鄙的利益所驱使，而且谋取这些利益的方式也很愚蠢。但是问题不在这里。问题在于，如果亚洲的社会状态没有一个根本的革命，人类能不能实现自己的命运？如果不能，那么，英国不管干了多少罪行，它造成这个革命毕竟是充当了历史的不自觉的工具。"[1]因为"这些田园风味的农村公社不管看起来怎样祥和无害，却始终是东方专制制度的牢固基础，它们使人的头脑局限在极小的范围内，成为迷信的驯服工具，成为传统规则的奴隶，表现不出任何伟大的作为和历史首创精神"[2]。在他看来，这种侵略带来的灾难，在程度上比印度过去遭受的一切灾难要深重得多，但从消灭专制制度的基础、推动历史发展的角度看，印度的农村公社应该被摧毁；至于在摧毁过程中出现的苦难，则是历史进步要付出的不可避免的代价。然而，马克思同时看到了西方入侵这种"不自觉的工具"作用的有限性，认为西方资产阶级在印度"亚洲式专制"的基础上建立起"欧洲式专制"，这两种专制结合起来"要比萨尔赛达庙里任何狰狞的神像都更为可怕"[3]。马克思在晚年根据柯瓦列夫斯基著作中的材料，揭露了殖民当局对当地的土地所有制的性质的歪曲，批判了他们以资产阶级经济学说为依据、打着"经济进步"的幌子强制瓦解公社土地所有制并人为地扶植大土地私有制的做法。因为这些大土地私有者都是些与殖民当局联系的高利贷者、富农以及本地的投机商、暴发户。这些具有官方、买办身份的人，只是殖民主义者所依靠的社会基础。也就是说，英国入侵者正是利用了国家钳制社会的统治秩序实现对印度的殖民统治，并谋取殖民利益的（欧洲来的冒险家、投机商和土地占有者开了方便之门），它不会给殖民地社会带来任何进步，而只能使它陷入深重的苦难。因此，西方文明的殖民侵略，尽管客观上结束了东方落后民族与世隔绝的状态，但是，以牺牲民族利益为代价，试图依靠西方殖民者的"恩赐"来实现东方社会与国家结构关系的变革是不可行的。东方民族按照西方资本主义模式变革自己社会与国家关

[1]《马克思恩格斯文集》第5卷，人民出版社2009年版，第683页。

[2]《马克思恩格斯文集》第2卷，人民出版社2009年版，第682—683页。

[3]《马克思恩格斯文集》第2卷，人民出版社2009年版，第678页。

系的道路就彻底堵死了。

（二）跨越“卡夫丁峡谷”：变革东方社会与国家关系的新路径

马克思晚年从俄国农村公社的二重性看到了东方社会与国家跨越“卡夫丁峡谷”的可能性。俄国地处西方资本主义国家的边缘，作为与西欧资本主义毗邻的非资本主义的东方社会，其具有不可替代的地缘典型性。因此，俄国问题也成为马克思晚年比较关注的课题之一。1871年起，马克思开始学习俄语，大量地阅读和整理有关俄国问题的材料和书籍，并投入大量的精力予以研究。1881年2—3月，马克思在写给俄国女革命家查苏利奇的复信及其草稿中，谈到了俄国农村公社有别于东西方的二重性特点，即一方面，公社土地公有制度具有集体占有的自然基础，创造了以大规模组织起来的合作劳动为基础的物质条件；另一方面，公社已经发展起来的个人占有性逐渐成为公社结构的对立因素。这种二重性决定了它的前途“或者是它所包含的私有制因素战胜集体因素，或者是后者战胜前者”。在考察了当时俄国的“历史环境”后，马克思在初稿中写道：“俄国是在全国范围内把‘农业公社’保持到今天的欧洲的唯一的国家。它不像印度那样，是外国征服者的猎获物。同时，也不是脱离现代世界孤立存在。一方面，土地公有制使它有可能直接地、逐步地把小地块个体耕作转化为集体耕作”[1]，“另一方面，和控制着世界市场的西方生产同时存在，就使俄国可以不通过资本主义制度的卡夫丁峡谷，而把资本主义制度所创造的一切积极的成果用到公社中来”[2]。因为“它和资本主义生产的同时存在为它提供了集体劳动的一切条件”[3]。也就是说，俄国可以通过集体土地基础上的联合劳动的生产方式避免现代资产阶级社会资本奴役劳动的“历史阵痛”，用“各公社自己选出的农民代表会议代替乡这一政府机关”的办法克服现代资产阶级国家与社会相异化的弊政。同时他看到，当时的俄国的专制政府正借助集中在它手中的各种力量不断压迫公社，从农业公社中受益的不是农业生产能力，而是不从事生产的人。这也从反面预示着农业公社的私有化只会助长而不会改变国家对社会的专制格局。因此，俄国必须选择一条不同于西欧民族的发展道路。1882年，马克思在《共产党宣言》俄文版序言中再次重申了自己的立场：“假如俄国革命将成为西方无产阶级革命的信号而双方互相补充的话，那么现今的俄国土地公有制便能成为共产主义发展的起

[1] 《马克思恩格斯文集》第3卷，人民出版社2009年版，第574页。

[2] 《马克思恩格斯文集》第3卷，人民出版社2009年版，第575页。

[3] 《马克思恩格斯文集》第3卷，人民出版社2009年版，第578页。

点。”[1] 这样，马克思便基于东西方民族的不同特点，为东方民族找到了一条不同于西方的现代化之路。它可以避免资本主义条件下资本奴役劳动的痛苦，也就是在消除社会与国家根本对立条件的基础上推进东方民族的现代社会与现代国家建设。

（三）吸收资本主义创造的积极成果：东方社会与国家跨越“卡夫丁峡谷”的前提

马克思在深入分析俄国社会历史、性质、现状和结构，并结合当时资本主义现代化发展的实际基础上提出跨越“卡夫丁峡谷”，本意是为东方民族寻找一条可以避免资本主义所造成的灾难和不幸的独特的发展道路。正如他在给《祖国纪事》编辑部的信中所讲：“如果俄国继续走它在1861年所开始走的道路，那它将会失去当时历史所能提供给一个民族的最好的机会，而遭受资本主义制度所带来的一切灾难性的波折。”[2] 当他看到俄国政府和“社会新栋梁”正在尽一切可能准备把群众推入这一灾难之中时，他便在给查苏利奇的复信及草稿中疾呼：“如果革命在适当的时刻发生，如果它能把自己的一切力量集中起来以保证农村公社的自由发展，那么，农村公社就会很快地变为俄国社会新生的因素，变为优于其他还处在资本主义制度奴役下的国家的因素。”[3] 也就是说，所谓“资本主义卡夫丁峡谷”是指资本主义在发展中为取得建设社会主义必需的物质前提所付出的代价，而不是指资本主义本身反映社会和国家现代化的制度安排，更不是资本主义在历史发展中所创造的“一切可以肯定的成就”。如社会从国家的统摄中分离出来带来的对人权和所有权的尊重、商品经济的充分发展、工业化时代的开辟、民主法治的现代国家架构的确立、自由、平等、博爱精神深入人心等等。跨越“卡夫丁峡谷”的目的，就是要限制、克服和避免资本主义现代化发展过程中的一切“灾难”、“波折”和“破坏性影响”，充分利用并发展资本主义现代化所创造的这些“肯定成果”，进而全面实现东方民族的复兴。如果说没有资本主义所创造的肯定成果，俄国等东方落后国家是不可以“跳跃”资本主义的“卡夫丁峡谷”而直接进入社会主义阶段的。即使跨越了，这些落后国家或其他后发国家进入社会主义阶段以后，都要积极吸收资本主义创造的各项积极成果。因为像工业化、商品经济、市民社会、民主政治这些由资本主义创造的，但属于人类文明的成果都是不可逾越的，即使人为地将它们“跨越”过去，社会主

[1]　《马克思恩格斯文集》第2卷，人民出版社2009年版，第8页。

[2]　《马克思恩格斯文集》第3卷，人民出版社2009年版，第464页。

[3]　《马克思恩格斯文集》第3卷，人民出版社2009年版，第582页。

义也会因为缺乏必要的物质基础和社会条件而陷入难以为继的空想。特别是东方民族的社会与国家长期处于同构状态，而要实现国家向社会复归的共产主义理想，必须要经历社会与国家分离的历史阶段。如果将这一阶段“跨越”过去，也会落实成“国家主义”或“分散主义”。因为这些国家没有经历商品经济和民主政治的充分发展阶段，社会缺乏一个成熟的组织系统和规范机制。这就使得除了国家之外，没有别的机构能够充当社会的代表。

第四章　西方社会与国家思想的当代变化

——马克思社会与国家理论的思想检视

从马克思生活的时代到新世纪、新千年的今天，世界历史发生了广泛而深刻的变化。我们不能奢求生活在19世纪的马克思详尽预测身后一百多年世界局势的发展变化。然而，他的社会与国家理论中基本的立场、观点、方法，对于我们审视今天世界和中国社会与国家的新发展依然具有指导价值。

第一节　从“对立”到“互动”：西方社会与国家关系理念的变迁

当社会与国家在资本主义时代完成了现实的分离之后，二者错综复杂的关系便构成了西方思想家们长久探究的论题。无论是马基雅维里、霍布斯为君主专制的辩护，还是洛克、亚当·斯密等自由主义者为限制国家权力而作的努力；无论是黑格尔对理性国家的推崇，还是潘恩对“最小国家”的追求，思想家们形成了诸多关于社会与国家关系的理念。然而，这些思考都是基于国家与社会两极对立思维框架下的，强调了二者的分离、对抗与冲突，否认了二者协调、合作、互涉的可能。如今，西方世界经历了从自由竞争资本主义到私人垄断资本主义再到国家垄断资本主义的重大变化，伴随国家地位和作用的凸显，国家与社会的关系随之重新定位和调整，人们也逐渐突破二元对立的思维惯性，开始思考二者之间建立互动关系的可能性问题。

一、肯定国家的合理干预，合理界定国家与社会的边界

随着资本主义商品经济秩序的确立，社会经济领域挣脱了国家权力的束缚而取得了相对独立的活动空间。在这一过程中，人们也认识到正是专制的国家权力体系让他们失去了权利和自由。因而，在早期资本主义阶段，西方一直奉行亚当·斯密所倡导的“自由放任”的自由主义政策，国家被限定在市场的“守夜人”的“最小

国家”的限度上。这种缺乏经济干预的机制使生产相对过剩的经济危机不可避免的周期性来临。特别是1929—1933年的大萧条将这种流行于西方世界的自由放任的经济体制彻底带入了困境。1933年，美国罗斯福政府在西方国家中率先实施试图摆脱危机的“新政”。他通过采取一系列紧急政策控制大萧条对经济和社会造成的破坏，并逐步建立起国家干预经济的长效机制，使经济在一定程度上处于政府的间接控制之下。这样，罗斯福“新政”促成了美国宏观经济政策与体制的转轨，它开始了政府对国民经济成就负责的历史，也使倡导国家干预的凯恩斯主义经济学迅速走红。美国通过一场以凯恩斯主义为指导的经济和社会革命，又进一步巩固了新政的成果，使政府对经济的干预更加合法化。美国的经验在资本主义世界中起到了很大的“示范”效应。英国工党政府更是将费边社会主义与凯恩斯主义的经济政策巧妙地结合在一起，实行渐进的国有化和建立全面的社会保障制度。其他主要资本主义国家虽然根据本国的经济状况和文化特点选择了不同的发展机制，但它们都使国家一反“守夜人”的传统形象而扮演一个强大保护者的角色。学者们将其称为“福利国家”。福利国家观修正了国家对社会的消极态度。正如克拉克所讲：社会是个人的总和，既存在私人利益，也存在集体利益，为满足这两类利益，社会既需要市场，也需要政府，政府的目的是无歧视性地保护权利，公民可以通过它来集体地追求无法由个人实现的目标[1]。虽然战后西方国家有效的经济干预暂时缓解了经济和社会矛盾，但当20世纪70年代的石油危机到来的时候，福利国家面对危机的无力解决最终遭到了人们的广泛的批判。哈耶克最早举起了批判的大旗，他认为西方国家政策的“左”转，即积极干预经济、加大调控力度等做法必将导致国家权力无限膨胀，侵害公民自由的神圣人权，不过都是“通往奴役之路”。

从“市场失灵”和“政府失灵”的两极困境中，人们逐渐认识到国家与市场这两只“手”都不可或缺，并努力在二者之间寻求一种平衡点，在政策的选择上也逐渐趋于中间化。英国撒切尔政府采取紧缩财政政策、大幅度削减公共开支，并对国有企业实行私有化改革的措施，使市场力量发挥作用的范围越来越大，政府干预的范围越来越小。其他西方国家也仿效英国，通过“重新私有化”使国家失去了对绝大部分经济资源的控制，并适当减少政府对经济的干预。这种新自由主义的改革看似是一种对“最小国家”的回归。但是，它没有真正在实践中削弱国家对经济和社

[1] [美]巴里·克拉克：《政治经济学——比较的观点》，经济科学出版社2001年版，第124页。

会的控制力，甚至“就分属公私部门的国内生产总值（GDP）而言，在这个时期若干国家的政府职能相对于私营部门事实上有增无减”[1]。事实上，新自由主义的改革力图削除政府在一些决策部门所起的作用，而与此同时又一直坚持要将政府置于进行合理改良的主导地位，依赖国家来规划经济与社会秩序，甚至依赖国家来领导这场运动。但是，新自由主义改革毕竟使国家偏向了对资本主义自由经济的全面维护，从而改变了在福利国家体制中建立起来的经济发展与民主发展之间的微妙平衡。里根政府和撒切尔政府的改革使美国和英国都出现了高失业和高通货膨胀的“滞胀”状态，财政赤字和贸易赤字不断扩大。更为严重的是，各国的改革所带来的一系列社会问题：贫富分化和不平等所导致的城市暴力日益增多；公民领域受利益原则支配而日益商品化；一种对抗政治的力量正在不断形成之中[2]。在这种形势下，以1993年美国克林顿政府和1997年英国布莱尔的“新工党”组阁为显著标志，中左翼迎来了第二个春天。他们奉行“第三条道路”的政策，吸取了新自由主义的积极主张，表现出明显的中间色彩，如不再坚持全面国有化政策，而是赞成分阶段的私有化，压缩公共开支等。不过，“第三条道路”仍然坚持政治的优先性，并在改革的实际进程中不断地强化着国家的自主性，使国家得以在对社会的全面规划中扩展自身权力。当然，这也不是对福利国家制度的简单回归，而是在保留福利国家基本特征的基础上，变“消极福利”为“积极福利”，变“普遍福利”为“有选择的福利”。

自由主义—福利国家—新自由主义—“第三条道路”的变迁路线清晰地表明，西方学者和政治家逐渐改变“国家至上”偏向或“市场至上”偏向的国家与社会关系架构，既不过分强调政府的干预，也不极端突出市场的作用和社会的自主发展，而是强调在充分发挥市场作用的同时，适当加强政府的宏观调控职能，增加政府管理的权威[3]。如果说1929—1933的经济危机预示着“市场至上”的自由主义的失败，那么法西斯专政的出现则宣布了“国家至上”论的破产。人们逐渐认识到，第二次世界大战后，无论是“市场导向”论，还是“国家中心”论，大家都不片面强调国家与社会的某一方面的作用，主张“大政府”的福利国家论者强调对个人权益和利益的保护，崇尚市场化的新自由主义者也不否认政府宏观调控职能，“第三条道路”

---

[1]　[美]弗雷德里克·C·特纳、亚历杭德罗·L科尔巴乔：《国家的新角色》，载《国际社会科学》2001年第1期。

[2]　参见[美]卡尔·博格斯：《政治的终结》，社会科学文献出版社2001年版，第96—105页。

[3]　庞金友：《现代西方国家与社会关系理论》，中国政法大学出版社2006年版，第140页。

更是在努力寻找政府与市场、国家与社会之间的中间节点。也就是说，承认政府的合理干预，已经是普遍的共识，人们的分歧只是在国家干预“合理程度”边界的界定上。从近代以来的历史发展来看，社会从国家权力中解放出来，是历史发展的必然，但这并不能必然得出“取消国家”的结论。尽管从历史趋势上讲，国家最终会走向消亡，但是在现阶段，社会的自治机制还没有完善到人们真正能够自己管理自己的时候，国家这个“必要之恶”还是有其存在的合理性。同理，我们也不能因为市场的自发性和盲目性而引起的“市场失灵”的出现，就想当然地得出取消市场的结论。因为市场会失灵，政府也会失灵，政府干预经济的目的是为了弥补市场的不足，是为了让市场机制更加完善、更加健康。按照马克思的观点，从历史趋势上看，社会将把国家政权重新收回，但这不是一蹴而就的，而是需要一个国家逐渐消亡的历史过程，从有国家的阶级社会到无国家的共产主义社会，仍然需要一个无产阶级专政的过渡时期。

二、从强调竞争到突出合作，理性思考国家与社会间的关系

随着经济和社会的发展，众多利益集团、社会组织的出现和发展改变了国家与社会的力量对比，社会不再仅仅是与国家是否分离的问题，而是对国家产生了一定的影响和制约。以罗伯特·达尔为代表的西方学者，抓住以美国为典型的“利益集团政治”的现象，认为社会是由多元化的利益集团代表的，各利益集团在相互“讨价还价”下实现竞争，并通过与政府的“讨价还价”影响政治决策。人们往往通过国家—社会二分法来看待问题，认为国家与社会是竞争和博弈的关系。利益集团作为独立的社会力量与政府进行“对抗”，对政府施以监督和制约。这种对抗和制约，主要是针对政府权力扩张行为。利益集团通过进行政府所无法代替的日常生活中“那些数量甚大而规模却很小的事业”，“使社会的生活不由政府包办”，使政府不实行“令人难以容忍的暴政”[1]。当然，这种竞争性对抗不是采取暴力对抗的形式，而是通过利益集团在社会自治领域的活动来限制政府权力的行使范围和活动领域。利益集团通过各种合法的或非法的途径表达自己的利益需求，追求自身的利益，并在自己的领域内自主解决与自己利益相关的问题，防止政府的侵入和干预。这样，在国家与社会关系中，多元化的利益集团对国家构成了至极的限制，也使社会的弱势地位得到了很大程度的改善，获得了相当大的活动空间。社会与国家这种竞争性的对抗关系，

[1] [美]托克维尔：《论美国的民主》(下)，董国良译，商务印书馆1998年版，第638—639页。

对于限制国家权力、维护社会权益是有益的，但它在一定程度上也是社会政治生活无序的直接原因。

自20世纪60—70年代以来，西方社会与国家的关系表现出一种有规则、有秩序的特点，代表社会的一方一般是“由国家组织的”，“在各相关领域享有代表权”的群体，它们与政府各部门就工资、物价和投资政策等问题进行定期的谈判[1]。这与具有较强竞争性的美国多元主义模式相比，能带来更大的社会稳定、较慢但持续的经济增长、较低的通货膨胀率和较广泛的社会福利政策[2]。美国学者施密特对这种新型模式进行了这样的描述，认为它是“一种利益代表机制，在其中，选民团体组织成为有限数目的、单一目标的、强制性的、等级制的和功能分化的不同范畴，通过国家的再组织或认定（如果不是创造的话），并由国家为其保证在各相关领域的特殊的代表权的垄断地位。作为交换，这些组织在其领袖的选择和需求与支持的活动方面遵循（国家）的某种控制”[3]。进入20世纪90年代以后，发达国家“中间路线”的选择、发展中国家和地区现代化转型的实践向人们昭示：国家与社会之间除了相互制约外，还有相互合作的一面，人们也逐渐冲破了社会与国家两极对立的思维的束缚。以米格代尔、埃文斯、奥斯特罗姆为代表的学者提出了“国家在社会中”、“国家与社会共治”、“公与私合作伙伴关系”等理论，认为国家与社会存在合作与互补的关系，二者是互相形塑的[4]。这种国家与社会互动理论超越了传统二分法对单方面的片面强调，不再将国家与社会对立起来，反映了社会变迁过程中人们对国家权力和社会力量作用的认识的转变。它既不夸大国家对市场的自发性进行矫正和限制的作用，也不扩大国家干预经济和社会生活的负面效应，而是在积极信任的基础上，将国家与社会的积极性都发挥出来，并在互动与合作的前提下结合在一起。

---

[1] Robert Kavaik,*Interest Groups in Norwegian Politics*,Oslo: University Press, 1976. Philip Schimitt and G. Leo-brum,et al.,*Trends Toward Corporatist Intermediation*, California: SAGE., 1984.

[2] John Goldthop ed.,*Order and Conflict in Contemporary Capitalism*, Cambrideg: Cambridge University Press, 1984.

[3] Schmitt Philip, " Still the Century of Corporatism",*Politics Review*, January 1974, pp. 93-94.

[4] Joel S. Migda,*State in Society: Studying How State and Society Transform and Constitute One Another*, Cambridge: Cambridge University Press, 2001. Peter B. Evans ed., *State-Society Synergy: Government and Social Capital in Development*, Berkeley: University of California, 1997. Elinor Ostrom, "Crossing the Great Di-vide: Coproduction, Synergy, and Development," in Peter B. Evans ed., *State-Society Synergy: Government and Social Capital in Development*, Berkeley: University of California, 1997, pp. 85-118.

国家与社会合作与互动，反映出西方政治发展经历了从“统治”到“治理”的跨越[1]。统治的主体是国家机构——政府，而政府统治的权力运行方向总是自上而下的，它运用政府的政治权威，通过发号施令、制定政策和实施政策，对社会公共事务实行单一向度的管理。治理的主体则既可以是政府，也可以是企业或第三部门，还可以是三者的自愿合作。与政府统治的单向过程不同，治理则是一个上下互动的过程，它主要通过合作、协商、伙伴关系、确立认同和共同的目标等方式实施对公共事务的管理，其实质在于建立在市场原则、公共利益和认同之上的合作。它所拥有的管理机制也主要不依靠政府的权威，而是合作网络的权威，其权力向度是多元的、相互的，而不是单一的和自上而下的。正如治理理论的创始人詹姆斯·罗西瑙所说“与统治相比，治理是一种内涵更为丰富的现象。它既包括政府机制，但同时也包括非正式、非政府的机制，随着治理范围的扩大，各色人和各类组织等得以借助这些机制满足各自的需要、并实现各自的愿望。”[2]当然，治理理论的兴起，与市场的失灵和国家的不足相关。一方面，市场在限制垄断、提供公共品、约束个人的极端自私行为、克服生产的无政府状态、统计成本等方面存在着内在的局限，单纯的市场手段不可能实现社会资源的最佳配置；另一方面，仅仅依靠国家的计划和命令等手段，也无法达到资源配置的最优化，最终不能促进和保障公民的政治利益和经济利益。正是鉴于市场和国家的局限，愈来愈多的人热衷于以治理机制对付市场和国家协调的失败。“治理”打破了长期存在的国家与社会、政府与市场两分法传统思维方式，把政府与社会都看作是合法权力的来源，把有效的管理看作是两者的合作过程。从“统治”到“治理”的发展，反映出部分公共权力从国家向社会的转移，这也是朝着社会将国家政权重新收回的方向迈出的重要一步。

三、西方社会与国家关系理念的变迁没有超越资产阶级思想范畴

马克思早年在探讨市民社会与国家的关系时就是从对立统一中把握二者的分离的。也就是说，市民社会与国家的分离是相对的而不是绝对的，是表面的而不是根本的。因为市民社会决定国家的性质，国家只是市民社会的政治表现形式而已，正所谓“有一定的市民社会，就会有不过是市民社会的正式表现的相应的政治国家”[3]。

[1] 俞可平：《从统治到治理》，http://www.chinareform.net/2010/0116/9755.html。

[2] [美]詹姆斯·罗西瑙：《没有政府的治理》，张胜军等译，江西人民出版社2001年版，第5页。

[3] 《马克思恩格斯文集》第10卷，人民出版社2009年版，第43页。

这种性质上的决定性规定了社会与国家根本利益上的一致性。国家来源并服务于市社会，国家形式根源于“物质的生活关系的总和”，“国家的意志总的说来是市民社会的不断变化的需要”[1]。而且，作为市民社会成员的“市民”与作为国家成员的“公民”是同一个人，公民权从属于人权，正如马克思所说：“不是身为公民的人，而是身为市民社会的成员的人，被视为本来意义上的人，真正的人。”[2]这就在主体意义上确保了社会与国家的一致性。如今，社会与国家关系逐步走向良性互动，表明政府和社会公众都看到了二者作为矛盾统一体的一致性的一面。资产阶级在现代西方社会中占统治地位，同时也垄断着现代西方国家的政权。也就是说，社会与国家的分离只是资产阶级内部利益根本一致基础上的一种分权，国家政权本身就是为占社会成员少数的资产阶级服务的，是社会的调解者、监督者、服务者；而用于对抗国家的社会力量，也多是由资产阶级控制的，是纠正统治当局施政错误的“忠诚反对”力量。这种国家与社会根本利益上的一致便为二者由二元冲突转向良性互动奠定了根基。而且，当前民间与官方都懂得了理性对话，不到万不得已双方一般不会采取极端措施，从而也缓和了社会与国家的冲突。另外，当今西方社会，传统产业工人比重不断下降，中间阶层日益成为社会主要力量，阶级两级之间的对立有所缓解，政府更愿意选择“中间路线”以争取社会多数。这就在政策层面确保了社会与国家关系良性互动局面的形成。

然而，当今的西方发达国家仍然是垄断资本在社会上占支配地位，其政权在根本上也是为垄断资本服务的，这就不可能从根本上克服社会与国家的矛盾。因为垄断资本资本主义意味着资本越来越向社会少数人集中，这样生产的社会化与资本主义私人占有之间的矛盾就会进一步加剧，进而加大社会普遍利益（生产社会化的要求）与特殊利益（私人占有资本）的矛盾，而国家也越来越代表社会少数垄断资本的利益，甚至将国家政权与之相结合。当前西方国家干预经济力度加大，也在努力寻求缓和劳动与资本的政策和措施。而且，在国家经济处于上升和繁荣时期，它也能通过增税、转移支付缓解劳动与资本的矛盾，有时出台一些保护劳工权益的法案。然而，这些都是在不损害垄断资本利益的前提下进行的，当经济萧条期来临时，大批中产阶级破产被甩到了无产阶级的行列，而国家往往又采取有利于少数大财团的宏观政策（如通过减税减轻资本所有者支出，通过削减福利而减少劳动者收益，因为资本家的税

[1]　《马克思恩格斯文集》第4卷，人民出版社2009年版，第306页。

[2]　《马克思恩格斯全集》第3卷，人民出版社2002年版，第185页。

基远高于无产者，而无产者又比资本家更需要国家福利支持），进而激起民众对当局政府的不断，引起社会与国家的冲突。更为关键的是，资本主义周期性的经济危机根源在于资本主义的基本矛盾，而不是国家的干预与否和干预程度。比如同样生活在“大萧条”年代的德国和日本虽然也是利用国家权力应对危机，但它们不但没有消解危机，反而对使经济危机演变成了政治危机，使其走上了对内取消民主、对外侵略扩张的法西斯主义道路，并伴随着第二次世界大战的爆发波及整个世界。如果说，经济危机的频繁爆发，宣告了自由主义的失败，那么，法西斯专政国家的出现，则预示着国家主义的破产。市场这个“无形的手”不是万能的，国家这个“有形之手”也不是万能的。

而且，西方学者在阐释国家从“统治”向“治理”转型的思想时，也是基于这样的理论假设：不改变以资本主义私有制为基础的基本经济制度，进而也就不触动资产阶级垄断国家政权的政治秩序。因为在西方学术解释体系中，社会主体的独立性是市场经济发展的结果，而市场经济与公有制又是不能兼容的，于是以社会广泛参与为特征的“国家治理”必然要求经济成分的高度私有化，而高度的私有化必然要导致资本高度集中。这样，占社会成员少数的资本所有者就掌控了经济权力，这些经济权力又为他们攫取政治权力、掌控舆论话语权提供了强大的物质后盾。在西方，那些已得到相当发展的、民主的且具有公共意识的公民力量往往被联合在一起的大财阀压倒或吞并。而掌握政权的政治精英又往往是这些大财阀在国家中的代表，财富大佬和政治上层便会利用手中已有的优势进一步聚敛财富和控制权力。这样，慈善机构、社区组织、女权组织、宗教团体、专业协会、工会、自助组织、社会运动团体、商业协会等非盈利、非政府组织，这些参与治理的新兴的社会力量，就要面对两难的抉择：要么选择与权贵的联合，渐而失去自己的独立性；要么选择与统治阶层的隔离，成为一个脆弱的个体，但最终的结果往往是这些社会力量为了自己的生存和发展而选择与统治精英结成伙伴。而且，当今工人阶级的阶层分化日益多元，传统产业工人比重下降，商业、服务业、卫生保健业、教育、科技、文化和管理行业中的所谓“白领工人”的比重不断增加，从而导致工人阶级内部利益诉求的多样化。这样，在资本不断高度集中的西方社会，广泛的政治参与有利于资产阶级内部的团结，但更加速了无产阶级的分化。因此，西方国家从“统治”到“治理”转型，尽管体现了一种政治文明的进步，但这也只是这些国家资产阶级的统治方式的一种转化，让赤裸裸的阶级专政更加隐蔽化、技术化而已。

第二节　从市民社会到公民社会：社会与国家结构思想的变迁

英文“civil society”在国内学界有多种译法。长期以来，来源于马克思主义经典著作中的中译名——“市民社会”是最为流行的术语。但在传统的马克思主义解释体系中，“市民社会”常常被等同于“资产阶级社会”而使它蒙上了贬义色彩。新世纪以来，国内学者在对现当代西方学术著作的翻译和研究中，开始广泛使用“公民社会”的新译名。这样便在实际的学术研究中出现了“市民社会”与“公民社会”两种译法并存的状况，而两种译法的并存又难免造成两种译法通用的混乱局面。如今，很多学者喜好用“公民社会”取代“市民社会”，甚至将马克思语境中的“市民社会”也译成了“公民社会”。虽然“市民社会”与“公民社会”的词源均是“civil society”，但“公民社会”毕竟是来源于20世纪西方学术著作的译名，其时代背景与马克思所生活的19世纪已大不相同。也就是说，现代学术话语中的“公民社会”与马克思语境中的“市民社会”之间必然存在某些体现不同时代特征的区别，那么，它们之间的区别在哪里呢？从“市民社会”到“公民社会”，又反映着怎样的历史变迁呢？本书将基于马克思主义的理论视野来展开对该问题的探讨。

一、从“二分”到“三分”：研究范式的变化反映社会结构的现实变迁

当“大工业和普遍竞争所引起的现代资本”创造了独立于国家政权实体的所有制关系时，社会成员之间的财产关系开始抛弃了共同体的一切外观并消除了国家对所有制发展的任何影响，而由于私有财产摆脱了共同体，国家获得了和市民社会并列的独立存在。因此，马克思承袭黑格尔的思想，基于对资本主义条件下社会与国家现实分离的考量，将“市民社会”与“政治国家”看作一对相辅相成的分析性范畴。然而，由于商品经济和市场机制的迅速发展，市场经济的作用和地位逐渐从社会中凸显出来，日益形成自己独立的领域和运行机制，且有进一步扩张的态势。而且，随着社会的发展和分工的细化，各种社会组织飞速发展并且其作用也不断增强，民间公共领域作为新的领域越来越清晰，使原先的国家与社会关系状况发生了变化。人们越来越感觉到，原属于市民社会领域的经济领域与其他市民社会组织还是存在差异的，各种协会、基金会等具有独立地位的社会民间组织在社会生活中扮演着越

来越重要的角色。这样，在国家（政府）与市场之间，逐渐形成了一个“公民社会”的领域。同时，这也使国家与市民社会二分法已经无法完全涵盖国家与社会关系的全部内容，有必要对社会与国家结构理论进行新的探索。于是，国家—市场—公民社会三分法在现代学术界应运而生。可以说，马克思语境中的“市民社会”与现代“公民社会”最重要的区别就在于：“市民社会”是建立在社会结构两分法之上的，指除国家外的其他领域；而“公民社会”则是建立在社会结构三分法之上的，是将国家和市场都排除在外的。

葛兰西和哈贝马斯是将社会结构两分法发展为社会结构三分法，并从“三分”的角度重新审视市民社会的最有影响的早期学者。在葛兰西看来，市民社会主要指非国家性的、不属于国家的社会组织，代表着从经济系统中独立出来的与政治系统相并列的“智识”、文化意识形态系统。哈贝马斯则没有像葛兰西那样否认市民社会的经济性，而认为市民社会是一种独立于政治国家的“私人自治领域”，它包括私人领域（经济领域）和公共领域（社会文化生活领域）[1]。这样，与马克思把社会分成政治国家和市民社会两个部分、强调市民社会的经济意义不同，他们则把社会分成政治社会、经济社会和市民社会三个部分，强调市民社会的文化意义和组织意义，把社团组织和民间的公共领域当作市民社会的主体。20 世纪 90 年代初，美国学者科思和阿雷托提出了基于公民社会的国家—经济—公民社会的三分法，认为公民社会是“介于经济和国家之间的社会相互作用的一个领域，由私人的领域（特别是家庭）、团体的领域（特别是自愿性的团体）、社会运动及大众沟通形式组成”[2]。英国学者戈登·怀特也认为“公民社会是国家和家庭之间的一个中介性的社团领域，这一领域由同国家相分离的组织所占据，这些组织在同国家的关系上享有自主权并由社会成员自愿结合而形成，以保护或增进他们的利益或价值”，并且企业或经济机构同公民社会要分开来对待，前者作为经济社会或经济系统构成了公民社会的基础[3]。这样，建立在国家—市场—社会三分法基础上的公民社会概念逐渐成为学术主流而日益广泛流传开来。

[1] ［德］哈贝马斯：《公共领域的结构转型》，曹卫东译，学林出版社 1999 年版，第 32—34 页。

[2] Jean Cohen and Andrew Arato, *Civil Society and Political Theory*, Cambridge,Massachusetts,London,MIT. Press,1992, p.9.

[3] ［英］戈登·怀特：《公民社会、民主化和发展》，何增科编译，载《马克思主义与现实》2000 年第 1 期。

1997年，美因学者萨拉蒙等在《社会》杂志上发表的《公民社会部门》一文中，提出了公民社会部门的概念，认为“它是在最近十几年才出现的，是私人组织、非营利性组织和非政府组织的集合体”。这是从主体的层面探讨公民社会问题。他采用政府部门、营利部门、非营利部门的三分法描述美国社会结构。作为非营利部门的“第三部门”的发展使社会结构由“国家—市民社会”二元模式转变为“国家—市场—公民社会”三位一体结构，政府、企业和第三部门是分别对应于三大领域的行为主体。第三部门与行使国家权力的政府组织相比，具有民间性、自治性、非强制性等特点，与参与市场竞争的企业相比，又具有非营利性、公益性等特征，主要从事政府和企业“不愿做、做不好或不常做的事情”。一般包括不同的场所、人物和组织机构，以及多种程度的正规性、自治性和权力结构，通常运作于慈善机构、非政府组织、社区组织、妇女组织、宗教团体、专业协会、工会、自助组织、社会运动团体、商业协会、联盟等。这样，在公民与国家之间就形成了一股强大的社会中坚力量。它们不仅为个体的独立、发展与提升提供了渠道与机遇，也为规范个体行为、协调利益关系，促进社会有序和稳定提供准则。各种社会组织通过对其成员进行动员、组织，开展各种交流活动，使他们逐渐养成协商、合作、参与、妥协等观念和习惯，学习和掌握特定行为角色的知识、技能和行为模式[1]。这样，“公民社会”与“第三部门”就成了相同意义上的概念。

在资本主义自由竞争阶段，市民社会刚从国家权力的笼罩下挣脱出来，国家公权力不再涉足公民的私人权利，整个社会呈现出一种典型的市民社会与政治国家二分状态，国家掌管社会公共领域，而市民社会则属于私人生产和生活领域，二者界限分明、互不干涉。因此，马克思沿着黑格尔的理路，从社会与国家二分法的理论视阈探讨市民社会，也是当时社会结构的理论反映。但马克思强调市民社会“始终标志着直接从生产和交往中发展起来的社会组织”，而并非单指经济组织，其内容除了包括私人生活、财产等经济和物质要素外，还涉及社会组织、社会制度、家庭、等级或阶级组织等社会和文化领域。而且，他在早期就提出过构成市民社会的“物质要素”和“精神要素”的思想[2]，使得自己的社会与国家的分析框架呈现出一种复合二元结构，即总体上将社会分为市民社会与政治国家两个领域，在此基础上又在

---

[1] Darrow Schecter, *Sovereign States or Political Communities: Civil Society and Contemporary Politics*, Manchester University Press, 2000, pp.185-186.

[2] 《马克思恩格斯全集》第3卷，人民出版社2002年版，第187页。

市民社会中区别出物质要素和精神要素。只是彼时“精神”和“物质”还只是同属于社会领域的“要素”，二者还没有形成各自彼此独立的领域，因而总体上还属于社会与国家两分法范畴，但其中也蕴含着“国家—市场—社会”三分法的意蕴。如今，独立于国家和市场的公民社会在西方世界的兴起，则是现代社会结构变迁的成熟标志，也使学术界让马克思思想中的“要素”成为了“领域”。当然，国家—市场—社会三分法是基于西方发达国家社会结构变迁的理论框架，而对于获得民族独立不久的广大发展中国家来说，它们尚处于从传统向现代转型的历史阶段，迫切需要在培育市场机制的基础上完成市民社会与国家分离的历史任务，因而马克思关于市民社会与国家二分法的思想对其仍具有启示意义。

二、从“经济”到“文化”：研究主题的变化凸显社会文化的功能提升

在中世纪末期，农村中少部分农奴离开农村来到城市，从事商业活动，逐渐成了城关市民，商品经济在专制国家统治的夹缝——城市中逐步兴起。这些初期城市的自由居民摆脱了封建领主的控制而成为商人、手工业者或工场主，以商品货币关系为核心的非政治性“市民”社会获得了相对自主的发展空间。在马克思看来，近代市民社会就是建立于社会化大生产和发达商品经济基础之上，以契约关系为中轴，以尊重和保护社会成员基本权利和自由为前提的基本组成。整个社会财富表现为一个“庞大的商品堆积”，人与人之间的关系也都直接或间接地表现为建立在广泛的社会分工基础之上的商品关系，即“作为交换主体的个人的经济关系”。因此，马克思对市民社会研究的重点放在了经济领域，旨在揭示市民社会的经济本质。随着工业革命的发生及其所带来的工业生活和商业生活的繁荣，市民社会的所有内涵和矛盾在资本规律的作用下得到了最充分的暴露。市场经济虽然具有拓展社会中的自主活动空间的作用，但由于市场机制对自利性动机的诱发力量和对机会主义倾向的助长作用，人们出于对商品和货币的恐惧、崇敬的拜物欲而造成全社会的精神空虚和道德沦丧。而且，随着私人资本与权力的结合，政府在大规模地干预乃至控制经济领域的同时，也在政治文化领域加紧对市民社会的渗透，从而导致行政权的超大膨胀和官僚化的日益加重。于是，学者们的研究旨趣也发生了转移，即对市民社会的研究开始由社会经济领域延伸到社会文化领域。他们试图从社会的文化、价值层面寻找一种旨在减少市场经济负面效果、克服政府机构官僚作风、增进人际和谐和

社会向善的战略。

20 世纪 30 年代，鉴于西方市民社会的现实变化，葛兰西成为从文化意义上重新认识市民社会并做出系统的理论构思和深刻的学理分析的第一人。在他看来，市民社会主要是指非国家性的、不属于国家的社会组织，它代表着社会的舆论，它可以通过民间社会组织，如学校教育组织、政党组织、教会组织等文化传播团体，向人们传播本阶级的意识形态和文化价值观。也就是说，与马克思不同的是，葛兰西强调的不是市民社会的经济意义，而是其社会文化意义。他认为：在社会舆论系统方面，“传统学校主张寡头政治，因为它的目的在于培养注定要做统治者的新一代统治阶级，但它的教学方式并不具有寡头政治性质”[1]。同样，从社会意识形态系统看，“报纸（或许多报纸）和评论（或许多评论）是某种‘党’或‘党派’。从这种观点出发，可以更加准确地研究政党的职能。考虑一下《泰晤士报》的角色，或是《晚邮报》从前在意大利的角色，或是所谓的‘非政治性的’‘信息报’，甚至体育和科技报刊。而且，这一观象在只有一个极权执政党的国家揭示了非常耐人寻味的一些情况。因为这样执政党不再具有直接的政治职能，而只具有政治宣传、维护公共秩序、发挥精神和文化影响等技术职能”[2]。在他看来，这种从经济领域独立出来并与政治主体相并列的“智识”、文化和意识形态社团是市民社会的主体，谁控制了这些社团，谁就掌握了整个社会的文化领导权。借助葛兰西，人们对公民社会在建构和解构文化霸权方面的作用也有了新的认识，认为公民社会作为一种文明，包含着一系列价值和信仰，同时意味着人们奉行与这些价值和信仰相一致的思想和行为模式。

公民社会的文化意义还突出地表现在它与公民意识的契合上。在“市民社会”的话语体系下，社会成员被称作“市民”，其思想观念呈现出“市民意识”。这是人们在商品交换过程中逐渐形成的。每个人在交易中只有对自己来说才是自我目的，而对他人来说只是手段；既是手段同时又是目的，但只有成为他人的手段才能达到自己的目的，只有达到自己的目的才能成为他人的手段。“市民意识”信奉自由、平等的契约原则，表达着一种对私人自主性的认同与张扬，宣示着私人产权和私人利益至高无上的理念。这与“自私、保守、狭隘、盲从”的农民意识和“依附、顺从”的臣民意识相比，有着巨大的进步意义，但它缺少责任意识和对公共事务的关心，使人们在把别人当作工具的同时，也把自己降为工具。而且，在社会与国家二分的

[1] ［意］葛兰西：《狱中札记》，曹雷雨等译，中国社会科学出版社 2000 年版，第 31 页。

[2] ［意］葛兰西：《狱中札记》，曹雷雨等译，中国社会科学出版社 2000 年版，第 112 页。

情况下，社会成员只有在参加大选时才感受到自己公民身份的存在，当投票结束回到市民生活中时，他们则对国家政治事务表现出漠不关心。而在现代公民社会下，当民众直接面对政府权力运作时，它可以在限制政治权力和提供多元观点这两个维度上制衡政府；当民众侧身面对公共领域时，它还可以支持一种无共同信仰合作、忠诚与团结[1]。这便是公民在公民社会中培养出的包括参与意识、监督意识、责任意识、规则意识等的公民意识。它在公民思考身为政治人、社会人的地位和角色时，逐渐内化为人们的情感、态度、气质性格、行为规范，既体现着公民在对公共事务的参与和责任，又表达着公共性对私人性的超越。而公民意识之所以能实现这种公共性对私人性的超越，就在于其内在的信任与合作机制，它使社会主体从缺乏社会良心和责任感的、自私自利的和自我中心的算计者转变成具有共同利益的、对社会关系有共同假设和共同利益感的共同体一员，并由此成为将社会聚合在一起的粘合剂[2]。

马克思将市民社会定义为“物质生活关系的总和”是从实质意义做出的规定，即使他从政治经济学中去探寻市民社会的奥妙，对市民社会的资本性也主要是经济的批判。但这并不意味着他把社会仅仅理解为物质或经济领域，他也没有将市民社会简单地等同于社会的经济领域。相反，马克思提出了构成市民社会的“物质要素”和“精神要素”的思想，指出“政治革命消灭了市民社会的政治性质。它把市民社会分割为简单的组成部分：一方面是个体，另一方面是构成这些个体的生活内容和市民地位的物质要素和精神要素”[3]。在对其资本逻辑做出深刻的经济批判的同时，他还对其思想文化层面的拜物教秘密作了揭露。只是由于当时社会与国家的分离，主要是社会经济领域对国家的相对独立，马克思才没有单独对资产阶级的市民社会展开文化批判。此外，他分析国家的起源时，在着重考察国家产生的物质动因的同时，还注意到了宗教在国家起源中的作用；在预测未来“自由人联合体”超越资产阶级社会与国家时，同时强调要同“传统的所有制关系”和“传统的观念”两个方面实行最彻底的决裂。当今，众多西方学者在研究中凸显公民社会的文化意义，源

[1] Ernest Gellner,The Importance of Being Modular, *Civil Society: Theory, History, Comparison*, ed. by John A. Hall, Cambridge, USA, Polity Press, 1995,pp.32-56.

[2] Robert K. Fullinwider ed.,*Civil Society, Democracy, and Civic Renewal*,New York: Rowman & Littlefield Publishers,Inc.,1999, p.2.

[3] 《马克思恩格斯全集》第3卷，人民出版社2002年版，第187页。

于一种深厚的价值反思，即反思传统市民社会下的极端个人主义和拜金主义价值观，同时倡导构建与公民信任、互惠、合作、共赢有关的社会共同价值，而这种价值上的反思不能不说是受到了马克思关于市民社会拜物教批判思想的启示。只是与马克思不同的是，他们不想与传统的价值观实行“最彻底的决裂”，而只是想作“治疗式”的修正。此外，对公民社会文化意义的热议，也反映出社会主体间矛盾和冲突的根源固然在经济领域，但对作为上层建筑的文化领导权和舆论话语权的争夺也是至关重要的。

三、从“私域”到“公域”：研究领域的转移验证社会历史趋势的不可逆转

中世纪末期，随着商品经济的发展，私人的物质生产和生活摆脱国家干预的要求日益强烈，于是资产阶级通过政治革命摧毁了一切等级、同业公会、行帮和特权，消灭了市民社会的政治性质，让私人产权完全抛弃了任何政治外观，摆脱了国家权力的束缚，使市民社会的等级差别完全变成了在政治生活中没有意义的私人生活的差别，而此时的国家则扮演着“守夜人”的角色，只是为私人领域的独立存在和工商业活动的自由发展提供了法律上和制度上的保障，从而完成了私人领域的独立和“政治生活同市民社会的分离”[1]。于是马克思沿用黑格尔市民社会和国家二分法的分析范式，认为国家应该是普遍的公共利益的代表，而市民社会则是“私人利益的体系”或特殊的私人利益关系的总和。只是与黑格尔把国家视为普遍利益的“理性形式”不同，马克思认为国家只是名义上取得了普遍利益的“虚幻形式”，而实质上代表着统治阶级的利益。但相对于个体的私人利益而言，统治阶级整体的特殊利益仍具有普遍性。而且，出于维护统治利益和稳定统治秩序的需要，国家也承担着管理公共事物的职能。因此，国家这种“虚幻的共同体形式”依然是作为特殊的公共权力而与作为“私利战场”的市民社会对立存在的。随着市场经济的发展，社会主体在实现独立产权和私人经济利益的基础上，表达出政治、文化、社会等各种特殊的权利和利益广泛诉求，要求在社会领域建立起一种从国家权力之下解放出来、不受官方干预的公民自由讨论公共事务、参与政治活动、开展舆论批判的公共场所。同时，也正是在这样的社会交往过程中，形成了社会的整合力量和自我调节机制。这样，在官方政治领域和市场经济领域之外便形成了一个民间的公共领域。

---

[1]　《马克思恩格斯全集》第3卷，人民出版社2002年版，第100页。

现代公民社会理论离不开对哈贝马斯关于“公共领域”研究成果的广泛吸收。哈贝马斯在分析晚期资本主义的社会结构时提出了“公共领域”的概念，认为：“对于私人所有的天地，我们可以区分出私人领域和公共领域。私人领域包括狭义上的市民社会，亦即商品交换和社会劳动领域；家庭以及其中的私生活也包括在其中。政治公共领域是从文学公共领域中产生出来的；它以公众舆论为媒介对国家和社会的需求加以调节。”[1]社会的国家化与国家的社会化的同步进行正“逐渐破坏了资产阶级公共领域的基础，亦即，国家和社会的分离。从两者之间，同时也从两者内部产生出一个全新政治化的社会领域，这一领域摆脱了‘公’和‘私’的区别”[2]。因此，“资产阶级公共领域首先可以理解为一个由私人集合而成的公众的领域；但私人随即就要求这一受上层控制的公共领域反对公共权力机关自身，以便就基本上已经属于私人，但仍然具有公共性质的商品交换和社会劳动领域中的一般交换规则等问题同公共权力机关展开讨论”[3]。在他看来，公共领域主要包括团体、俱乐部、沙龙、报纸、书刊等构成的非官方的文化系统，主要是通过观点交锋和社会舆论影响国家权力，是介于私人领域和公共权力领域之间、跨越经济领域和政治领域的非政府的自治领域。这样，“公域”便成了在公众与国家之间设置的缓冲区，使强大的国家权力在这里得到一定程度的分解和化解。而在分解或化解国家权力压力的过程中，社会公众也在公共领域中培养着自己的民主意识和民主习惯，以达到公民身份的自我认同。

如果说私人领域呈现出的是不受国家干预的负面的或消极的自由，那么，公共领域培育出的则是公民参与国家政治事务的正面的或积极的自由。公民社会的兴起使人们对现代社会与国家关系的认识突破了以往“国家本位”的围城，转变了“自上而下”的传统政治思维方向，把目光聚焦在与国家相对的社会层面，从而开创出一种“自下而上”的新的政治思维路向[4]，社会治理结构，也由政府对社会单向的一元化统治走向政府与社会双向多元化治理。正如有学者所讲：“一个强大的、充满活力并有创造力的公民社会，如果能被公民性(citizenry)支持并且不受政府的约束，

[1] [德]哈贝马斯：《公共领域的结构转型》，曹卫东等译，学林出版社1999年版，第35页。

[2] [德]哈贝马斯：《公共领域的结构转型》，曹卫东等译，学林出版社1999年版，第171页。

[3] [德]哈贝马斯：《公共领域的结构转型》，曹卫东等译，学林出版社1999年版，第32页。

[4] 庞金友：《现代西方国家与社会关系理论》，中国政法大学出版社2006年版，(内容提要)第3页。

就具有处理任何政治结构内问题，消除或缓解已有危机的能力，这些问题与危机在当前的制度中已比比皆是。”[1] 而公民参与国家和社会治理，正是通过公共领域的主体——非营利、非政府的第三部门来实现的。欧盟成员国普遍认识到国家能力的有限性，强调发挥公民社会在“新治理”中的作用。美国在“重塑政府”的过程中也赋予非营利部门以重要的角色。日本政府与非营利部门建立起委托—代理关系，非营利部门受政府委托承担着许多重要工作。第三部门密切关注和监督政府和大企业的行为，通过批评甚至抗议腐败、低效、侵犯人权、不平等、破坏生态环境等消极现象，迫使政府和企业改善自身形象，更加负责任地行动，督促它们更快地对公民的要求做出回应[2]。而且，它们还积极参与法律和政策的制定，为政府提供政策选择方案，在治理规则的形成过程中发挥重要的作用，政府也主动与其建立政策咨询关系，邀请他们就有关政策问题发表意见并对其中的合理成分予以采纳。另外，第三部门通过积极提供科研、教育、医疗、救济、扶贫、环保等公益服务和公共产品而与政府形成一种分工合作、相互补充的关系。

从“私域”到“公域”的转变与马克思关于社会将国家权力重新收回的历史趋势相符合。面对自由市场机制在资本关系下频频“失灵”和国家干预经济而带来的权力膨胀，市场和政府这两只手在解决大量社会问题时表现出来的无能，等等，一些人在寻找救治的药方时把目光转向了公共领域，希望在公民社会的构建中寻找出路。而公民社会的兴起使得社会又从国家手中索要回了一部分社会公共事务，如组织教育公众、表达公众利益、维护公众权益、培育社会自治等，同时其本身也积极“问政”，致力于改善国家制度和公共政策，为民众争取政治参与的权力，从而形成了社会与国家“共治”的局面。这种“共治”，一方面可以弥补体制内“以权力制约权力”的不足之处，通过发挥公民社会的政治参与机制和舆论批判功能，督促政府和公职人员履行自己的责任和义务，让公共权力在社会的制约之下负责任地运作，以防止国家权力对社会的异化；另一方面可以激发公民的主体意识，增强公民的社会责任，提高公民的治理能力，塑造公民社会良好的自治机制，促进社会与国家的合作与共赢，保持两者的距离在适度的范围之内，共同承担起社会治理的责任，以

---

[1] Doug Bandow,Libertarian,Building Civil Society Through Virtue and Freedom,in don E. Eberly ed.,*Building a Community of Citizens,Civil Society in the 21st Century*,Lanham,New York,London,1994,p.322.

[2] 何增科：《全球公民社会引论》，载《马克思主义与现实》2002 年第 3 期。

防止公共权力对社会的过度干预，减轻国家的社会管理负担，降低政府的行政成本，减轻国家政权维护社会稳定的巨大压力，从而达到即使政府不在场，或政府治理失效，社会政治生活也依旧井然有序的状态。公民社会的兴起，是继私人领域从国家领域退出后，社会与国家分离的继续。它在国家政治领域和市场经济领域之外又形成了一种民间公共领域，表明国家在从私人经济领域退出的同时，又从社会公共领域退出。它预示着社会将把国家这个靠社会供养而又阻碍社会自由发展的寄生"赘瘤"迄今所夺去的一切力量重新收回，把它从统治社会、压制社会的力量变成社会本身的生命力。

第三节　全球化背景下的社会与国家关系

在全球化的浪潮中，传统意义上的国家与社会面临着巨大的考验。随着冷战在20世纪80年代末90年代初结束之后，全球关系便呈现出"超领土"、"超越边境"、"遍及全球"的特征[1]。全球化趋势在科学技术、信息网络、交往活动、生产力系统、金融市场、货币体系、跨国资本、市场经济等层面逐步走向全面展开。过去，在国际事务和国际交往中，国家或地区政府扮演着主导角色，即使企业对外的经济交往，背后也往往需要政府行为的运作和协调。如今，企业、第三部门和政府超越国界而形成的跨国公司、全球公民社会和政府间国际组织成为当今全球治理结构中的"三驾马车"。正如有学者所说："冷战的结束带来的不纯粹是国家间关系的调整，而且带来了国家、市场和公民社会之间非同寻常的权力重新分配。民族国家政府不是简单地在一个全球化的经济中失去自主性。它们正在同商界、国际组织、以非政府组织而闻名的众多公民团体分享处于主权核心的各种权力，包括政治、社会、安全角色。"[2] 甚至有学者认为，以市场和社会为主导的崭新的"治理时代"已浮现在地平线上[3]。

[1]　Jan Aart Scholter, Global Civil Society, in Ngaire Woods ed.,*The Political Economy of Globalization*,Macmillan, 2000,pp.178-179.

[2]　See Jessica T. Mathews," Power Shift," in *Foreign Affairs*, January-February 1997.

[3]　James N. Rosenau,*Governvance without Government: Order and Change in World Politics*,Cambridge University Press,1995,p.5.

一、跨国公司、政府间国际组织、全球公民社会对民族国家理论的冲击

跨国公司作为一种以全球市场为经营目标的企业形态，早在19世纪五六十年代，就已经在经济比较发达的欧美国家崭露头角。第二次世界大战后，随着整个世界生产力水平、科技水平的不断提高，运输、通讯条件的不断改善，跨国公司获得了空前的发展。冷战结束后，随着“经互会”的解散，两极分离的世界市场格局被打破，更是加快了这种全球化的进程。跨国公司的实力来源于对资本、技术、管理和营销的科学组合，它的政治资金通过利益集团（压力集团）和代表其利益的政党介入国内政治过程。虽大都不直接对主权事务进行刚性干预，但他们却改为“软性”干预，以进入和退出某国市场、开放或封锁某项技术、提供或撤销贷款等作为筹码，对主权国家施加压力，迫使其改变现行政策。有时为了在东道国实现或保持其既有利益，它们不惜采用政治干预的手段，甚至凭借其强大的经济实力，通过贿选、资助反政府活动和政变、制造经济混乱等手段，左右东道国的政治进程。更有甚者，有些跨国公司还利用母国政府的经济、政治和军事压力，干涉东道国内政，甚至颠覆东道国合法政府。也就是说，跨国公司已变成世界上进行经济、政治和社会活动的重要的组织工具。它们通过其市场能力、巨额资金、公共关系、广告和规模效应，创造了我们赖以生存的媒体并且通过统治人们的政治权力结构给人们施加了极大的影响。另外，随着资本全球流动的日益频繁，跨国公司还获得了“用脚投票”的权利，这往往迫使一些对外资依赖程度比较高的国家让渡自己部分的经济主权。公司属于投资者——而不属于它的雇员和原料供应商，也不属于它所在的地区这些无国籍化跨国公司的全球活动日益不受母国的约束，不以母国的利益为准绳，它们的权力越来越大，导致政府权力有形中向下转移，使国家很难发挥最高权威的作用，最终会导致全球数百家跨国公司统治世界各国经济，无论发达国家还是发展中国家都听任跨国公司的摆布，使国家主权严重削弱。

19世纪末20世纪初，真正意义上的国际政府组织开始出现。其中，1919年建立的国际联盟成为人类第一个全球意义上的国际政府组织，而1945年成立的联合国则是当今最大的国际政府组织。20世纪80年代末到90年代初，随着东欧剧变、苏联解体以及国际形势的变化，国际政府组织也经历了分化组合，数量有所增加。其中，影响力较大的有联合国及其下属的各专门机构、世界贸易组织、欧洲联盟、上海合

作组织等。随着全球化浪潮的兴起，国际政府组织在当今世界交往中的作用不断凸显。这也使一些传统被认为只能由民族国家管理的事务不断向国际政府组织转移，民族国家也将自己的一部分主权让渡给了国际政府组织，这其中以欧洲联盟推进欧洲一体化最为典型。随着《马斯特里赫特条约》于1993年11月生效，在原欧洲共同体基础上诞生了欧洲联盟，其宗旨便是“通过建立无内部边界的空间，加强经济、社会的协调发展和建立最终实行统一货币的经济货币联盟，促进成员国经济和社会的均衡发展”，“通过实行共同外交和安全政策，在国际舞台上弘扬联盟的个性”。这样，欧洲一体化也由以经济领域一体化为主扩展到了共同外交与安全政策和司法与内政领域的合作，即由一体化的“低政治”向“高政治”突破[1]。到2007年1月，欧盟经历6次扩大，成为一个涵盖27个国家、总人口超过4.8亿的当今世界上经济实力最强、一体化程度最高的国家联合体。欧盟在推动欧洲一体化的进程中事实上介入到了成员国的众多政策领域，几乎攫取了成员国货币政策、农业政策、渔业政策、环境政策等的政策主导权。商品、劳务、资本已在欧盟范围内实现了自由流通，欧元也成为了欧元区国家统一的法定货币。另外，作为欧盟超国家机构的欧洲议会、欧盟委员会、欧洲法院在立法、行政、司法等方面对欧洲一体化进程起着越来越大的推动作用，这些也都挑战着欧盟成员国的主权意识。

在跨国公司和政府间国际组织活跃于世界交往中的时候，作为非盈利、非政府的“第三部门”也开始突破国界，活跃于世界历史的舞台。早在19世纪世界上就出现了诸如国际红十字会、反奴隶制协会等国际非政府组织。如今，全球化的发展使世界范围内人们交往、合作的速度不断加快，并正逐步冲破传统民族国家领土边界的限制，构建起跨越国家边界的关系网络，从而为以国际非政府机构为代表的社会力量的全球生长提供了难得的契机。这样，一股“全球公民社会”的潮流悄然兴起。所谓全球公民社会是指公民们为了个人或集体的目的而在国家和市场活动范围之外进行跨国结社或活动的社会领域，它包括国际非政府组织和非政府组织联盟、全球公民网络、跨国社会运动、全球公共领域等[2]。20世纪80年代特别是90年代以来，全球公民社会获得了迅速发展。据2003版的《国际组织年鉴》统计，在现有的48 350个国际组织中，非政府的国际公民社会组织（International Civil

---

[1] 刘文秀：《欧盟国家主权让渡的特点——影响及理论思考》，载《世界经济与政治》2003年第5期。

[2] 何增科：《全球公民社会引论》，载《马克思主义与现实》2002年第3期。

Society Organizations，ICSOs）占95%以上，至少在4.6万个左右。在国际事务和国际关系中，国际非政府组织逐渐成为化解矛盾的“缓冲器”，促进交流合作的“中转站”，捍卫公益的“先锋队”，推动和平发展的“催化剂”。正如美国学者莱斯特·萨拉蒙所讲，20世纪80年代兴起的“全球结社革命”（Global Associational Revolution）对于20世纪后期世界的重要性丝毫不亚于民族国家的兴起对于19世纪后期世界的重要性[1]。而且，随着国际互联网的发展和普及，不同国家的公民通过Internet等现代通讯方式结成包括就单一问题形成的议题网络和综合性的政策协调网络在内的各种非正式网络，如禁止地雷各国监督员网络、全球政策论坛等。在国际非政府组织联盟和全球公民网络的发起下，诸如绿色和平运动、女权运动等各种跨国社会运动也在不断影响着国际行为规范的制定和国际政策的实施。另外，更多的公民个人或团体也通过举办国际会议、创办报刊或出版书籍、建立网站等多种形式直接参与到解决国际公共问题的行动中来。

二、“全球治理”与社会和国家关系的新语境

随着全球化进程的加快，人类社会生活日益复杂，彼此联系日益紧密，涉及范围日益扩大，国家主权事实上受到严重削弱，而人类所面临的经济、政治、生态等问题则越来越具有全球性，需要国际社会的共同努力。这时，政府对公共事务的管理，从体制到方式再到能力上的局限日益显现，而许多非政府行为体如国际非政府组织、跨国社会运动、全球公民网络、跨国公司等却表现出极强的适应性和能动性，它们能与多种方式、途径参与公共事务的管理，同政府分享公共权力和政治权威，并借助对这些公共事务的参与而迅速崛起。于是，一股“全球治理”的思潮便在西方思想界应运而生。这种思潮代表着这样一种思维取向，即他们不再将无政府主义、国家中心主义论和国家的自利行为作为考虑问题的基本出发点，而是将社会相对于国家的能动性、公民参与的积极性、公民社会的“文化性”置于最重要的地位。国家和政府组织虽然在国际关系和处理事务中占据主导作用，但它仅仅是诸多国际行为体中的一员，没有高于跨国公司、全球公民社会组织等其他行为体的特权，诸行为体之间只能通过协商、对话、合作来实施对公共事务的管理。

正如研究全球治理的著名学者安东尼·麦克格鲁说：“全球治理不仅意味着正

[1] Lester M.Salamon, "The Rise of Nonprofit Sector," in *Foreign Affair*,Vol. 73 No.4 July/August 1994.

式的制度和组织——国家机构、政府间合作等——制定（或不制定）和维持管理世界秩序的规则和规范，而且意味着所有其他组织和压力团体——从多国公司、跨国社会运动到众多的非政府组织——都追求对跨国规则和权威体系产生影响的目标和对象。很显然，联合国体系、世界贸易组织以及各国政府的活动是全球治理的核心因素，但是，它们绝不是唯一的因素。如果社会运动、非政府组织、区域性的政治组织等被排除在全球治理的含义之外，那么，全球治理的形式和动力将得不到恰当的理解。”[1] 由此，一些学者认为全球治理的基本单元有：超国家组织（如联合国）、区域性组织（如欧盟等）、跨国组织（如公民社会与商业网络）、亚国家（sub-state，如公共协会和城市政府等）[2]。而詹姆斯·N·罗西瑙提出了一个新的全球治理主体概念——“权威空间”（SOAs）。在他看来，权威空间与国家领土疆界并不必然一致，主权国家和政府属于权威空间，但大量非政府的超国家组织和次国家组织也都在权威空间之内。所以，全球治理的单位不仅仅是国家和政府，“至少有10个描述世界政治的相关术语已经得到人们的认可：非政府组织、非国家行为体、无主权行为体、议题网络（issue network）、政策协调网（policy networks）、社会运动、全球公民社会、跨国联盟、跨国游说团体和知识共同体（epistemic community）”[3]。尤其是，全球公民社会代表着一种可能超越传统国家权力和市场体系局限性的力量，一种有利于促进全球性民主建设的选择，它改变了传统意义的国家与社会关系架构[4]。

全球治理是各国政府、国际组织、各国公民为最大限度地增加共同利益而进行的民主协商与合作，其核心内容应当是健全和发展一整套维护全人类安全、和平、发展、福利、平等和人权的新的国际政治经济秩序，包括处理国际政治经济问题的全球规则和制度[5]。“从全球角度来看，治理事务过去要被视为处理政府之间的关系，而现在必须做如下理解：它还涉及非政府组织、公民的迁移、跨国公司以及全

[1] [英]戴维·赫尔德等：《全球大变革：全球化时代的政治、经济与文化》，杨雪冬等译，社会科学文献出版社2001年版，第70页。

[2] 参见J·A·斯科尔特：《全球化：批判性的介绍》，麦克米兰出版公司2000年版。

[3] [美]詹姆斯·N·罗西瑙：《面向本体论的全球治理》，载马丁·休逊等编：《走向全球治理理论》，纽约大学出版社1999年版，第298页。

[4] 庞金友：《现代西方国家与社会关系理论》，中国政法大学出版社2006年版，第332页。

[5] 俞可平：《全球治理引论》，载《马克思主义与现实》2002年第1期。

球性资本市场，伴随着这些变化，全球性的大众媒体的影响大大加强了。”[1]“在国际关系领域，治理首先是各国之间尤其是大国之间的协议与惯例的产物。涵盖政府的规章制度也包括非政府性机制，后者谋求以它们自己的手段实现它们的愿望、达到它们的目标。治理被视为由多数协议形成的一种规范系统。它可以在没有政府的正式授权和具体批准的情况下贯彻实施某些集体项目。各种政府间组织，以及由非政府组织或跨国公司推动的非正式调节程序也都包括在这种治理之内。所以，它既是各国参加的国际谈判的产物，也是由个人、压力集体、政府间组织和非政府组织形成的混杂联合的结果。”[2] 尤其是，全球公民社会作为一个弹性的集体生活领域，它既不表达某个国家的公民意识，也不体现一个生产者或者消费者的价值取向，而是作为一种自愿的公民团体、自由表达利益、自主追求共同的目标的领域，并以一种民主的方式管理着公共生活。这样，全球治理下的交往关系就呈现出一种自愿性、平等性和网络化，从而代表着一种不同于以往的权力关系和管理规则。正如“全球治理委员会”所说的那样：“在全球层次上，治理基本上是指政府间关系，但现在我们必须理解，它也包括非政府组织、公民运动、多边合作和全球资本市场。”[3] 如今，治理理念在拓宽国际合作的范围和领域，发挥政府和非政府之间、国家和社会之间不同合作伙伴关系的功能，构建全方位立体交叉的国际合作网络等方面作用越来越得到广泛的认可。

三、全球化下的社会与国家关系是对马克思的世界历史理论的验证

马克思虽然没有使用过“全球化”这个字眼，但早在1848年发表的《共产党宣言》中，他和恩格斯就指出：“资产阶级，由于开拓了世界市场，使一切国家的生产和消费都成为世界性的了。使反动派大为惋惜的是，资产阶级挖掉了工业脚下的民族基础。古老的民族工业被消灭了，并且每天都还在被消灭。它们被新的工业排挤掉了，新的工业的建立已经成为一切文明民族的生命攸关的问题；这些工业所加工的，已经不是本地的原料，而是来自极其遥远的地区的原料；它们的产品不仅供本国消费，而且同时供世界各地消费。旧的、靠本国产品来满足的需要，被新的、要靠极

[1] [瑞典]英瓦尔·卡尔松：《天涯成比邻——全球治理委员会的报告》，赵仲强译，中国对外翻译出版公司1995年版，第2页。

[2] [瑞士]彼埃尔·德·塞纳克伦斯：《治理与国际调节机制的危机》，载《国际社会科学（中文版）》1999年第2期。

[3] 全球治理委员会：《我们的全球之家》，第3页。

其遥远的国家和地带的产品来满足的需要所代替了。过去那种地方的和民族的自给自足和闭关自守状态，被各民族的各方面的互相往来和各方面的互相依赖所代替了。物质的生产是如此，精神的生产也是如此。各民族的精神产品成了公共的财产。民族的片面性和局限性日益成为不可能，于是由许多种民族的和地方的文学形成了一种世界的文学。”[1] 这表明，他已看到了在世界历史进程中的全球化的到来，并预见这种全球化的世界历史最终会使单个人摆脱民族和地域的局限，而同整个世界的物质生产和精神生产发生实际的联系，成为“真正的世界历史性的”人。马克思十分注意无产阶级跨越国界的国际联合，在《共产党宣言》中更是提出了“全世界无产者联合起来！”的口号。他所参与和领导的共产主义者同盟、第一国际等都是这种联合的尝试。今天，作为马克思故乡的欧洲正在发生的一体化进程和欧盟国家的主权让渡正验证着他关于世界历史的预言。而全球公民社会的兴起也为今天的无产阶级的世界联合提供了有效的平台。

在马克思看来，世界市场和世界历史的形成，是基于资本规律发展的必然趋势。因为资本天生所具有的对剩余劳动的追求和扩张的冲动，使以资本运行为主轴的生产处于不断扩大的运动之中。随着资本的不断膨胀和在国内取得统治地位，狭小的国内市场就越来越成为资本发展的障碍。于是，它按照自身发展的逻辑，突破国家的界限，打破一切狭隘闭塞的自然经济的基础，将与自己相适应的生产方式传播到世界各地。正如马克思在《资本论》中所讲：“资本一方面具有创造越来越多的剩余劳动的趋势，同样，它也具有创造越来越多的交换地点的补充趋势……创造世界市场的趋势已经直接包含在资本的概念本身中。”[2] 它表明，全球化的根本驱动力是资本积累的内在冲动，资本的扩张导致了世界市场的形成和市场经济体制在全球的确立，形成了全球化的趋势。而资本的扩张性的最终根源是生产的社会化趋势，而生产社会化的最大极限无非是生产的全球化。这样，生产国际化成为经济全球化真正的决定因素，它促进经济的各个因素和环节的国际化进程的全面发展，形成统一的世界市场并将各国的经济联结为一个整体，形成世界市场总体。而跨国公司既是国际资本的运营者，更是世界生产的组织者，因而也就成了世界市场的真正主体和全球化的始作俑者。如今，世界货物、劳务、货币、资本、科技、信息等在全球范围内的流动加快，规模迅速扩大。作为世界市场行为主体的跨国公司日益昌盛，其

[1] 《马克思恩格斯文集》第2卷，人民出版社2009年版，第35页。

[2] 《马克思恩格斯全集》第30卷，人民出版社1995年版，第388页。

产值占世界总产值的40%，占贸易的50%，占工业产品的80%，占生产技术的90%，左右着世界技术转让的75%以及发展中国家技术贸易的90%，其经济活动遍布世界各个角落。

截至2000年，世界前200家公司的总销售额已超过所有国家可统计的经济活动的四分之一。如果人们列出全球前100个经济实体列表，那么其中52个都是公司，只有48个是国家。这些扩张到全球各个角落的公司已经变成全球治理的新体系，是统治着人们的贸易、金融、投资制度的主要受益者和驱动力量[1]。当跨国公司的经济地位确定之后，必然在政治上有所诉求，它所影响的不仅仅是世界的经济格局，其政治和社会影响也日益超出国家的边界，经常直接参与全球政治活动，和国际组织一道促进国际冲突和危机的解决。近代资产阶级开辟世界市场以来，民族经济关系便突破和超越国家自身疆界的限制呈现出全球化的趋势。这使得在新世纪之初跨国公司就有作为支配性的制度性力量居于人类活动和地球本身的中心趋势。它们通过协调全球的生产、贸易和投资活动，促进全球的经济平稳、有序运行，推动各种经济规则的制定，促进全球治理的制度化。尤其是，国际组织和全球公民社会组织等在很大程度上也会受到跨国公司的左右，使全球治理的过程很难彻底摆脱国际资本的操纵。由于这些跨国公司和国际资本主要来自于西方发达国家，使全球治理在很大程度上难免体现西方资本主义国家的意图和价值。而且，全球治理理论，是建立在政府的作用和国家的主权日益削弱、民族国家的疆界日益模糊不清这一前提之上，强调治理的跨国性和全球性，而全球治理的规制和机制大多又是由西方国家制定的。这样，过分弱化主权国家在全球治理中的作用，客观上有可能为西方列强和国际资本干涉别国内政、推行国际霸权政策提供理论依据。

---

[1] ［美］马丁·柯尔文：《跨国公司对世界的统治》，梁洁摘译，载《国外理论动态》2006年第6期。

第五章　当代中国的社会与国家关系

——马克思社会与国家理论的现实价值

马克思在深入剖析了资本主义社会与国家现实矛盾关系的基础上，科学预测了国家向社会复归的历史趋势，认为“自由人的联合体”是国家向社会复归的目标指向，但是国家向社会的复归不会在无产阶级革命后立即实现，需要经历“共产主义第一阶段”和“无产阶级专政”的长期过渡时期。当然，这些科学的预测还都只是原则性的，我们也不能奢求生活在西欧19世纪的马克思详细描述远在东方的中国一百多年后社会主义社会与国家关系的未来图景，更不可能苛求他为当代的中国制定详尽的改革方案。

第一节　新中国社会与国家关系的历史变迁

新中国成立以来，特别是改革开放以来，几代中国共产党人在探索中国现代化道路的历史进程中，突破传统观念和模式，对社会与国家的关系不断调整，并逐步完善。

一、社会与国家一体化模式的确立

当中国共产党人领导人民夺取全国政权的时候，便做出了通过社会主义实现现代化的路径选择。当时，苏联无疑被看作是世界上社会主义建设的典范。特别是它在短时间内完成工业化和战后恢复国民经济成为世界强国的巨大成就吸引了我们。于是，借鉴苏联经验，中国选择了依靠国家权力推动经济社会现代化的发展模式，建立起了以高度国有化为基础的高度集中的计划经济体制。国家成了唯一的资源配置中心和经济社会管理中心，并通过城市的“单位”和农村的“人民公社”将社会生产、生活的各个方面，甚至个人的私人生活领域纳入到国家权力的运作框架之内，逐渐形成了国家统摄社会、社会与国家“同构”的高度一体化模式。其实，像中国这样的刚刚获得政治独立且经济文化比较落后的国家，“在迅速实行现代化的种种必要条件中，一个重要条件是在中央、中层和地方各级要有强有力的政府”[1]，从而依靠高度集中的国家权力，采用政治动员、社会整合等非经济手段，将极其有限的资源投入到经济建设的关键领域。而且，作为生活在亚细亚生产方式中的东方民族，中国没有商品经济传统，历史上也没有出现过像西欧国家那样相对独立于国家的市民社会，其王权掌控天下的封建土地所有制也不同于中世纪与国家相对独立的领主经济，这种国家统制一切的社会结构构成了现代中国社会与国家关系一体化模式的历史积淀。

中国社会与国家关系一体化的模式具体是通过下列途径建立起来的：①建立高度公有化的所有制结构。建国初期，我们党依靠政权的强制力没收旧中国“四大家族”掌控的官僚资本，以控制国民经济命脉，然后通过对民族资本国有化和农业手工业集体化的社会主义改造，使国家几乎直接或间接（集体所有制被俗称为“二国营”）囊括了一切生产资料，私人产权近乎被完全取消。②建立高度集中的计划经济体制。为避免资本主义商品经济发展中的盲目性和无政府状态给社会资源造成的巨大浪费和损失，我国建立了高度集中的计划经济体制，力图将社会的生产、分配、交换、消费都统合于国家计划的框架之中，经济生活的各个环节都要无条件地服从国家的统一计划，商品经济几乎没有了自己的生存空间，各类经济主体也没有经营自主权。③建立高度行政化的单位体制。为保证高度集中的计划经济体制正常运转，我国在城市和农村推行了高度行政化的单位制度和准单位的人民公社制度。具体讲，党政机关本身属于政府部门范畴，国有企事业单位实际上是政府及其部门的附属物，作为“二国营”的集体所有制单位也要“归口”相关主管部门的领导，农村中的人民公社组织实行“政社合一”的管理体制，也处于国家行政控制之下。这些单位依据一定的行政隶属关系和行政级别依附于国家的机体上[2]。而且，这种单位制还把个人也纳入行政框架，现实的个人成了高度的“单位人”，泯灭了其应有的独立人格[3]。

应该肯定地指出，这种社会与国家一体化的模式在短期内效果确实明显，如我们在建国三年内就医治战争创伤、恢复国民经济；又用了不到四年时间，就建立起了社会主义基本制度，实现了中国历史上最伟大的社会变革；超额完成“一五计划”，奠定工业化基础；用很短的时间成功试验了“两弹一星”，奠定了我国高科技和信

---

[1]　[美]西里尔·E·布莱克等：《日本和俄国的现代化》，周师铭等译，商务印书馆1992年版，第304页。

[2]　孙晓莉：《中国现代化进程中的国家与社会》，中国社会科学出版社2001年版，第51—52页。

[3]　邓正来：《市民社会理论的研究》，中国政法大学出版社2001年版，第12页。

息化基础。但正如恩格斯所说，“国家权力对于经济发展的反作用可以有三种：它可以沿着同一方向起作用，在这种情况下就会发展得比较快；它可以沿着相反方向起作用，在这种情况下，像现在每个大民族的情况那样，它经过一定的时期都要崩溃；或者是它可以阻止经济发展沿着某些方向走，而给它规定另外的方向——这种情况归根到底还是归结为前两种情况中的一种。但是很明显，在第二和第三种情况下，政治权力会给经济发展带来巨大的损害，并造成大量人力和物力的浪费”[1]。当社会主义由“非常”的革命时期转向“常态”的建设阶段时，这一模式的弊端便显现出来：经济资源和经济发展由国家绝对掌控，造成经济社会活力不足；国家计划经常滞后于经济社会的变化，造成决策失误不断；国家职能包罗万象，造成政府机构不断膨胀；“单位”与国家同构、个人被“单位”固化，造成社会和个人的自主性缺失，等等。正如邓小平同志所讲，“我们的各级领导机关，都管了很多不该管、管不好、管不了的事，这些事只要有一定的规章，放在下面，放在企业、事业、社会单位，让他们真正按民主集中制自行处理，本来可以很好办，但是统统拿到党政领导机关、拿到中央部门来，就很难办。谁也没有这样的神通，能够办这么繁重而生疏的事情。这可以说是目前我们所特有的官僚主义的一个总病根”[2]。而且，“政府一旦担负起筹划整个经济生活的任务……由于只有国家的强制力可以决定‘谁应得到什么’，所以唯一值得掌握的权力，就是参与行使这种管理权。一切的经济或社会问题都将要变成政治问题”[3]。从反右派到反“右”倾，从“四清”到“文化大革命”，人们似乎对经济社会生活漠不关心，却热衷于政治运动和政治斗争；不是通过经济手段发展经济，而习惯于“政治挂帅”、“政治第一”。这种政治的狂热却让我们丧失了良好的机遇、付出了沉重的代价。如在高度的政治动员和政治狂热下开展的“大跃进”运动，给国民经济造成了巨大的损失；“以阶级斗争为纲”的“文化大革命”又将国民经济推向了濒临崩溃的边缘。

二、科学判断社会主义初级阶段的基本国情，逐步突破社会与国家一体化关系的传统观念和模式

正如党的十八大报告所讲：“建设中国特色社会主义，总依据是社会主义初级

[1] 《马克思恩格斯文集》第10卷，人民出版社2009年版，第597页。

[2] 《邓小平文选》第2卷，人民出版社1994年版，第328页。

[3] [英]哈耶克：《通往奴役之路》，王明毅等译，中国社会科学出版社1997年版，第105页。

阶段。”[1]社会与国家高度一体化模式在逻辑上颠倒了社会与国家的关系，在实践上造成了社会主义建设的种种失误。而造成这一现象的原因在于我们在国情判断上脱离实际，过高地估计了社会主义的发展阶段。1978年，党的十一届三中全会重新确立解放思想、实事求是的思想路线，首先要求重新认识中国国情、重新认识社会主义的发展阶段[2]。从1981年党的十一届六中全会首次提出“社会主义初级阶段”概念，到1987年党的十三大对其较系统的阐述，我们党对国情的认识逐渐清晰，认为我们制订规划既不能离开社会主义，又不能超越初级阶段。恩格斯曾告诫：“自从资本主义生产方式在历史上出现以来，由社会占有全部生产资料，常常作为未来的理想隐隐约约地浮现在个别人物和整个派别的头脑中。但是，这种占有只有在实现它的实际条件已经具备的时候，才能成为可能，才能成为历史的必然性。”[3]在社会主义初级阶段，工业化水平不高，社会资源相对匮乏，自然经济占很大比重，“社会占有”只能通过“国家所有”来实现，而“国家所有”又要通过“政府代理”来实现，社会与国家关系的“社会主义”原则被不自觉地落实成了“国家主义”。鉴于“物质条件不具备”的现实国情，中国共产党果断中止“以阶级斗争为纲”的政治路线，将工作重心转向经济建设。这也预示着国家职能的重心将从“政治统治”向“社会管理”转移，从而在国家职能层面实现了对社会与国家关系的拨乱反正。因为政治统治只有在它执行了这种社会职能时才能维持下去，尤其是在无产阶级掌握政权的条件下，政治统治职能将随着社会的发展、阶级差别和阶级斗争范围的缩小而逐渐缩小其作用范围，而社会管理职能则日益深入到越来越多的领域[4]。

在推动工作重心大转移的同时，我们党在坚持社会主义基本原则的前提下，做出了改革开放的决策。从改革的路向上看，它其实就是不断打破社会与国家的一体化格局，不断调整社会与国家的不合理关系的过程。改革首先从国家控制的社会领域的薄弱环节入手。在农村，废除人民公社建制，推行家庭联产承包责任制，发展乡镇企业，使农村社会、农业生产和农民生活获得了很大的自主空间；在城市，积

[1]　胡锦涛：《坚定不移沿着中国特色社会主义道路前进　为全面建成小康社会而奋斗》，载《人民日报》2012年11月18日第2版。

[2]　王东：《中华腾飞论——毛泽东、邓小平、江泽民三代领导集体的理论创新》，人民大学出版社2001年版，第157页。

[3]　《马克思恩格斯文集》第3卷，人民出版社2009年版，第562页。

[4]　王沪宁：《政治的逻辑：马克思主义政治学原则》，上海人民出版社2004年版，第148—149页。

极引进外资、支持和鼓励个体经济的发展，培育出不受国家权力直接控制的经济主体。随着改革开放的深入，我们逐步冲破计划与市场根本对立的观念，到了1984年党的十二届三中全会，我们党认识到传统计划经济体制僵化的弊端和商品经济的不可逾越性，认为社会主义经济应该是公有制基础上的有计划的商品经济。1987年，党的十三大将其概括为“国家引导市场、市场调节企业”的机制。商品经济要求经济主体具有自主性。为此，国家通过放权让利、承包、租赁等形式，不断扩大企业的自主权。这与改革开放前的几次放权有着根本不同，后者的“放权”只是在中央与地方、部门“条条”与地区“块块”之间的权力调整，没有超出国家领域，而前者则是国家对社会的放权。与此同时，在个体经济发展的基础上，私营经济不断兴起，并于1988年的宪法修正案中明确合法地位。“经济体制改革每前进一步，都深深感到政治体制改革的必要性。”[1]社会领域的商品经济呼唤国家领域的民主政治。政治体制改革就是要通过发展民主，在国家层面克服官僚主义、提高工作效率，实现党与行政机构以及整个国家领导机关活力的增强，在社会层面实现人民群众和各行各业以及基层的积极性的充分调动，以便在社会与国家之间形成改革和建设的合力。因此，邓小平同志便提出“政治上发展民主，经济上实行改革”思想[2]。

从1978年实行改革开放到90年代初，国家钳制社会的状况有所松动，国家与社会一体化关系的缺口被不断打开，然而，这些还都是经验层面的，有的还处于“摸着石头过河”的“试点”之中，国家在经济发展和社会生活中的绝对支配地位没有改变，造成这种局面的根本原因在于传统计划经济的观念和体制没有被彻底打破。无论在马克思主义经济学阵营，还是在西方经济学领域，“计划经济＝社会主义”、“市场经济＝资本主义”似乎成了不证自明的固有公式。“社会主义有计划的商品经济”的提出尽管是对传统计划经济一统天下的突破，“写出了一个政治经济学的初稿”[3]。然而，“初稿”毕竟是初稿，难免有不完善之处。其中最致命的要害就是企图将商品经济的运行规则“嫁接”于传统计划经济体制上，在“计划”与“市场”的职责划分、范围界定等方面没有明确的说法，这就使得我国经济社会的发展总是跑不出这样一个“怪圈”——“一放就乱、一乱就收、一收就死”。而且，这种“计划与市场相结合”的体制在经济实际运行过程中出现了“双规制”：一方面，资源由市

[1] 《邓小平文选》第3卷，人民出版社1993年版，第176页。

[2] 《邓小平文选》第3卷，人民出版社1993年版，第115页。

[3] 《邓小平文选》第3卷，人民出版社1993年版，第83页。

场配置，形成市场价格；另一方面，权力又按照远远低于市场价格的所谓“计划价格”主导着社会资源的调配，但“计划价格”的资源是有配额限制的，且掌握在政府手中。这就极容易造成权力的执行人在分配资源份额时进行寻租，同时也容易促使经济主体在寻求资源时不去找高价位的“市场”，而去找低价位的“计划”，从而在一定程度限制了市场的发育而强化了国家计划的控制。

三、确立社会主义市场经济的改革方向，依靠经济体制的变革引擎社会与国家关系的变迁

1992年，邓小平同志结合中国改革的实践，指出：“计划多一点还是市场多一点，不是社会主义与资本主义的本质区别。计划经济不等于社会主义，资本主义也有计划；市场经济不等于资本主义，社会主义也有市场。计划和市场都是经济手段。”[1]这就打破了计划与市场二元对立的僵化观念。在邓小平关于社会主义可以搞市场经济的思想指引下，党的十四大明确将“社会主义市场经济”作为中国经济体制改革的目标，1993年第八届全国人民代表大会将其载入宪法，同年中共中央全会制定了建立社会主义市场经济体制的决定。这样就在经济的运行机制层面规范了国家与社会的关系。在市场主体方面，将“国营企业”转变为“国有企业”，从而通过所有权与经营权的分离实现国家对企业的直接经营向间接监管的转变；在此基础上，按照现代企业制度进行企业改造，而现代制度的两大基本要求就是“产权清晰”和“政企分开”。这就使企业由政府及其部门的附属物转变为拥有全部法人财产权，依法自我经营、自负盈亏、独立享有民事权利和承担民事责任的法人实体和竞争主体，政府与企业之间由行政上下级关系转变为产权所有关系。在微观领域，建立主要由市场形成价格的机制，培育和发展包括商品市场和要素市场在内的市场体系，让主导资源配置的原则由市场这只“看不见的手”取代国家那只“看得见的手”，减少国家权力的运作范围，将原本属于市场运作的事情交给市场。在宏观领域，变国家的指令性计划为指导性计划，调控原则由直接调控为主转变为间接调控为主，调控方式由主要运用行政手段转变为主要运用财政政策和货币政策等经济手段。总之，社会主义市场经济的体制要求就是重新认识计划和市场的优势，寻求国家与社会的合适定位。

如果说十四大提出建立社会主义市场经济体制是社会与国家关系在运行机制层面的创新的话，那么，1997年召开的党的十五大则从基本制度层面进行了新的探索。

[1] 《邓小平文选》第3卷，人民出版社1993年版，第373页。

十五大报告指出："公有制为主体、多种所有制经济共同发展，是我国社会主义初级阶段的一项基本经济制度"，并认识到"非公有制经济是我国社会主义市场经济的重要组成部分"。[1]这样，不受国家直接控制的个体、私营、外资等经济主体的地位便从制度外的"有益的必要的补充"转向制度内的"重要组成部分"。而且，对于公有制经济本身，十五大在认识上也有新的突破，认为"公有制实现形式可以而且应当多样化"，并肯定了股份制这种有利于所有权和经营权的分离的现代企业的资本组织形式，将其看作国有企业改革的一种途径。"一元多样"的所有制结构的基本确立和"多样化"的公有制实现形式的积极探索，使资源的占有和控制逐渐呈现多样化态势。随着国有企业经营自主权的获得和国有资本从一些领域特别是竞争性领域的退出，国家控制资源的范围不断收缩、控制力度不断减弱。这使一部分资源脱离国家的垄断和控制，成为"自由流动的资源"而进入市场，社会在很大程度上可以利用这些自由流动资源发展出独立于国家的物质生产和社会交往形式[2]。而且，非国有企业力量的发展和国有企业经营自主权的扩大，打破了具有行政性质的传统单位体制，剥离了连接政府与社会之间的脐带，从而在经济领域打破了国家与社会关系一体化的格局。2002年，党的十六大明确提出"必须毫不动摇地巩固和发展公有制经济"，"必须毫不动摇地鼓励、支持和引导非公有制经济发展"，并将这两个"毫不动摇"统一于社会主义现代化建设的进程之中[3]。2003年，我们党在十六届三中全会又对已建立的市场经济体制加以完善，在建立"政企分开"的"现代企业制度"的基础上，提出了建立"政资分开"的"现代产权制度"，使国家与经济领域的直接联系又斩断了一层。

总之，社会主义市场经济的体制要求就是重新认识政府和市场的优势，寻求国家与社会的合适定位。正如党的十八大所讲："经济体制改革的核心问题是处理好政府和市场的关系，必须更加重视市场规律，更好发挥政府作用。"[4]为此，首先要划清政府与市场的边界，规范政府的活动范围，规范行政行为，政府该退出的领域应该坚决退出，该让出的领域也要坚决让出，是市场机制能解决的，政府就不要干预，

[1] 《江泽民文选》第2卷，人民出版社2006年版，第19、20页。

[2] 郁建兴：《马克思国家理论与现代化》，东方出版中心2007年版，第284页。

[3] 《江泽民文选》第3卷，人民出版社2006年版，第548页。

[4] 胡锦涛：《坚定不移沿着中国特色社会主义道路前进　为全面建成小康社会而奋斗》，载《人民日报》2012年11月18日第2版。

而当市场失灵时，或市场解决不了的问题，如公共产品的提供以及社会管理、外部性等，就需要政府来解决，使政府权力的行使不缺位、不错位、不越位。在此基础上，将政府的职能定位在维护公共秩序和服务社会上，即掌管战略全局、保护公民权利、提供公共产品和服务、调控社会总体利益、解决社会重大冲突等，而不能利用其掌权的公共权力任意干预公众的私人事务、侵蚀公民的私人权利，公民在获得财产所有权和经济社会权利独立的基础上拥有属于自己的、不受他人和外在力量干预的自由的生活领域。如果说“以经济建设为中心”实现了国家职能的转变，那么，经济市场化的改革则要求政府职能的转变。1998 年开始的一轮一轮又一轮的政府职能改革正是通过明确的政府职能转变而将社会与国家关系调整推向深化——综合经济部门被改组为宏观调控部门，通过调整和减少专业经济部门，把企业的生产经营管理的权力切实交给企业，企业由行政主管部门管理变为由行业协会协调。

四、确立建设社会主义法治国家的治国方略，依靠国家制度的构建促进社会与国家关系的规范

市场经济意味着国家规范和调节经济活动主要依靠手段是法律而不是行政命令。党的十五大明确提出要“在坚持四项基本原则的前提下，进一步扩大社会主义民主，健全社会主义法制，依法治国，建设社会主义法治国家”[1]。1999 年第九届全国人大又将“中华人民共和国实行依法治国，建设社会主义法治国家”写入宪法修正案。如果说“社会主义市场经济”确立了我国经济领域的改革目标，那么“社会主义法治国家”的提出则指明了我国国家制度层面改革的方向。正如十五大报告所指：“依法治国，就是广大人民群众在党的领导下，依照宪法和法律规定，通过各种途径和形式管理国家事务，管理经济文化事业，管理社会事务，保证国家各项工作都依法进行，逐步实现社会主义民主的制度化、法律化，使这种制度和法律不因领导人的改变而改变，不因领导人看法和注意力的改变而改变。”[2] 这表明我国作为社会主义国家，其公共权力的主体是广大人民群众。然而，权力的具体运行还要委托给执行国家权力机构中的现实的个人，而这些掌握着管理和服务社会的公共权力的个人也有自己现实的利益诉求，这就容易造成他们利用通过权力与财富的交易为自己谋取私利，或为捞取“政绩”打着“公共利益”的幌子侵犯社会成员的个体利益。法治

[1]　《江泽民文选》第 2 卷，人民出版社 2006 年版，第 28 页。

[2]　《江泽民文选》第 2 卷，人民出版社 2006 年版，第 28—29 页。

的基本前提就是强调个人和社会权利的神圣不可侵犯性，在此基础上约束政府的公共权力，规范国家的自主性行为[1]。为此，十五大报告提出“要建立健全依法行使权力的制约机制”，“坚持公平、公正、公开的原则，直接涉及群众利益的部门要实行公开办事制度”。[2] 后来，党的历次代表大会都重申了这一思想，并做出具体的阐释。

2012年，党的十八大进一步提出，要“更加注重发挥法治在国家治理和社会管理中的重要作用”[3]，就是要将社会与国家纳入规范化的制度中来运作，以实现二者的良性互动。一方面，我们要通过宪法和法律限定国家的行为范围，使国家权力的运用和行使要受法律的约束，使政府机关及其工作人员学会在法律的框架内忠实履行自己的职责，并对自己的施政行为的后果勇于承担法律责任；同时让保障社会公共利益和公众正当权利的法律得到有效的实施，从而将国家的政治、经济和社会生活全面纳入制度化、规范化的轨道。这就有利于使政府形成尊重社会主体权利并尽心竭力地为社会公众服务的理念，使每个社会主体合法的所有权、自由和平等权利都能得到切实有力的保障，并有利于遏制公共权力的行使和运作越过法律界限、违反法定程序侵犯社会主体的正当权益的情形出现，从而构建起国家对社会“善治”的治理结构。另一方面，作为社会主体的公众也应该在法律的框架内，合理、有序地与政府展开对话、表达自己的利益诉求，且自己利益诉求的表达行为不得以侵犯公共和他人的利益、扰乱社会正常秩序为代价。否则，一些非理性的、无序的群众性过激行为将难免发生。当然，应该指出的是，导致群众无序参与和表达的原因又在于有序的参与和表达渠道不畅所致。这首先需要政府加大信息公开力度，以降低公众的信息获取成本。这就需要不断推动公民政治参与和利益表达的制度化、规范化、程序化，不断拓展公民政治参与和利益表达渠道，充分发挥社会自治组织的“下情上达”和互联网、媒体等公共舆论的交互传播作用；逐步完善公民政治参与和利益表达的多层机制，在政府与公众刚性化的两极之间搭建起必要的“缓冲地带”，拓展二者的交流渠道，使政府与公众能够通过对话、沟通、相互妥协等方式缓解对

[1] 容志：《从阶级革命到制度革命：二十世纪中国的国家建设与社会重构》，载《人文杂志》2009年第1期。

[2] 《江泽民文选》第2卷，人民出版社2006年版，第31页。

[3] 胡锦涛：《坚定不移沿着中国特色社会主义道路前进 为全面建成小康社会而奋斗》，载《人民日报》2012年11月18日第2版。

立情形，以避免矛盾的激化和对立情绪的滋长而导致的群体性事件的发生进而影响到社会与国家的和谐。

五、提出构建社会主义和谐社会的战略思想，依靠社会管理的创新促进社会与国家关系的和谐

如前所述，中国的社会与国家关系的变迁是依靠经济体制的变革推动的。以市场经济为导向的体制创新，单一的公有制经济格局被多样化的所有制结构所代替，使国家不再全面控制经济活动，由于利益多样化催生出来的新的社会力量在不挑战政府权威的前提下开始了基于利益关系的自组织化过程。与此同时，国家还有意识地利用其所控制的国有事业单位控制着整个社会的“公共领域”，并依靠“行业主管部门”的立法动议使民间组织不得不依附于国家政权。2004 年，党的十六届四中全会提出“构建社会主义和谐社会”的战略命题，并将其提升到“巩固党执政的社会基础”的高度[1]。因为党是通过掌握国家政权而实现执政的。这也就意味着和谐社会是政权巩固的社会基础，同时也暗示我们党承认社会与国家的相对存在。正如胡锦涛同志在党的十六届六中全会所讲：“我们既要从‘大社会’着眼，把和谐社会建设落实到包括经济建设、政治建设、文化建设、社会建设和党的建设等在内的党和国家全部工作之中；又要从‘小社会’着手，以解决人民群众最关心、最直接、最现实的利益问题为重点，着力发展社会事业、促进社会公平正义、建设和谐文化、完善社会管理、增强社会创造活力，走共同富裕道路，推动社会建设与经济建设、政治建设、文化建设协调发展。”[2] 从社会与国家的关系看，这里的“大社会”可以看作是包括国家在内的整个社会机体，而“小社会”的范围则涵盖通常理解的、与国家和市场相对应的“公民社会”领域。在经济领域实现政企分开的基础上，党的十六届六中全会又提出“推进政事分开，支持社会组织参与社会管理和公共服务”[3]。这样，社会与国家关系由政府与市场二元结构发展到“政府—市场—（小）社会”三位一体的模式。

社会与国家的关系处理得恰当与否，对于中国现代化进程具有举足轻重的意义。“社会先于或外于国家”的观念强调国家对社会的“必要之恶”，可以推演出“社

[1] 《十六大以来重要文献选编》（中），中央文献出版社 2006 年版，第 286 页。

[2] 《十六大以来重要文献选编》（下），中央文献出版社 2008 年版，第 675—676 页。

[3] 《十六大以来重要文献选编》（下），中央文献出版社 2008 年版，第 663 页。

会对抗国家”的结构关系，“国家高于社会”的观念强调国家塑造市民社会的功能，可以推演出“国家宰制社会”的结构关系[1]。但二者在根本上却是对立互根、两极相通，即都坚持国家与社会二元对立的冲突关系。早期社会与国家的分离虽然是以分权和对立出现的，但也不可否认社会与国家作为矛盾的双方也有相互依存、相互渗透的统一性的一面。在社会主义的中国，社会与国家在根本的价值目标上是一致的，二者的共同目标是实现社会主义现代化和实现好、维护好、发展好最广大人民的根本利益。这就决定了尽管社会与国家之间存在着一些这样或那样的矛盾，但是这些矛盾都是非对抗性的，可以通过社会主义的自我完善得到解决。中央强调构建和谐社会，既是从“小社会”着手，更是从“大社会”着眼。从“大社会”着眼，最基本的就是着眼于社会与国家关系的和谐。于是，“和谐”便成了处理社会与国家关系的新的理念。这种理念既不否认社会与国家之间矛盾的存在，又不将二者推向对立的两极，而是努力寻求一种良性的制衡与互动关系。在调整社会与国家关系的过程中，不偏废二者任何一方，使双方能够较好地抑制各自的弊病，让国家所维护的普遍利益与（小）社会所捍卫的特殊利益得到符合社会总体发展趋势的平衡[2]，在二者之间形成一种动态的均衡状态，从而既促进国家垄断社会的局面的改变，又防止由于国家退出超过社会的接纳能力而造成社会动荡。如果把社会与国家的和谐的图景比作一个椭圆，那么“民主法治”和“公平正义”就是这个椭圆的两个焦点。“民主法治”意味着通过扩大社会主义民主和落实依法治国的基本方略，在国家自主性与社会自治性之间形成稳定的制度均衡。“公平正义”则表明，国家通过妥善协调人民内部及社会各方面的利益关系、维护社会的公平和正义，促进社会公众对国家的心理认同，以实现社会思潮与国家意识形态融合的价值均衡。党的十七大提出的“实现政府行政管理与群众自治有效衔接与良性互动”[3]就反映了我们党实现社会与国家关系和谐的理念。

在社会与国家一体化状态下，国家利益“具有不可置疑的先在性和独占性，个

[1] 邓正来：《国家与社会——中国市民社会研究的研究》，载邓正来、[美]J·C·亚历山大：《国家与市民社会——一种社会理论的研究路径》，上海人民出版社2006年版，第493页。

[2] 邓正来：《国家与社会——中国市民社会研究的研究》，载邓正来、[美]J·C·亚历山大：《国家与市民社会——一种社会理论的研究路径》，上海人民出版社2006年版，第494页。

[3] 胡锦涛：《高举中国特色社会主义伟大旗帜，为夺取全面建设小康社会新胜利而奋斗》，人民出版社2007年版，第30页。

人处于行政依附地位”[1]，个人利益要求绝对服从国家利益。以市场化为取向的改革使社会资源的占有与控制日益多元化，而国家对社会控制的放松，也使个人对国家（通过“单位”实现）的依附性趋于减弱和独立性相对扩大，个人对财产权、表达权、参与权、隐私权及其他权利的诉求日益提高。另一方面，市场经济的运行规则渗透到了政府部门，出现了公共权力部门化、部门权力利益化的倾向，一些公权部门及其工作人员假借“维护国家利益或公共利益”的名义侵害公民个人的合法权利事件时有发生。因此，党的十六届六中全会提出构建社会主义和谐社会，首先必须坚持以人为本。“以人为本”，就是充分尊重人的个性、尊严和权利，将人民的利益放在最先的位置，促进人的全面发展[2]，其最突出的体现是2004年第十届全国人大通过的宪法修正案，修正案明确提出“国家尊重和保障人权”和“公民合法的私有财产不受侵犯”。尽管国家为了公共利益的需要，可对公民的私有财产或承包的土地实行征收或者征用，但必须“依照法律规定”而且要“给予补偿”。人最基本的权利无疑是生命权。2006年，胡锦涛针对重特大事故造成的重要损害痛心地说：“人的生命是最宝贵的”，社会主义国家的发展“更不能以牺牲人的生命为代价”。[3]党的十七大提出以改善民生为重点推进社会建设，并从教育、就业、收入分配、社会保障、医疗卫生等事关群众现实利益问题进行全面部署。这表明我们党对个人利益的承认与尊重，看到了国家利益与个人利益在“根本一致”基础上的“差别”，并积极探寻实现个人利益、协调个人利益与国家利益的新途径。

第二节　社会主义初级阶段社会与国家关系的基本特征

经过新中国成立以来特别是改革开放以来社会与国家关系的深刻变迁，我国从社会生活领域到国家政治领域都发生了意义深远的重大变化，但我国仍处于并将长期处于社会主义初级阶段的基本国情并没有改变。因此，准确把握社会主义初级阶段下的社会与国家关系的基本特征，便成为我们进一步深化改革的重要前提。

---

[1] 马长山：《国家、市民社会与法治》，商务印书馆2002年版，第217页。

[2] 闫健：《民主是个好东西——俞可平访谈录》，社会科学文献出版社2006年版，第259页。

[3] 胡锦涛：《在中共中央政治局第三十次集体学习时的讲话》，载《人民日报》2006年3月29日第1版。

一、社会与国家分离：初级阶段社会主义的阶段性表征

马克思把中国比作东方社会“活的化石”，认为它体现着“一切东方运动的共同特征”。在他看来，不存在土地私有制和以自然经济为基础的村社制度是形成东方社会与国家同一关系的决定性因素。中国早期国家形成之后，政权和财富便通过血缘家族联系了起来。在国家和家庭这个两极之间缺乏必要的社会组织因素，甚至没有出现类似于西欧的教会、世袭贵族这样的与国家相对独立的社会力量，自然村落、家族、乡绅势力等各种民间社会的治理规则也是同国家相一致的，也不过只是国家制度的组成部分和在民间社会的执行力量。而且，家作为国的基本生产和组织单位，在构造原则上与以君主为代表的国家有着高度的同构性。君主通过基于人身依附关系的等级制度，利用官僚机构、乡绅和宗族势力，将国家的统治力量延伸到了社会的每一个角落。这样，在皇权辖区范围内，包括国家机器本身在内的整个社会的一切物力资源和人力资源均成为君主的私有物，形成“普天之下，莫非王土；率土之滨，莫非王臣”的局面，“不存在土地私有制”也就成了最大的土地私有制。这和西欧君主与领主之间的契约关系显然是不同的。西欧封建国家虽然也是对社会的高度控制，但在程序上还保留着“契约”的平等形式和“我的附属的附属不是我的附属”的治理理念，这就有可能在社会与国家之间造成一种松动，形成一种“张力”。这就使贵族等社会力量有可能通过组织议会来制约君主权力，而我国古代社会与国家高度一体化的统治秩序中不可能形成议会传统。如果说西欧的封建社会是以君主为代表的行政权主导议会的立法权的话，那我国古代则是君主集行政权和立法权于一身的高度的专制主义集权制。另外，在漫长的中国封建社会，统治者积极推行“重农抑商”的政策，使社会成员始终没能产生产权保护意识、自由平等理念和主体观念。相反，统治者又将“三纲五常”、“君君、臣臣、父父、子子”等富有人身依附和等级色彩的伦理道德深深地渗透至整个社会的“神经末梢”，从而牢牢控制着每一个家族、家庭和个人。总之，农业的自然经济、君主专制的政治制度和等级化的伦理道德造就了古代中国社会与国家高度统一的超稳定结构。近代西方列强的入侵虽对这种结构带来了些冲击，但他们更多的想利用这种同一结构实现对中国的殖民统治，而不可能从根本上去改变它。中国的民族资本没有获得应有的独立发展空间，而不得不依附于买办的官僚资本并日趋萎缩。

社会主义作为共产主义的第一阶段，“它在各方面，在经济、道德和精神方面

都还带着它脱胎出来的那个旧社会的痕迹”[1]。我国的社会主义更是脱胎于半殖民地半封建社会，缺少一个西方发达国家工业化、市场化、社会化、现代化的充分发展阶段。社会主义改造完成后，我们又试图通过单一公有制基础上的高度集中的计划经济体制来“跨越”商品经济的充分发展阶段，但其结果却是把社会主义不自觉地理解、落实成了“国家化的社会主义”。它使国有和集体企业都成了国家计划的执行者和生产车间而没有任何自主权可言，国家的指令性计划成为至高无上的经济权威，生产、交换、分配、消费等活动都被政府以行政命令的方式严格控制着，国家职能在经济、政治、社会生活中的无限膨胀，国家机构与国家权力关系扩展到社会的各个领域，甚至社会成员个人的吃喝穿住行、恋爱婚姻等日常的私人生活也要由国家过问。现在看来，传统计划经济其实不过是扩大了的自然经济的一个变种，仍属于行政权力控制型的经济运行模式。政府部门是整个社会的“总管”，国有企业、事业单位等社会基层组织均按照行政机关模式划分为不同行政级别和等级序列的单位，并以行政权力的大小以及与上级意志推行之间的联系程度将社会成员确定为不同的身份，甚至广袤的农村也通过农户加入具有“单位”性质的社队集体而被纳入行政权力的统辖之下。这样，同马克思关于国家向社会复归的预言相反，国家反而在社会主义制度下呈现出了巨大的威力。它对社会事务的过度干预压制了社会组织、家庭和个人的自主精神，广大企业、事业单位、社会团体、乡村和社区都丧失了应有的独立自主性而成为半行政、准行政组织和政府的附属品。同时这也造成了官僚主义寄生虫的繁衍滋生，掌控着社会事务大权的政府机关可以随心所欲地对社会和个人发号施令、实施干预。造成这种国家主导社会的现实同无产阶级国家将权力返还给社会的理想之间的矛盾就在于，我们是在社会与国家高度统一的历史条件下进入社会主义发展阶段的，而没有经历社会与国家分化的历史时期。这使得除了国家以外，我们还找不出别的机构能够更好地代表和组织社会行使对生产资料所有权和经济社会生活的管理权，而旧中国留下的缺乏权利自我保护的小农意识、封建专制思想和权力拜物教思维的历史沉淀和社会主义拒斥商品经济的传统观念，又容易使我们认为社会主义国家必须对社会实行高度集权的计划管理体制。

计划经济条件下，社会与国家高度统一的模式在苏联东欧地区和改革开放前的中国走向“死胡同”的历史告诉我们，经济文化落后的东方民族尽管可以跨越资本

[1]　《马克思恩格斯文集》第3卷，人民出版社2009年版，第434页。

主义的“卡夫丁峡谷”，但是社会与国家分化的历史阶段却是不能超越的，单纯依靠国家包办整个社会的事物是不行的。正如邓小平同志所讲，在高度集中的计划经济治理模式下，“我们的各级领导机关，都管了很多不该管、管不好、管不了的事，这些事只要有一定的规章，放在下面，放在企业、事业、社会单位，让他们真正按民主集中制自行处理，本来可以很好办。谁也没有这样的神通，能够办这么繁重而生疏的事情”[1]。而且，从逻辑上讲，从国家统摄社会的一体化状态到社会把国家权力重新收回目标的实现，中间必将经历一个社会与国家分化的历史时期。其实，马克思提出关于东方民族跨越资本主义“卡夫丁峡谷”的思想，本意在于让这些国家和地区为取得实现现代化所必需的物质和文化条件时避免资本主义的阵痛，而不能连同资本主义在历史发展中所创造的“一切可以肯定的成就”一齐倒到历史的垃圾桶里。社会与国家在资本主义时代实现分离所创造的“所有权、自由、平等”的社会秩序和民主法治的国家制度已经属于人类文明的共同成果，社会主义只有吸收了这些文明成果才有可能“站在巨人的肩膀上”去创造出比资本主义更大的历史成就，这些社会和国家成就的取得都离不开社会的工业化基础、市场经济的成熟运转以及民主政治的制度保障。我们党提出社会主义初级阶段“是由农业人口占很大比重、主要依靠手工劳动的农业国，逐步转变为非农业人口占多数、包含现代农业和现代服务业的工业化国家的历史阶段；是由自然经济半自然经济占很大比重，逐步转变为经济市场化程度较高的历史阶段”[2]。正是从经济基础上为社会与国家的分化创造条件，而“通过改革和探索，建立和完善比较成熟的充满活力的社会主义市场经济体制、社会主义民主政治体制和其他方面体制的历史阶段”[3]则明示出实现社会与国家分离与互动的体制机制的建构过程。因为在工业化和市场化的条件下，社会主体便会拥有独立的自主性，主体之间也会建立起平等的契约关系以取代自然经济条件下的人身依附关系，而民主的国家制度则是保证国家权力在社会的监督下正确行使而不会对社会进行随心所欲的干预。

二、社会与国家对立的根本消除：初级阶段的社会主义本质规定

国家从脱胎社会之日起，便染上寄生性和掠夺性的顽症，将古代社会整体归于

[1] 《邓小平文选》第2卷，人民出版社1994年版，第328页。

[2] 《江泽民文选》第2卷，人民出版社2006年版，第14页。

[3] 《江泽民文选》第2卷，人民出版社2006年版，第14—15页。

其下，使社会与国家在表面上达到了统一。说它统一的“表面”性，是因为国家在社会“共同利益”共同体的幌子下维护的却是统治阶级的利益，甚至有时为了自身的特殊利益还会背离它所代理的那个阶级的利益。随着财产权从共同体中独立出来，社会与国家统一的面纱在资本主义时代被冲破，而这在实现了分离的同时也产生了二元化的矛盾。尽管资产阶级试图通过代议制民主和分权制衡原则让国家权力受到社会的制约以调解二者的矛盾，但它仅局限于调解资产阶级与其掌握国家政权代理人之间的矛盾，仍然没有改变国家与社会相异化的历史趋势。因为国家政权被占社会少数的资产阶级所掌控，而占社会公众多数的无产阶级则被排斥在国家权力体系之外。这样，作为“管理资产阶级事务委员会”的现代国家便日益沦为少数资产者压迫社会多数的工具。而且，资产阶级为了维护自身的物质利益和统治地位，并没有完全兑现他们革命时期提出的普选权、权力制衡等民主原则，行政权力日益膨胀并凌驾于立法权之上，进而对整个社会达到无所不包的控制，从而使国家呈现出日益脱离社会控制并凌驾于社会之上的趋势。社会与国家对立的状态之所以没有在资本主义时代得到根本改观，其根源就在于“平等自由”形式下掩盖的却是资本支配劳动的“不自由、不平等”的资产阶级社会之中。正如马克思所说：“商品表现为价格以及商品的流通等等，只是表面的过程，而在这一过程的背后，在深处，进行的完全是不同的另一些过程，在这些过程中个人之间这种表面上的平等和自由就消失了。”[1]资本家阶级通过暴力和血腥的手段实现了资本的原始积累和对社会生产资料的垄断，使工人阶级除了出卖劳动力之外别无他路，而且他们还凭借这种生产资料的垄断权占有工人创造的剩余价值，使劳动所有者从流通领域到生产领域都受控于资本所有者。也就是说，“资本家用他总是不付等价物而占有的他人的已经对象化的劳动的一部分，来不断再换取更大量的他人的活劳动”[2]。这便是现代资产阶级国家无法避免与社会日益异化趋势的经济根源所在。这使现代西方国家力图通过自由放任—福利国家—“第三条道路”等不断地调适和修正也很难将确立资本主义社会与国家的良性互动关系的愿望转变为现实。

中华民族跨越资本主义的“卡夫丁峡谷”，就是要力争避免资本奴役劳动等资本主义所造成的灾难和不幸，从根本上消除社会与国家的二元对立，缩短和减轻这些国家现代化、市场化、社会化过程中“分娩的痛苦”。而且，本应完成社会与国

[1]　《马克思恩格斯全集》第30卷，人民出版社1995年版，第202页。

[2]　《马克思恩格斯文集》第5卷，人民出版社2009年版，第673页。

家分离的中国的民族资本自己却不得不在外国资本和本国官僚资本的控制下日趋萎缩。于是，取得民族独立后，中国选择社会主义的发展道路，其目的也是要避免资本主义灾难的不幸，同时也是在探索一条消除资本主义所造成的现代社会与国家根本对立的新路。

从国家领域看，1949年，新中国成立时将自己的国名定为“中华人民共和国”。这“人民”和“共和”就彰显出这个新生政权的一切权力都来自于人民且属于人民，从而在中国开创了由社会多数人掌握国家权力的历史。而且，随着社会主义实践的推进，“人民”的外延日益扩大。如今，它已涵盖包括工人、农民、知识分子、干部、军人和民营科技企业的创业人员和技术人员、受聘于外资企业的管理技术人员、个体户、私营企业主、中介组织的从业人员、自由职业人员等社会新阶层在内的全体社会主义劳动者、社会主义事业的建设者、拥护社会主义的爱国者和拥护祖国统一的爱国者。这样，掌握国家权力的主体与社会的主体实现了高度的一致性，从而在根本上避免了资本主义条件下现代国家与社会相异化局面的出现。而1954年第一届全国人民代表大会的召开则标志着在政权的组织形式层面实现了社会对国家权力的掌控。人民通过由选举产生的人民代表大会集中、统一地行使国家权力，全国人民代表大会是最高国家权力机关；各级人民代表大会都要对人民负责、受人民监督。它与行政、审判和检察等执行机关虽然是分设的，但它们不是平行和相互牵制的关系，“一府两院”等执行机关是由人民代表大会产生，并对其负责、受其监督。这样就使得由人民选出的代表组成的权力机关在国家机构中的至上地位和管理国家事务的全权性，而包括行政、司法机关在内的其他国家机关在地位上要受制于这个民选机关，它只能执行人民代表大会做出的决议而不能凌驾于其之上。这样，人民代表大会制度就确立了代表社会的立法权高于代表国家的执行权，而执行权只能服从于立法权而不能与之相抗衡的“议行合一”原则，从而避免了西方“三权鼎立”下立法权力日益萎缩和行政权力超常膨胀并日益沦为社会的寄生物的窘迫。这就从权力的运行上防止出现国家与社会相异化的问题。最为关键的是，只有最广大人民利益而没有自己特殊利益的中国共产党执政使人民共和国具有了服务社会并最终复归社会的历史自觉。

从社会领域看，1956年，我国完成了对工业、农业和资本主义工商业的社会主义改造后，便确立了生产资料社会主义公有制的经济基础，从而在所有权上消除了社会与国家对立的经济根源。因为它剥夺了人们凭借生产资料的所有权奴役他人劳动的权力，从而消除了资本支配劳动的根源。在公有制条件下，劳动者成了生产资料和社会的平等的主人，他们创造的剩余劳动成果不是被他人无偿侵占，而是上交给人民掌权的国家和集体组织。而国家和集体组织依靠其强大的政权和组织优势，将这些剩余成果集中起来进一步发展国民经济、举办公共事业为全体人民和所辖居民谋利来回馈社会。今天，我们发展的社会主义市场经济，就是对公有制经济与市场机制兼容性的一种探索。正如江泽民同志所说："我们搞的是社会主义市场经济，'社会主义'这几个字是不能没有的，这并非多余，并非画蛇添足，而恰恰相反，这是画龙点睛。所谓'点睛'，就是点明我们的市场经济的性质。"[1] 而市场经济的社会主义性质正是由公有制经济的主体地位和国有经济的主导地位决定的。也正是由于公有制的健康发展，个体、私营这些在旧中国还依附于具有封建性的官僚资本之下并日益萎缩的经济成分焕发出勃勃生机，也正是由于在强大的、控制国民经济命脉的国有经济的屏障保护之下，众多民营经济才会在亚洲金融危机和世界金融海啸中转危为安、化"危"为"机"。而且，也正是由于公有制经济占主体地位、国有经济控制着国民经济命脉，国家才能更好地利用宏观调控手段，把社会的当前利益与长远利益、局部利益与整体利益结合起来，使国家计划和市场机制两种手段的长处得到更好的发挥。如果以上是在社会的"物质要素"层面消除了社会与国家根本对立的根源的话，那么在社会的"精神要素"层面，公有制解除了资本支配劳动的特权，有利于在全社会形成"劳动光荣"、"尊重劳动"、"尊重创造"的思想观念，进而从根本上消除商品拜物教、货币拜物教和资本拜物教对人们思想的影响，从而避免资本主义条件下的物化与异化。

三、社会与国家和谐共生：社会主义初级阶段的基本架构

在社会主义阶段，尽管消除了社会与国家二元对立的根本条件，但国家不会立即复归于社会而是与社会长期共存。如果人为地让社会把国家权力"提前"收回，也会由于社会自治组织和制度的不健全和"真空"状态而又落实成了"国家主义"或"社会分散主义"。其实，马克思曾经预言："在资本主义社会和共产主义社会之间，有一个从前者变为后者的革命转变时期。同这个时期相适应的也有一个政治上的过渡时期，这个时期的国家只能是无产阶级的革命专政。"[2] 而我国又正处于并

[1] 江泽民：《论社会主义市场经济》，红旗出版社2006年版，第203页。

[2] 《马克思恩格斯文集》第3卷，人民出版社2009年版，第445页。

将长期处于社会主义的初级阶段，现代化基础相对薄弱，面对实力雄厚的发达国家和地区的先发竞争优势，更得需要强有力的国家政权采用见效快的非经济手段，利用知识经济和全球化的机遇，集中全国资源，发展高新技术和支柱产业，以发挥后发优势并在较短时间实现现代化基础上的民族复兴。正如毛泽东所说："我们现在的任务是要强化人民的国家机器……以此作为条件，使中国有可能在工人阶级和共产党领导之下稳步地由农业国进到工业国，由新民主主义社会进到社会主义社会和共产主义社会，消灭阶级和实现大同。"[1]也就是说，中国跨越了资本主义的"卡夫丁峡谷"就意味着，在社会主义阶段要完成社会与国家分离和社会向国家复归的双重历史任务。而且，现代市场经济也不完全拒斥国家对经济运行进行必要的宏观干预。这就使我们在彻底摆脱了计划经济体制下的社会与国家同一关系模式之后，必须科学界定国家与社会的地位与功能，准确把握二者在社会主义初级阶段的相互关系。

（一）社会主义初级阶段是社会与国家现代化共生的阶段

正如前所述，中国跨越"资本主义卡夫丁峡谷"意在限制、克服和避免资本主义现代化发展过程中的一切"灾难"、"波折"和"破坏性影响"。以减少实现民族复兴所付出的代价，而人类在资本主义时代创造的反映社会和国家现代化的制度安排等"一切可以肯定的成就"，如社会从国家的统摄中分离出来带来的对人权和所有权的尊重，商品经济的充分发展，工业化时代的开辟，民主法治的现代国家架构的确立，自由、平等、博爱精神深入人心，等等，是万万不能跨越的。1949年，毛泽东主席在党的七届二中全会制定的建国大纲中就指出："中国还有大约百分之九十左右的分散的个体的农业经济和手工业经济，这是落后的，这是和古代没有多大区别的，我们还有百分之九十左右的经济生活停留在古代。古代有封建的土地所有制，现在被我们废除了，或者即将被废除，在这一点上，我们已经或者即将区别于古代，取得了或者即将取得使我们的农业和手工业逐步地向着现代化发展的可能性。"[2]这表明，建国伊始我们便把社会主义和中国的工业化、现代化联系在了一起。而后，从"四个现代化"到"四位一体"现代化的战略布局，我们对"现代化"的认识也从"单兵突破"转向"全面推进"，从器物和技术层面上升到了制度和价值层面，从经济领域扩展到了包括经济在内的整个社会和国家领域。社会领域的现代化，就是要在工业文明（包括工业化和信息化）代替农业文明的基础上实现自然经济向

[1]　《毛泽东选集》第4卷，人民出版社1991年版，第1476页。

[2]　《毛泽东选集》第4卷，人民出版社1991年版，第1430页。

商品经济、计划经济向市场经济的转型，并构建起“所有权、自由、平等”三位一体的社会机制；与此相适应，在思想观念上冲破“权力拜物教”的迷信，并克服商品、货币和资本拜物教的束缚，在全社会营造起“劳动本位”的思想氛围。而国家领域的现代化，就是要超越“政治制度的自我颂扬”的专制主义的古代国家，在实现社会从国家分离的基础上建构起“民主—法治”一体两面的现代国家架构。也就是说，在社会主义的初级阶段，我们关注的重点在社会与国家的分离，而不是国家向社会“提前”复归；强调的是现代社会与国家的“建设”，而不是企盼社会革命的来临和国家机器的打碎，其目的是在“现代化”这个更高层次上为社会将国家权力重新收回创造条件。

（二）社会主义初级阶段是社会与国家和谐共赢的阶段

如前所述，社会主义制度的确立从根本上消除了社会与国家二元对立的条件。这个“从根本上消除”意味着社会与国家之间仍然存在着矛盾，但这种矛盾已经不是对抗性的了。也就是说，社会与国家的关系已不再如阶级社会那样是根本冲突的，而是在二者根本利益一致基础上的既相互制衡又相互合作的和谐关系。一方面，分工和利益主体的多样化使社会的普遍利益与特殊利益之间的矛盾在社会主义条件下还将长期存在，而且，社会与国家作为两种不同的、有着各自质的规定性的领域，其功能和角色有着不同的定位，即社会是非政治性领域，而国家则属于政治性领域。这使得它们二者之间仍然存在着差别和矛盾性的一面。另一方面，社会主义制度在社会领域确立了公有制基础上的市场经济和社会主义核心价值统领下的多样文化，用以防止社会产生根本的利益冲突，从而使国家可以更好地以公平、公正的态度和合作、协调的精神对各社会利益主体之间存在的矛盾进行有效的干预和沟通以实现社会内部关系的和谐；在国家领域确立了共产党领导、人民当家作主和依法治国有机统一的制度安排，使国家不再是凌驾于社会之上的异己力量，而成为真正服从并服务于社会的“社会共和国”。这样，国家便可以不断地从社会中汲取新的政治资源和动力源泉，自觉形成一种以自身的健康发展促进经济社会全面进步的自我发展和自我创新机制，从而真正让“公共事务本身反而成了每个个体的普遍事务，政治职能成了他的普遍职能”[1]，进而为国家回归社会，以实现普遍与特殊真正统一基础上的人的自由而全面发展创造条件。应该说，社会与国家这种和谐关系与马克思的

[1]　《马克思恩格斯全集》第3卷，人民出版社2002年版，第187页。

科学预想也是一致的，因为他终身致力于要“把社会生产变为一种广泛的、和谐的自由合作劳动的制度”[1]，并把这种和谐制度确定为国际工人协会一项总的原则。而且，这种和谐关系既不同于基于二元对立思维的社会与国家在“谁强谁弱”之间徘徊的“一方吃掉另一方”的传统模式，也不同于忽视二者之间矛盾的客观存在而去寻找社会与国家良性互动的调和主义做法。它是中国共产党人基于马克思社会决定国家的历史观和中国的具体实际以及新时期的时代特征而建立新型的社会与国家关系的伟大尝试。

第三节　以社会与国家关系规范化推进国家治理的现代化

建国初期我们照搬苏联模式并将马克思关于未来社会与国家发展的原则性预见教条化，非但没有实现国家权力向社会的回归，反而使国家的职能日益强化并在高度国营化和集权化的基础上建构起“强国家—弱社会”的架构。为此，改革开放以来，我们不断调整社会与国家的关系，以市场化改革为切入点，让国家逐步从社会领域淡出。也鉴于此，在社会与国家的关系中，人们往往善于看到社会领域正面的、积极的因素，如自由、自主、自治等，而将国家看作是负面的、消极的、需要遏制和克服的对象，从而倾向于构建“强社会—弱国家”或“大社会—小政府”的架构。其实，社会与国家作为两个不同的领域分别有着各自的优势与缺陷。如果对自由、自主、自治不加以规范化的话，社会就会充斥着“一切人反对一切人的战争”，将会使强势群体为所欲为地侵犯弱势群体的权利；而除了国家之外，迄今还没有一个社会机构拥有维护公民的自由、平等、财产、安全等权利的强制力。“强社会—弱国家”的设计在当今难免显得有些“矫枉过正”。针对于此，有的学者提出了“强国家—强社会”的调整思路，以试图让社会与国家二者的优势得到充分发挥和有效互补。然而，这种思路又有些“理想化”，因为两个强者在一起可能会优势互补、亲密合作，也可能会互相拆台、彼此抵消。其实，“强”与“弱”是一对相对范畴，如果社会与国家双方都“强”也就显不出谁强了。而且，这种“双强”思路仍然没有突破社会与国家在“强”、“弱”之间徘徊的两极对立的思维惯性。

党的十八届三中全会在划定全面深化改革的总目标时，首次在党内文件中提出

[1]　《马克思恩格斯全集》第16卷，人民出版社1964年版，第219页。

“推进国家治理体系和治理能力现代化”。这是国家与社会、政府与市场从着眼于对立对抗到侧重于交互联动再到致力于合作共赢善治的思想革命。它变政府对社会单一的、单向的、刚性的“管理”结构为政府与社会合作的、协商的、弹性的“共治”结构，这就启示我们可以通过“社会与国家关系规范化”来谋划改革思路。它是在马克思关于社会与国家关系的基本思想的指导下，以当今世界社会与国家关系新变化和当代中国的社会与国家生态的新发展为基点，开创既超越国家统摄社会的传统模式，又超越以私有制为基础的社会与国家的西方模式的新途径，即在坚持国家权力向社会复归的基本方向下，通过有系统、有步骤的调整，缩小国家直接或间接控制的领域，扩大社会自治的范围，并在此基础上合理划定社会与国家的边界、功能，让二者的优势得到有效的发挥，逐步形成国家保障社会和社会制约国家的和谐局面。

一、国家治理的“社会化”是社会与国家关系规范化的基本导向

社会主义者，乃以社会为主义、为社会而主义者也。马克思从社会机体与国家的矛盾运动中揭示出了“国家向社会复归”的历史趋势，认为“所有各种形式的国家是社会身上的‘赘瘤’，正如它只是在社会发展的一定阶段上才出现一样，一当社会达到迄今未达到的阶段，它也会消失”[1]。西方近代以来国家权力与市场领域相分离实际上已经预示着“把靠社会供养而又阻碍社会自由发展的国家这个寄生‘赘瘤’迄今所夺去的一切力量，还给社会机体”[2]的历史趋势。我国既没有工业化、市场化的经济基础，又没民主化、法治化的政治传统，在这个历史起点上用国家与社会高度集中的体制建设社会主义也是一种必要的过程。但是社会活动毕竟有着和国家活动根本不同的运行规律，国家长期把整个社会占为己有并不有助于社会的正常发育而只会使其弱化和萎缩。改革开放以来，以市场化为导向的体制创新让政府不仅从具体的微观经济管理和资源配置的活动中淡出，恢复社会在资源配置、营造秩序中的作用；而且逐渐从全面负责社会成员的工作、学习、就医、住房等日常生活中脱离开来，为社会领域的发展提供了空间。然而，国家在配置资源和分配财富中的主导作用仍然没有得到彻底改变，而且改革的过程中还是常出现国家对社会“一收就死、一放就乱、一乱就收”的恶性循环。这意味着我们改革的社会化程度还不够而且还缺乏一定的规范性。今后，我们不仅要让改革沿着社会化的方向走下去，而且还要

[1] 《马克思古代社会史笔记》，人民出版社 1996 年版，第 510 页。

[2] 《马克思恩格斯文集》第 3 卷，人民出版社 2009 年版，第 157 页。

将其纳入规范化的轨道。

（一）继续推进政府与社会主体的分离

实现社会与国家的相对分离是“社会化”改革的题中之意，也是规范社会与国家关系的重要前提。当前，“政企分开”仍然没有完全到位，国有事业单位作为政府和部门的附属物的地位还没有得到根本改变，社会组织在主管部门的监管下也日益呈现出“行政化”或“准行政化”的趋势，等等。这些问题的存在表明国家从社会领域中退出的程度还不够，政府仍然管着一些不该管、管不了又管不好的事情，因而必须继沿着社会与国家分离的方向不断推进政企分开、政资分开、政事分开、政府与社会组织分开。今后，要按照现代企业制度要求将政企分开真正落实到位，让企业在投资筹资、经营管理、兼并破产、联合重组等微观活动中真正按照市场规则运作；在此基础上，推进政府与国有资本的分开，即将政府的公共事务管理职能与国有资产管理所有者的职责分开，将国有资本出资人的职责授权给具有事业单位性质（而非政府行政部门）的国有资产监督管理机构或企业性质的国有投资公司行使，以克服“政府老板”的形象。对于国有事业单位，要以取消行政级别为突破口，逐步推行“政事分开”的改革，使其真正成为依法行使民事权利并履行民事义务的独立法人。就社会组织而言，要改变当前以“登记管理机关”和“业务主管单位”为特征的双重管理体制，推进政府与社会中介组织的分离，加快基金会、中介服务组织等社会组织与政府部门的脱钩改制步伐，更好地发挥其提供服务、反映诉求、规范行为的作用，让各类社会组织回归社会。

（二）科学界定社会与国家职能和活动范围的边界

社会主体与国家的分离使政府从微观经济和私人生活等原本不属于自己活动范围和领域退缩出来，以增加经济和社会生活的自由度，从而使社会在很大程度上可以利用这种自由活动空间，发展出独立于国家的物质生产和社会交往形式。然而，当前社会与国家的关系仍处于调整期，行政审批在资源配置中还起着主导作用，国家如何在“政企分开”、“政资分开”与“所有权行使”之间找准自己的角色尚存迟疑，而作为国家代理人的政府工作的重心还停留在经济管理上，致使其社会服务职能尚需强化，等等。同时，一些本属于市场范围和私人交往范畴的行为规则，如等价交换等也泛化到了国家生活领域。这就需要为政府和社会寻找合适的定位，让政府“有所为，有所不为”，使国家和社会各自的优势得到良好的发挥。为此，我们要处理好政府和市场的关系这一核心问题。一方面，发挥市场配置资源的决定性作用，加快形成企业自主经营、公平竞争，消费者自由选择、自主消费，商品和要素自由流动、平等交换的现代市场体系，着力清除市场壁垒，提高资源配置效率和公平性；另一方面，要加强科学的宏观调控，实施有效的政府治理，以保持宏观经济稳定，加强和优化公共服务，保障公平竞争，加强市场监管，维护市场秩序，推动可持续发展，促进共同富裕，弥补市场失灵。这就需要规范政府的活动范围，规范行政行为，使政府权力的行使不缺位、不错位、不越位，要将政府的活动范围严格限定在宏观公共领域，减少政府对社会经济和生活领域的干预，使微观层面社会问题主要交由社会群体自己去解决；要将政府的职能定位在维护公共秩序和服务社会上，即掌管战略全局、保护公民权利、提供公共产品和服务、调控社会总体利益、解决社会重大冲突等，而不能利用其掌权的公共权力任意干预公众的私人事务、侵蚀公民的私人权利，公民在获得财产所有权和经济社会权利独立的基础上拥有属于自己的、不受他人和外在力量干预的自由的生活领域。同时，社会也要不断健全自律机制，防止将基于“经济人”假设的“储蓄式交往”、非同项等值交换等私人交往规则和价值观念输送到公权部门，同时阻止社会经济权力向国家政治权力靠拢，以防止政府社会的“公仆”蜕变为社会的“主人”。

（三）不断规范社会化改革的过程

我国历史上没有商品经济和市民社会的传统，致使我国起步较晚的市场经济还处在“初步建立”阶段而远未达到完善的程度。同时，社会自身的组织、体制、机制还不健全，尚未形成在没有政府干预的条件下有序运作的自治能力。这往往使得当政府从众多的经济和生活领域退出来的时候，而社会缺乏接管这些空白点的有效组织，从而难免导致失衡、失序、失范和失态的社会混乱局面的出现。因此，社会化改革过程本身也要纳入规范化的轨道。这种“规范化”意味着国家的退出程度要取决于社会自身的发展程度，即要在社会自治能力允许的范围内实施社会化改革，其改革的过程也是一个通过法律有步骤、有计划、有秩序进行的增量过程，而不是国家立刻全部退出的突变过程。如国家退出后，传统单位体制逐步解体，社会的自由空间不断加大，这时就有必要对社会主体的活动和权利的行使切不可放任自流，而必须将其纳入法制化、规范化轨道，即依法对社会主体权利实施有效规范，使权利的行使以不侵犯他人权益和社会秩序为原则。而且，国家退出和单位体制解体后留下的空白点需要社会自治组织来调补。而由于我国社会自治组织存在"先天性不良"倾向，因此，其建立和发展的过程也将被加以规范化。一方面，国家要积极培养公民的结社自由意识和权利自我保障意识，将社团、社区等社会自治组织的独立的法律地位落到实处，不断健全社会自治机制，拓展社会自治的范围，强化自治组织的自我管理、自我服务、自我教育、自我监督，以实现国家管理与社会自治的有效衔接和良性互动。另一方面，坚决防范和打击非法结社活动，防止黑帮团伙、地方或家族恶势力、邪教和恐怖组织等非理性社会力量去填补和占有国家退出后留下的社会真空地带。

二、以规范化的国家治理促进社会与国家关系的和谐

尽管社会主义的社会与国家之间已经不存在根本的对立，但二者毕竟属于不同的领域且有着各自的特点和独特的运作规则，因而它们之间存在矛盾也在所难免。比如，作为普遍利益的代表，国家有时需要站在更高的高度、按照多数人的利益和国家整体利益考虑和处理事情，有时甚至为了维护社会的整体利益和长远利益，在必要时还不得不暂时让一部分社会成员的特殊利益受到暂时的牺牲，而公众又往往喜欢站在自己的角度、从各自的私人利益出发思考问题，从而导致国家及其代理人——政府与社会普通公众，特别是特定部分公众的利益需求存在不同程度的差异和矛盾。这就需要在规范化轨道中协调二者的关系，实现社会与国家的良性互动与和谐发展。

（一）在法治化的轨道中推进社会与国家关系的和谐发展

在社会与国家关系规范化中谋求二者的和谐发展，首先需要将他们纳入规范化的制度中来运作，即依靠法治来运行。一方面，我们要通过宪法和法律限定国家的行为范围，使国家权力的运用和行使要受法律的约束，使政府机关及其工作人员学会在法律的框架内忠实履行自己的职责，并对自己的施政行为的后果勇于承担法律责任；同时让保障社会公共利益和公众正当权利的法律得到有效的实施，从而将国家的政治、经济和社会生活全面纳入制度化、规范化的轨道。这就有利于使政府形成尊重社会主体权利并尽心竭力地为社会公众服务的理念，使每个社会主体合法的所有权、自由和平等权利都能得到切实有力的保障，并有利于遏制公共权力的行使和运作越过法律界限、违反法定程序侵犯社会主体的正当权益的情形出现，从而构

建起国家对社会“善治”的治理结构。另一方面，作为社会主体的公众也应该在法律的框架内，合理、有序地与政府展开对话、表达自己的利益诉求，且自己利益诉求的表达行为不得以侵犯公共和他人的利益、扰乱社会正常秩序为代价。否则，一些非理性的、无序的群众性过激行为将难免发生。当然，应该指出的是，导致群众无序参与和表达的原因又在于有序的参与和表达渠道不畅所致。这首先需要政府加大信息公开力度，以降低公众的信息获取成本。这就需要不断推动公民政治参与和利益表达的制度化、规范化、程序化，不断拓展公民政治参与和利益表达渠道，充分发挥社会自治组织的“下情上达”和互联网、媒体等公共舆论的交互传播作用；逐步完善公民政治参与和利益表达的多层机制，在政府与公众刚性化的两极之间搭建起必要的“缓冲地带”，拓展二者的交流渠道，使政府与公众能够通过对话、沟通、相互妥协等方式缓解对立情形，以避免矛盾的激化和对立情绪的滋长而导致的群体性事件的发生进而影响到社会与国家的和谐。

（二）完善社会与国家关系和谐的组织机制

单个社会主体由于缺乏与政府讨价还价的能力而必需组织起来，而国家也需要一定的组织来与公众沟通。于是，在国家与社会、政府与公众之间，存在着一系列的组织机构，这些组织机构起着沟通二者关系的“桥梁和纽带”作用。在当代中国，这一中介作用主要依靠四类组织来实现，即各级人民代表大会组织、各级人民政协组织、各类社会组织以及中国共产党的各级组织。其中，各级人民代表大会及其常务委员会是社会公众行使管理国家权力的机关，它构成了社会派驻国家领域并对国家事务行使全权的代表；各级人民政协既不属于国家权力机关，又不同于一般的社会团体，具有“说官亦官，说民亦民，亦官亦民，非官非民”特性，从而使它构成了国家自上而下传递意志和社会自下而上表达民意的双向渠道；各类社会组织既包括传统意义的社会单位组织，也包括现代意义的社会自治组织，它们作为社会与国家“这两个方面的中介机关”，不仅为社会成员提供了信息交流、思想沟通和利益表达的场所，而且还扮演着“市民社会中的政治国家”的角色——协调社会利益冲突、培育社会成员公民意识和公共利益观念，进而使“国家和政府的意愿和主张”同“特殊集团和单个人的意愿和主张”达到一致并结合起来[1]；中国共产党的中央组织、地方组织是与中央政府、各级地方政府相联系的，而它的基层组织则多在企业、农村、

[1]　《马克思恩格斯全集》第3卷，人民出版社2002年版，第84页。

学校、科研院所、街道社区、新社会组织等社会机构中设置，从而使执政党通过建立在民主集中制基础上的中央、地方和基层三级组织体系实现对整个社会与国家的统领，这也为公众“下情上达”与政府“上情下达”的有效实施、社会与国家的利益沟通与协调提供了强大的组织资源。今后，要不断完善“两会”机制，逐步建立和健全人大代表和选民之间的、政协委员与其属的届别之间的制度性联系，使人大成为公众管理国家事务和国家意志反映社会民意的有效权力机构，使政协成为公众有序参与、利益表达和国家集中民意、汇聚民智的良好政治资源；不断培育社会自治组织，推进传统单位体制的社会化转轨，完善社会自治机制，建立和健全“政府—社会组织—公众”的信息传递与沟通、利益表达与综合的三级联动机制，使社会组织成为实现政府管理与公众自治有效衔接与良性互动的优良载体；不断完善共产党的领导制度，建立和完善基层党组织、党员联系和服务群众的工作机制、党的各级组织在决策和执行过程中上下互动的工作机制、党的中央和地方组织与国家政权组织关系规范化的工作机制，使执政党成为统筹协调社会与国家关系的核心力量。

（三）健全劳动与资本关系和谐的保障机制

社会主义社会与国家之所以能够实现关系的和谐化，从根本上说就在于它消除了国家与社会对立的经济根源——资本与劳动的对立。然而，在发展社会主义市场经济的今天，劳动与资本既是两大生产要素，又是现代社会生产关系的核心内容。而由于各自有不同的利益诉求和特点，劳动与资本之间也存在着矛盾的一面，尽管这种矛盾是非对抗性的，但处理不好也会引起社会的冲突。劳资关系的和谐程度直接影响着市场经济的正常运作，影响着经济又好又快的发展，进而影响到整个社会的和谐发展，而社会与国家的关系的和谐与否又取决于社会内部关系是否和谐。因此，正确处理劳动与资本这对基本的社会关系，实现劳资和谐共赢，是构建社会与国家和谐关系的重中之重。我国人口众多而资源、资金又相对不足，使得资本在市场经济的自由平等的规则之下必然产生对劳动的比较优势，但财富却是劳动与资源共同创造的，且劳动又是创造价值的唯一源泉，而社会主义性质又决定了我国社会“劳动本位”的价值诉求。这就使得无论是从社会主义的基本价值出发，还是出于维护社会公平的考虑，国家都必须做出对劳动一方适当倾斜的政策和制度的安排，同时斩断权力与资本联系的通道。为此，在微观领域，我们要严格执行国家劳动法律制度，完善劳动关系协调机制，全面实行劳动合同制度和集体协商制度，让劳动者人人拥有根据自身能力和意图选择就业的平等权利，确保劳动者按时足额取得劳动报酬的权利；严格执行国家劳动标准，加强劳动保护，健全劳动保障机制和劳动争议调处机制，限制资本对利益最大化的追求，维护劳动者合法权益；在宏观领域，要坚持按劳分配为主体、多种分配方式并存的分配制度，健全劳动、资本、技术、管理等生产要素按贡献参与分配的制度，放手让一切劳动、知识、技术、管理和资本的活力竞相迸发，让一切创造社会财富的源泉充分涌流，以造福于人民；同时要合理兼顾效率与公平，初次分配和再分配都要处理好效率与公平的关系，再分配更要注重公平，通过逐步提高最低工资标准、建立企业职工工资正常增长机制和支付保障机制等途径提高劳动报酬在初次分配中的比重。

三、对国家权力的制约与监督是规范社会与国家关系的关键所在

按照马克思的观点，国家是从社会中分化出来的管理机构，国家机构应当是服务于社会的公共机关，它本身只能代表社会的公共利益而不能代表私人利益。然而，国家机构及其工作人员本身确实有自己的特殊利益。国家和社会之间的矛盾决定了国家不断脱离社会机体而日益凌驾于社会之上的趋势，但它又不可能脱离整个社会有机体的控制。为防止国家对社会的吞噬而引起的行政垄断和独裁，我们必须加强社会对国家权力的制约与监督。而且，中国又有着国家主义的历史传统和国家主导现代化进程的实践，使得在社会与国家这对矛盾体中，国家成了矛盾的主要方面。可以说，实现社会与国家关系的规范化，关键在于规范国家的权力运作。因此，我们要不断开辟权力制约的社会渠道，制约国家权力行使主体，规范国家权力运行程序，提高国家权力运行效益。

（一）通过优化国家权力结构实现对国家权力的制约与监督

马克思将国家权力划分为立法权和执行权两大类[1]。其中，立法权由代表社会的代议机构来行使，而执行权则由代表国家的官僚机构来行使。近代以来，西欧诸强经过资产阶级革命使代议机构从君主和官僚机构的庇护下解放出来并实现了立法权与执行权（包括行政权和司法权）的相互制衡，但是仍避免不了官僚机构超常膨胀和行政权凌驾于立法权之上的历史趋势。因此，新中国没有效仿西方“三权鼎立”的权力结构，而是在马克思关于民选机关支配官僚机关的“议行合一”思想的指导下，

[1]　《马克思恩格斯全集》第 42 卷，人民出版社 1979 年版，第 238 页。

结合中国的实际创立了人民代表大会制度，确立以人民代表大会的至上性和全权性为特征的国家权力结构模式，从而在权力的运作上保证了人民对国家权力的有效制约。与西方议会不同，人民代表大会作为国家权力机关兼有立法机关和民权机关的双重属性[1]。这样，社会公众便可以通过自己选出的代表组成的人民代表大会间接地实现对国家权力的制约与监督。但是，我国古代社会长期没有议会传统，以人民代表大会制度为根本的权力结构与运行模式建立的时间又不长且探索期间还有一段时期的中断，使得在现实的政治过程中存在着事实上的行政导向情形。为此，我们必须对人民代表大会制度加以完善：在人民代表的构成上要不断降低官员特别是执行机构官员的比例，因为官员特别是执行机构官员比例过大甚至达到绝对多数，势必会造成这个群体“自己监督自己”的局面，从而起不到人大应有的监督作用；完善人大及其常委会的议事规则，将宪法和法律赋予人大及其常委会的立法权、任免权、决定权和监督权充分落实，使执行机关必须在人大通过的法律、做出的决定和授权的范围内活动；建立健全人大对“一府两院”的质询、考评、问责和“一府两院”对人大定期报告工作的长效机制，逐步实现权力机关对执行机关监督的常态化。

（二）加大社会力量对国家权力的监督力度

如果说人民代表大会制度是实现社会对国家权力间接监督的制度安排的话，那么，社会力量本身也可以直接地参与到对国家监督和制约的过程之中。当前，实施对国家权力直接监督和制约的力量主要有社会公众、社会组织和大众传媒。社会公众可以按照宪法和法律赋予的权利，通过意见表达、立法创议、决策参与、仲裁诉讼、来信来访、游行示威等方式对国家权力的行使实施评议、检查和督促，以维护社会公共利益和公民个人的合法权益；社会组织是公众实现社会自治的有效载体，它本能上要求政府不得对其内部事务进行干预，使社会力量不再以政治的力量同自己想分离，而且，它通过将其所代表的利益群体聚合成组织的力量而增加了社会力量与国家权力谈判的实力，从而使国家中的王权的原则（任意）受到了限制，至少使它自己的行动受到了约束[2]；而大众媒体如今已成为继立法、行政和司法权力之外的“第四权力”，特别是互联网的发展使思想和信息的传输由单通道、单向度向多渠道、交互性的转变，从而为公众监督政府权力的公开运行搭建了平台。因此，

[1] 参见郭道久：《以社会制约权力》，天津人民出版社2005年版，第400—403页。

[2] 《马克思恩格斯全集》第3卷，人民出版社2002年版，第86页。

我们要不断扩大公民有序政治参与的途径，将宪法和法律赋予公民对国家机构及其工作人员的批评、建议、控告、申诉、检举等权利予以有效保障，让社会公众充分行使对国家机构制定法律、人事任免、预算安排、重大决策等政治过程的知情权、参与权、表达权、监督权；完善各类公开办事制度，让公共权力在阳光下运作，不断提高政府工作透明度和公信力；逐渐改变现有社会机构的“官办”色彩，积极培育和发展社会自治组治和中介组织，发挥其专业和人才优势参与政府决策、适时接管政府的一部分监督职能（如社会独立审计机构参与政府审计），形成对国家权力制约与监督强有力的组织力量；发挥报刊、广播、电视、网络等社会舆论工具对权力运行的监督作用，在坚持弘扬主旋律的同时，应适当加大公开揭露滥用权力问题的力度，及时反映群众关注的热点问题，加快广播电视、电信和互联网的三网融合，拓展和畅通政府热线和电子邮箱、网络论坛、博客、手机短信等公众意见表达渠道，以便督促有关方面总结教训，改进工作。

（三）加强社会公众对权力行使主体——官员的制约与监督

现实中的国家权力是通过专门的人也就是官员来运作的，而官员也不是生活在“真空”中，他们也是生活在社会中的现实的个人，也有自己的私人利益。特别是在市场经济条件下，政府部门和官员们更容易从自身利益出发，按“经济人”假设行事，去追求名誉、地位、权力、高薪和轻松的工作等，以谋得自己私人利益的最大化，而不顾公共利益的实现与否，甚至假公济私、损公肥私。也就是“就单个的官僚来说，国家的目的变成了他的私人目的，变成了追逐高位、谋求发迹”[1]。这种自私利性的恶性膨胀必然导致权力寻租、权钱交易、官商勾结等腐败想象的出现。从而侵犯了公共权力的廉洁性，损害了社会公众的普遍利益和个人的合法权益。社会决定国家，从主体意义上来讲，就是“人民群众有权决定国家的一切事务，有权参与制约国家的一切活动，有权选举、监督和罢免国家官员”[2]，即官员的权力由人民授予、政治命运由人民决定。为防止官员将公共权力私有化，就必须加强公众对各级和各类官员的制约和监督。由于我国人民需要通过人民代表大会行使国家权力，也就是说公众是通过自己的代表来实现对官员的权力授予的，这就需要公众首先对自己的代表实施有效的制约和监督，以保证这种权力的委托—代理关系的真实性。

[1]　《马克思恩格斯全集》第3卷，人民出版社2002年版，第60—61页。

[2]　荣剑：《社会批判的理论与方法——马克思若干重要理论研究》，中国社会科学出版社1998年版，第108页。

今后，我们要不断完善人大选举制度，扩大人大代表的直选范围，减少选举层级，提高选民初始提名候选人的比重，引入竞争机制，使选出的代表真正代表人民；同时，建立健全代表向选民报告工作与选民评议代表的日常机制，完善选民对代表质询、问责、罢免程序，使代表始终在人民的监督下开展工作。在此基础上，完善官员选拔和监督制度，不断扩大选任制官员的比重，探索公众直选地方行政首长（从乡级开始）的方式；建立健全官员职务消费、收入、财产、近亲属从业情况等重大事项的申报和公开制度，营造对官员腐败和损害公众利益行为“零容忍”的社会氛围和制度环境；将群众民主测评作为官员考核、任免、升迁的重要依据，完善人大代表质询、问责、罢免官员的机制，探索公众直接参与问责、撤换、罢免官员的途径和方式，以避免官员由社会的“公仆”蜕变为社会的“主人”。

附　录

新时期国内有关马克思社会与国家理论研究综述

对社会与国家问题的探究构成了马克思建构唯物主义历史观、完成政治经济学批判、展望共产主义的理论前提和思想主线。因此，马克思的社会与国家理论是马克思主义的重要组成部分。然而，在传统的马克思主义解释体系中，马克思的社会与国家理论的价值却被严重低估，甚至简单地被经济基础和上层建筑理论取而代之。改革开放以来，我国理论界、学术界不断解放思想、冲破对马克思主义各种错误或教条式理解的桎梏，对马克思的社会与国家理论展开探讨。从已掌握的资料看，20世纪80年代初叶，汤在新对社会所有制与国家所有制问题的研究[1]涉及经典作家预设的社会主义条件下社会与国家关系问题，可以看作我国学界研究马克思社会与国家理论的萌芽。1986—1988年，荣剑通过五篇论文[2]，围绕社会决定国家、社会与国家二元化、社会与国家重新统一三个基本原理集中探讨了马克思的国家和社会理论。这可以看作我国学界对该课题研究的开端。此后，学者们从哲学、政治学、经济学、社会学、法学等不同的学科视角对马克思的社会与国家理论展开广泛而深入的研讨，形成了比较丰硕的研究成果。

一、社会与国家的辩证关系

在马克思的早期著作中，"政治国家"和"市民社会"是他用来表征"国家"和"社会"的一对主要范畴[3]，所以大多数学者都是以马克思的市民社会理论为切入点探讨

---

[1] 汤在新:《社会所有制和国家所有制——读马克思恩格斯著作札记》，载《武汉大学学报(社会科学版)》1981年第3期。

[2] 这五篇论文是：《关于马克思国家和社会学说的若干问题探讨》，载《理论交流》1986年第21期；《马克思的国家和社会理论与改革》，载《马克思主义研究》1987年第1期；《关于马克思国家和社会学说的若干问题探讨》，载《社会科学评论》1987年第1—2期；《对马克思国家和社会理论的再认识》，载《江汉论坛》1987年第4期；《试论马克思主义的一体化过程——马克思国家和社会理论逻辑关系的考察》，载《江淮论坛》1988年第1期。

[3] 荣剑：《马克思的国家和社会理论》，载《中国社会科学》2001年第3期。

其社会与国家思想的，把市民社会与国家的关系视作社会与国家的关系来探讨。同时，也有学者把马克思的社会有机理论看作理解社会概念的重要思路，但在其探讨社会与国家关系时也把“市民社会”看作不可回避的概念，认为“社会有机”和“市民社会”两个概念都揭示了社会作为与国家相对应存在的组织形式的基本属性[1]。

（一）“社会”与“国家”的界定

学者们在探讨马克思的社会与国家理论时，其潜在前提是社会与国家作为一对相对应的范畴，各自有不同的内涵和领域。有学者认为，根据马克思对国家和社会本质的科学分析，可以进一步概括出国家和社会的三个主要区别：①国家是普遍性领域，社会是特殊性领域；②国家是自为性领域，社会是自在性领域；③国家是政治领域，社会是经济领域[2]。有学者认为市民社会和国家是人类生活的两个不同领域，市民社会是人的物质生活领域，国家是人的政治生活领域[3]；有学者认为马克思把市民社会看作对私人活动领域的抽象与作为公共领域抽象的国家相对应[4]；还有的学者认为，实在的社会与抽象的国家是内容和形式的关系[5]。

（二）社会决定国家

学界对马克思社会决定国家原理的理解，大体可以归为以下三类。

首先，从“质”的规定的向度阐发社会决定国家。有学者认为，国家的本质植根于市民社会，具体包括：市民社会是国家的基础；社会的性质决定国家的性质；围绕国家形式的斗争反映了社会内部矛盾；而且，国家问题归根到底应从社会经济生活中解释[6]。有学者认为，由于马克思和恩格斯主要以社会经济形态作为划分国家形态的标志，因而相应地有奴隶制国家、封建国家、资本主义国家以及东万国家的概念[7]，即社会经济形态的性质决定国家的历史类型。也有学者从阶级分析的角度指出指出：国家在形式上是全社会公共利益的代表，但在实质上却是市民社会中占统

[1] 朱光磊、郭道久：《政治学基础》，首都经济贸易大学出版社2007年版，第36页。

[2] 荣剑：《马克思的国家和社会理论》，载《中国社会科学》2001年第3期。

[3] 李淑珍：《论马克思的市民社会与国家的思想及其历史与现实意义》，载《学术月刊》1996年第9期。

[4] 俞可平：《马克思的市民社会理论及其历史地位》，载《中国社会科学》1993年第3期。

[5] 郭道久：《以社会制约权力》，天津人民出版社2005年版，第210页。

[6] 王沪宁：《政治的逻辑：马克思主义政治学原理》，上海人民出版社2004年版，第98—102页。

[7] 唐士其：《国家与社会的关系——社会主义国家的理论与实践比较研究》，北京大学出版社1998年版。

治地位的阶级的工具[1]。

其次，从国家产生和存在根源的角度说明社会对国家的决定作用。有学者认为，在马克思看来，整个人类社会本身就是一个社会有机体。在这个社会有机体中，国家作为社会存在的产物，虽然高于社会，但又是不可能脱离整个的社会有机体，它还必须处于整个社会有机体的组织体系和矛盾运动之中。所以，社会有机体对于国家来说是基础性的，国家处于社会有机体的控制之内[2]。还有学者具体分析国家不能脱离社会机体的原因，认为社会对国家的作用主要体现在两个方面：首先，社会是孕育国家的母体，国家产生于社会之中，社会决定国家；其次，社会为国家提供各种资源（如经济资源和政治资源等），是国家发展壮大的基础，而且，社会为国家提供一种合法性证明[3]。

最后，从主客体双重维度分析社会对国家的决定作用。有学者认为，马克思具体地从主体和客体这两个基本的方面对社会和国家的内部结构进行了深入的分析，并在此基础上，深化了对社会决定国家历史观的认识。国家和社会的关系，在客观方面表现出来，就是经济基础和上层建筑的关系。社会决定国家，既是指国家来自社会，也是指经济关系决定政治关系，经济结构决定政治结构；从社会主体方面揭示了社会决定国家的另一层含义：人民群众决定国家官员，即人民群众有权决定国家的一切事务，有权参与制约国家的一切活动，有权选举、监督和罢免国家官员。人民是社会的主人，国家官员是社会的公仆。国家和社会在主体方面所表现出来的基本关系是："经济人"决定"政治人"，阶级决定政党，人民决定统治者[4]。

（三）国家对社会的反作用

一些学者在坚持社会决定国家观点的同时，注意到了马克思关于国家对社会反作用的阐述。有学者通过研究《神圣家族》中有关资产阶级利用国家机器铲除封建特权保护自己基础进而为资本主义发展扫清道路的论述，认为马克思不仅强调市民社会对国家的决定作用，而且也看到了国家对市民社会的反作用[5]。有学者对国家的

---

[1]　王岩：《马克思的"市民社会"思想探析——兼论"市民社会"理论的现代意义》，载《江海学刊》2000 年第 4 期。

[2]　朱光磊、郭道久：《政治学基础》，首都经济贸易大学出版社 2007 年版，第 36 页。

[3]　孙晓莉：《中国现代化进程中的国家与社会》，中国社会科学出版社 2001 年版，第 28 页。

[4]　荣剑：《社会批判的理论与方法——马克思若干重要理论研究》，中国社会科学出版社 1998 年版，第 106—109 页。

[5]　黄楠森、庄福龄、林莉：《马克思主义哲学史》第 1 卷，北京出版社 2005 年版，第 391 页。

能动作用进一步阐述道：国家管理权力的出现，将使不可调和的阶级冲突和矛盾控制在一定的范围和形式之下，以免这种矛盾和冲突导致社会解体，并在保证社会统一的同时，维护社会公共利益[1]。有学者也认为，社会离不开国家，社会的多重利益需要国家的协调、引导和保障[2]。

（四）社会与国家关系的历史类型

有学者认为在《黑格尔法哲学批判》中，马克思论述了至此之前市民社会和国家关系的历史类型：在古代社会或“古代国家”，市民社会是政治社会的奴隶；到中世纪，市民社会也就是政治社会；伴随封建社会的解体，市民社会同政治国家、社会领域同政治领域分离开来。这种分离最重要的表现，是反映普遍利益的国家从私人利益占优势的市民社会中异化出来，成为虚幻的共同体（“官僚组织”）[3]。还有的学者将古代和中世纪两个阶段的社会与国家关系看作一个类型，认为在马克思看来，自从私人利益和阶级利益产生以后，社会就分裂为市民社会与政治社会两个领域，但是市民社会和政治国家这种在逻辑上的分离并不意味着他们在现实中也是分离的。恰恰相反，在前资本主义的中世纪社会中，政治国家与市民社会在现实中是重合的。市民社会与政治国家在现实中的分离是在资本主义时代完成的，这种分离是资本主义市场经济的产物[4]。还有的学者从整个人类社会发展的历史进程出发，认为在马克思看来，国家与社会的关系将经历一个“国家与社会一体化——社会与国家二元分化——国家回归社会”的历史发展进程[5]。从这些探讨中可以发现这样一个普遍共识：在马克思看来，国家产生之初，国家与社会的关系表现为国家凌驾于社会之上；随着社会的不断发展和成熟，社会逐渐获得独立自主性，而国家在权力、能力、权威等方面进行自我限制，这时国家与社会的关系逐渐向平行、平衡状态演变；当社会发展到一定阶段，社会将公共权力逐渐收回，国家也将随之消亡并回归于人类社会。因此，国家与社会的分离是历史发展的必经阶段，国家向社会回归是历史发展的必然趋势。

---

[1] 王沪宁：《政治的逻辑：马克思主义政治学原理》，上海人民出版社2004年版，第135页。

[2] 孙晓莉：《中国现代化进程中的国家与社会》，中国社会科学出版社2001年版，第28页。

[3] 黄楠森、庄福龄、林莉：《马克思主义哲学史》第1卷，北京出版社2005年版，第163页。

[4] 俞可平：《马克思的市民社会理论及其历史地位》，载《中国社会科学》1993年第3期。

[5] 王英津：《国家与社会：马克思主义经典作家之阐释》，载《江苏行政学院学报》2004年第2期。

二、社会和国家的分化与统一

（一）社会与国家二元化的实现

学界们普遍认为，社会与国家的二元化首先是由资本主义完成的[1]。有些学者将社会与国家的分离具体区分为逻辑的分离和现实的分离，认为促使国家与社会脱离的核心因素是国家产生与存在的核心前提：阶级差别与阶级对立，“起初只允许充当社会工具的国家政权”，就开始“逐渐脱离社会而独立”[2]；自从私人利益和阶级利益产生以后，社会就分裂为市民社会与政治社会两个领域（即国家）[3]。但同时也认为这种在逻辑上的分离并不意味着它们在现实中也是分离的，只有到了近代资本主义才完成国家与社会在现实中的分离。这表明，社会与国家的二元化不是一蹴而就的，而是一个历史过程。

社会与国家的二元化之所以会首先在资本主义时代完成。有学者认为，这是资本主义市场经济的产物[4]。有的学者把它归因于商品经济的发展和资产阶级革命，认为国家和社会的一体化状态被打破，主要来自于两方面的力量——政治革命和商品经济，并进一步解释道：商品经济关系以及它所形成的发达的财产关系之所以会具有这样强大的力量，关键就在于它依靠和进一步创造了独立于国家政权实体的所有制关系，即资本主义私有制，资本主义私有制的一个重要特点在于，它完全抛弃了任何政治外观，摆脱了政治权力的管制[5]。有的学者从资本主义市场经济的运行特点出发，认为资本主义需要独立于国家的社会领域的存在，并认为这个国家与社会分离的进程在当时欧洲的有些国家是在封建君主政体下进行的，而有的国家是借助于资产阶级进行革命，推翻封建专制统治，建立资产阶级的政权来实现的[6]。

（二）社会与国家的二元化的结果

学界普遍认识到马克思对社会与国家分离的肯定意义。有学者认为在马克思看来，“政治制度本身只有在私人领域达到独立存在的地方才能发展”。它使等级制

[1] 荣剑：《马克思的国家和社会理论与改革》，载《马克思主义研究》1987 年第 1 期。

[2] 王英津：《国家与社会：马克思主义经典作家之阐释》，载《江苏行政学院学报》2004 年第 2 期。

[3] 俞可平：《马克思的市民社会理论及其历史地位》，载《中国社会科学》1993 年第 3 期。

[4] 俞可平：《马克思的市民社会理论及其历史地位》，载《中国社会科学》1993 年第 3 期。

[5] 荣剑：《马克思的国家和社会理论》，载《中国社会科学》2001 年第 3 期。

[6] 洪韵珊：《马克思关于国家与社会关系的论点述略》，载《社会科学研究》1992 年第 1 期。

转变为代表制，它使权力的分立成为必要，它确立了人权和公民权的原则[1]。有学者认为这种分离使得政治国家与市民社会的边界变得非常明确，政治国家权力行使的范围和方式，乃至个人自由活动的范围在资本主义条件下，都能从制度上得到明确的规定[2]。还有的学者认为社会与国家分离除了促成现代政治制度生成以外，还使经济自由获得实现：在国家与社会二元分离的状态下，个体的经济活动摆脱了政治因素的层层干扰，按照不同于政治原则的市场交换原则自主运行[3]。于是有学者指出：资本主义完成的国家和社会的二元化，从社会发展的历史过程来看，是社会走向成熟和自觉的一个重要阶段[4]。

同时，学者们探讨了马克思关于社会与国家二元化矛盾的剖析。有学者认为，社会经济自由的获得，只是社会中的一部分人，即资产阶级获得了自由；而对那些被统治阶级来讲，虽然他们去掉了身上所带着的封建政治枷锁，并至少享有一种形式上的平等，但他们却陷入社会经济上的不平等——资本对雇佣劳动的剥削。这就是马克思所看到的国家和社会的二元化在资本主义时代所形成的新矛盾，即政治形式上的平等和经济实际上的不平等之间的矛盾。这个矛盾的实质是，人不仅在思想意识中，而且在现实生活中，都过着双重的生活，即政治共同体中的生活和市民社会中的生活[5]。有学者也认为，市民社会与国家分离的矛盾是“人”，是“人的本质”在市民社会中的异化和二重化[6]。有的学者则从国家属性的角度分析了社会与国家对立：国家是对人的自由本性的“异化”；国家将人们被动地服从社会自然分工的消极作用制度化和法制化；从国家权力执行者的角度来说，官僚机构的种种弊病也反映了国家与社会的对立；国家权力的扩张与社会福利的增长也是对立的[7]。还有的

[1] 何增科：《市民社会概念的历史演变》，载《中国社会科学》1994 年第 5 期。

[2] 季金华：《权利与权力平衡配置的社会基础》，载《南京理工大学学报（社会科学版）》2001 年第 1 期。

[3] 李佃来：《马克思关于国家与市民社会关系内涵之探讨》，载《湖北行政学院学报》2007 年第 3 期。

[4] 荣剑：《马克思的国家和社会理论》，载《中国社会科学》2001 年第 3 期。

[5] 荣剑：《马克思的国家和社会理论》，载《中国社会科学》2001 年第 3 期。

[6] 王浩斌：《马克思：市民民社会批判》，载《探索》1999 年第 2 期。

[7] 张丽曼：《国家与社会关系的基本原理是马克思主义国家学说的真髓》，载《社会科学研究》2001 年第 3 期。

学者认为权力和权利的矛盾运动是市民社会和政治国家的矛盾在法律上的反映[1]。

还有的学者从两个层次分析了这种二元对立，认为资产阶级时代存在着两种不同的国家与社会的对立关系：①把社会主要看成是由资产阶级所组成，即资产阶级市民社会，那么，国家与社会的对立就表现为政治国家与市民社会的对立，其实质只是资产阶级的一种内部的利益矛盾与冲突，是其内部的权力分配的形式；②把社会主要看成是由无产阶级组成的，国家由资产阶级掌握与控制，那么，国家与社会的对立，就是资产阶级与无产阶级的对立，于是，对无产阶级来说，国家是自己的对立物，是异己的力量。这才是资本主义社会的根本矛盾，是资本主义国家与社会的本质[2]。

（三）社会与国家对立的本质和根源

学者们认为，马克思是从资产阶级社会和国家的实质揭示社会与国家对立的根源的。有学者认为，政治形式上的平等和经济实际上的不平等之间的矛盾决定了资产阶级在完成了国家和社会的二元化之后，为了继续维持经济上的不平等，绝不可能在弱化国家经济职能的同时，也弱化国家的政治职能，资产阶级所完成的国家和社会的二元化，其实质是国家对政治的垄断和对经济的放纵[3]。有学者认为，马克思在对资本主义社会的分析中，以资本逻辑为基础，揭示了现代市民社会与现代国家同资本逻辑的内在同构关系，指出只有以资本逻辑为基础才能真正地揭示现代市民社会与国家的本质规定，认为现代国家与市民社会的发展过程虽然在总体上是一致的，但两者之间存在着距离，正是这个距离，使国家一方面体现着资本逻辑的内在要求，另一方面又与资本逻辑保持着一种“批判性”关系[4]。还有学者从市民社会的内部矛盾揭示社会与国家对立的根源，认为在马克思看来，近代资本主义所完成的国家和社会的二元化并没有使全社会重新普遍拥有经济权力，原因在于社会内部所

[1]　季金华：《权利与权力平衡配置的社会基础》，载《南京理工大学学报（社会科学版）》2001年第1期。

[2]　刘先江：《政府管理社会化改革研究——基于“国家与社会关系”的视角》，湖南师范大学出版社2007年版，第53—54页。

[3]　荣剑：《社会批判的理论与方法——马克思若干重要理论研究》，中国社会科学出版社1998年版，第95页。

[4]　仰海峰：《超越市民社会与国家：从政治解放到社会解放——马克思的国家与市民社会理论探析》，载《东岳论丛》2005年第2期。

存在着的对生产资料的私人占有，迫使一部分人丧失了经济权力[1]。有学者进一步分析道：私有财产所体现的劳动与资本的对立，即无产阶级与资产阶级的对立贯穿于市民社会发展之始终，决定着市民社会的终极与归宿，因而正是市民社会"现实的矛盾"和"本质的矛盾"，市民社会的各种对立是以劳动和资本之间的对立这种经济必然性为基础的[2]。

（四）社会与国家对立的克服与重新统一的实现

学者们认为，在《德法年鉴》时期，马克思把市民社会与国家相分离看作政治解放，认为政治解放是反对国家同市民社会相异化的一个表现形式，而不能排除这种异比，所以，还必须争取人类解放，这种解放足以消除由异化而引起的人分裂为私人和公民这种二重化为前提的，实质上是指实行社会主义革命消灭私有制而使人们获得的解放，并且把无产阶级看作实现人类解放的物质力量[3]。有学者以社会为切入点，认为马克思认识到资本逻辑的历史性发展导致了现代市民社会与现代国家，因此，超越现行的市民社会与国家，就必须与资本逻辑的颠覆结合起来，走向没有资本统治的"自由人联合体"[4]。有学者从国家的角度出发，认为近代资产阶级民主代议制在国家和社会二元化的条件下不是解决而是继续扩大国家和社会之间的矛盾这一问题，使马克思认识到，新型的民主制度的基本要求是国家和社会的统一，即通过国家和社会的二元化过程来实现人民重新掌握自己的社会生活和政治生活[5]。也有学者从社会和国家的双重维度考察，认为在马克思看来，市民社会和国家都必须随着国家的消灭而消亡，其途径是超越政治解放的局限，实现"人类解放"，并认为这需要通过两方面的改造：①改造个人主义、利己主义，消除两极分化；②改造政治国家，实现共产主义的政治模式[6]。同时，学者们看到国家向社会的复归是一个渐进的过程，并认为马克思把具有"社会共和国"的无产阶级国家看作过渡的形式，即将产

[1] 荣剑：《对马克思国家和社会理论的再认识》，载《江汉论坛》1987年第4期。

[2] 隽久：《马克思对市民社会"本质的矛盾"的揭示及唯物史观之创建》，载《云南大学学报（社会科学版）》2006年第6期。

[3] 高光、阎树森、马讯：《马克思恩格斯早期著作研究》，中共中央党校出版社1992年版，第153页。

[4] 仰海峰：《超越市民社会与国家：从政治解放到社会解放——马克思的国家与市民社会理论探析》，载《东岳论丛》2005年第2期。

[5] 荣剑：《马克思的国家和社会理论与改革》，载《马克思主义研究》1987年第1期。

[6] 郭道久：《以社会制约权力》，天津人民出版社2005年版，第212页。

生于社会但与社会相脱离的力量重新还给社会，使社会公共权力与社会本身融为一体，不再构成脱离于社会之上的强制力量[1]。有学者还把国家通过经济改革把经济权力还给社会和社会通过政治改革使人民参与国家管理看作国家向社会复归的两条基本路线[2]。

另外，还有的学者从伦理学的角度阐释了社会与国家分化与统一的思想，认为社会与国家同一的古代时期是人性和自由泯灭的阶段，国家与社会的分离也造成了人的本性的二元化和异化，而国家向社会复归之日也是人的自由和全面发展实现之时[3]。

三、与马克思社会和国家思想相关理论问题的论争

（一）马克思语境中“市民社会”的不同理解

学者们在探讨马克思的社会与国家理论时，往往要涉及市民社会问题。然而，对于马克思著作中的“市民社会”的理解，学界存在不同见解。一种长期流行于传统马克思主义解释体系的观点认为，“市民社会”是马克思在早期从黑格尔那里借用的一个不科学的概念，马克思在晚期成熟著作中用更科学、更准确的“经济结构”、“经济基础”、“生产关系的总和”等概念取代了“市民社会”的概念，市民社会则专指“资产阶级社会”。近些年来，学者们普遍对此观点提出质疑。针对将市民社会等同于经济基础的观点。有学者认为，在马克思那里”，市民社会”是指整个市场经济社会中的私人生活，而“生产关系”或“经济基础”只是这一私人生活的本质形式[4]。也有学者认为，“市民社会”是马克思著作中一直使用而不仅是早期使用的基本范畴，并且是与“经济结构”、“经济基础”并列使用，而不是相互取代的范畴[5]。针对将市民社会等同于资产阶级社会的观点，有学者认为，马克思语境下的“市民社会”是历史范畴与分析范畴的统一体，作为历史范畴，市民社会指的是人类社会的一个特定的发展时期，这个时期的本质特征是阶级利益的存在；作为一个分析范畴，市民社会是对私人领域和经济领域的抽象，是“私人利益关系的总和”

---

[1] 王沪宁：《政治的逻辑：马克思主义政治学原理》，上海人民出版社2004年版，第488页。

[2] 荣剑：《对马克思国家和社会理论的再认识》，载《江汉论坛》1987年第4期。

[3] 陶艳华、何旵：《马克思国家与社会关系思想的伦理关怀意蕴》，载《道德与文明》2009年第1期。

[4] 王新生：《市民社会论》，广西人民出版社2003年版，第27页。

[5] 王兆良：《马克思的“市民社会”思想新思考》，载《哲学动态》1998年第7期。

和“物质生活关系的总和”，它是与作为公共领域的抽象的政治领域相对应的[1]。但也有学者通过考证市民社会在西方出现的历史条件，对“市民社会”分析范畴论提出了质疑，认为马克思的确常常用“市民社会”一词指涉欧洲中世纪的私人领域和私人交往关系，但这并不意味着马克思认为市民社会存在于一切社会形态之中，也不意味着马克思认为可以将它作为一个分析性的概念无差别地运用于所有社会的社会关系之中，马克思将它们称作“先前的”、“旧日的”、“中世纪的”市民社会，这本身就表明马克思对它们与资本主义条件下的市民社会的区别是十分清楚的，表明马克思只是把它们看作一种特殊的市民社会[2]。

学界在对市民社会传统认识的辨析和批判的过程中重新认识了马克思的市民社会概念，并赋予其新的内涵。有学者把市民社会区分为狭义和广义，认为马克思的“市民社会”应该包括两层含义：①就马克思所处的时代及其社会批判的对象而言，它特指资本主义社会的经济关系；②就市民社会的内在本质而言，它是一般市场经济条件下的商品经济关系[3]。有的学者认为“市民社会乃是‘私人利益的体系’或特殊的私人利益关系的总和，它包括非国家的社会生活一切领域的秩序、结构和过程”，具体包括“两个层次三个领域”：作为市民社会的主体和目的所在个人或私人层次和基本单位的团体或组织（应含经济组织）层次以及以满足人们的物质利益和需要为目的的经济生活领域、以满足人们的社会需要或交往需要为目的的社会生活领域、以满足人们的精神需要为目的的文化生活领域[4]。有的学者认为所谓的市民社会就是指“在生产力发展的一定阶段上，以直接从生产和生活交往中发展起来的社会组织（如同业工会等）为形式，以整个的商业生活和工业生活为内容，体现着人们特定的物质交往关系，独立于并决定着建立在其上的政治国家及其附属物的社会生活的领域，特别是经济活动的领域”[5]。有学者从生产力和生产关系统一的角度分析认为，在马克思眼中的市民社会既是一个商品经济的社会，又是一个建立在广泛分工基础上的工业社会[6]。还有的学者从《德意志意识形态》中“读出”了马克思市民社

[1] 俞可平：《马克思的市民社会理论及其历史地位》，载《中国社会科学》1993 年第 3 期。

[2] 王新生：《市民社会论》，广西人民出版社 2003 年版，第 28—29 页。

[3] 王岩：《马克思的“市民社会”思想探析——兼论“市民社会”理论的现代意义》，载《江海学刊》2000 年第 4 期。

[4] 何增科：《市民社会概念的历史演变》，载《中国社会科学》1994 年第 5 期。

[5] 陈晏清、王新生：《马克思的市民社会理论及其意义》，载《天津社会科学》2001 年第 4 期。

[6] 邢荣：《马克思关于市民社会与现代性的关联》，载《教学与研究》2005 年第 10 期。

会概念的“三重规定”和“两重含义”：第一重规定即贯穿整个人类历史的市民社会，第二重规定即伴随着私人所有而出现的市民社会，第三重规定即资产阶级社会；第一重含义是指所谓市民社会是以商品交换关系为核心的社会组织，是平等的私有者在分工的前提下自由地交换其私人所有的社会，是人们的社会交往采取了异化和物象化形式的社会，第二重含义是指所谓市民社会是以资本和雇佣劳动的对抗为核心的资产阶级社会[1]。

（二）社会与国家与“经济基础—上层建筑”的范式比较

有的学者把社会与国家等同于“经济基础—上层建筑”使用。如他们认为在《神圣家族》中，马克思和恩格斯已经不仅认识到市民社会决定国家和法，而且认识到国家和法也反作用于市民社会，从而对经济基础与上层建筑的辩证关系作了初步的概括[2]。有学者认为，马克思在揭示了市民社会和国家的正确关系的基础上，进一步把两者的关系提升到经济与政治、经济基础与上层建筑的关系的高度。在马克思那里，市民社会同经济基础大体相当，属于社会存在的领域；国家属于上层建筑，但它不是全部上层建筑，而只是其中的政治上层建筑[3]。这一观点看到了社会与国家与“经济基础—上层建筑”内容上的差别，但仍将二者归于一种研究范式。然而，此观点遭到了一些学者的质疑。有学者认为，社会决定国家的意义与经济基础决定上层建筑的意义并不完全相同，不能完全用后者来解释前者，或取代前者[4]。还有学者详细辨析了二者在研究视角上的差别，认为生产力与生产关系、经济基础与上层建筑是从社会基本矛盾的视角，揭示社会发展的动力；市民社会与国家则从社会基本结构的视角对社会加以审察，揭示的是人类生活两个不同领域和构成社会结构的两个不同层面的特点、关系及其从产生分化、再到消亡的历史发展规律[5]；用生产力、生产关系（经济基础）和上层建筑的“三分法”分析社会历史问题，可以科学地揭

---

[1] 韩立新：《〈德意志意识形态中〉的市民社会概念》（上），载《马克思主义与现实》2006 年第 4 期。

[2] 高光、阎树森、马讯：《马克思恩格斯早期著作研究》，中共中央党校出版社 1992 年版，第 519 页。

[3] 王岩：《马克思的“市民社会”思想探析——兼论“市民社会”理论的现代意义》，载《江海学刊》2000 年第 4 期。

[4] 荣剑：《对马克思国家和社会理论的再认识》，载《江汉论坛》1987 年第 4 期。

[5] 李淑珍：《论马克思的市民社会与国家的思想及其历史与现实意义》，载《学术月刊》1996 年第 9 期。

示物质生产内部的发展动力（生产力和生产关系的矛盾运动），揭示作为上层建筑的国家的阶级实质（国家实际上是在经济上占统治地位的阶级的国家），揭示生产关系必须适应生产力性质、上层建筑必须适应经济基础的发展要求的社会发展规律；用市民社会和国家二分法分析社会问题，可以进一步揭示社会物质生活关系和政治生活关系领域所具有的特殊性和普遍性的特点，揭示二者从同一到分化，再到融合走向统一的社会发展规律[1]。

[1] 李淑珍：《马克思市民社会概念辨析》，载《学术界》1997年第1期。

参考文献

一、经典著作和重要文献

[1]《马克思恩格斯文集》第1—10卷，人民出版社2009年版。

[2]《马克思恩格斯全集》第1卷，人民出版社1995年中文第2版。

[3]《马克思恩格斯全集》第3卷，人民出版社2002年中文第2版。

[4]《马克思恩格斯全集》第30卷，人民出版社1995年中文第2版。

[5]《马克思恩格斯全集》第31卷，人民出版社1998年中文第2版。

[6]《马克思恩格斯全集》第6卷，人民出版社1961年中文第1版。

[7]《马克思恩格斯全集》第42卷，人民出版社1979年中文第1版。

[8]《马克思古代社会会史笔记》，人民出版社1996年版。

[9]《毛泽东选集》第4卷，人民出版社1991年版。

[10]《邓小平文选》第2卷，人民出版社1994年第2版。

[11]《邓小平文选》第3卷，人民出版社1993年第1版。

[12]《江泽民文选》第2—3卷，人民出版社2006年版。

[13] 江泽民：《论社会主义市场经济》，红旗出版社2006年版。

[14]《十六大以来重要文献选编》（中），中央文献出版社2006年版。

[15]《十六大以来重要文献选编》（下），中央文献出版社2008年版。

[16]《中国共产党第十七次全国代表大会文件汇编》，人民出版社2007年版。

[17]《中国共产党第十八次全国代表大会文件汇编》，人民出版社2012年版。

二、中文译著

[1][古希腊]亚里士多德：《政治学》，吴寿彭译，商务印书馆1965年版。

[2][古罗马]奥古斯丁：《上帝之城：驳异教徒》（中），吴飞译，上海三联书店2008年版。

[3][英]霍布斯：《利维坦》，黎思复、黎廷弼译，商务印书馆1965年版。

[4][英]洛克：《政府论》（下），叶启芳、崔菊农译，商务印书馆1964年版。

[5][英]亚当•斯密:《国富论:国民财富的性质和起因的研究》,谢祖钧、孟晋、盛之译,中南大学出版社2003年版。

[6][法]孟德斯鸠:《论法的精神》(上),张雁深译,商务印书馆1961年版。

[7][法]卢梭:《社会契约论》,何兆武译,商务印书馆2006年版。

[8][德]黑格尔:《法哲学原理》,范阳、张企泰译,商务印书馆1961年版。

[9][意]葛兰西:《狱中札记》,曹雷雨等译,中国社会科学出版社2000年版。

[10][德]哈贝马斯:《公共领域的结构转型》,曹卫东译,学林出版社1999年版。

[11][英]戴维•米勒:《布莱克维尔政治学百科全书》,中国政法大学出版社1992年版。

[12][美]西里尔•E•布莱克等:《日本和俄国的现代化》,周师铭等译,商务印书馆1992年版。

[13][日]猪口孝:《国家与社会》,高增杰译,经济日报出版社1989年版。

[14][美]莱斯利•里普森:《政治学的重大问题》,刘晓等译,华夏出版社2000年版。

[15][德]亨利希•库诺:《马克思的历史、社会和国家学说——马克思的社会学的基本要点》,袁志英译,世纪出版集团2006年版。

[16][英]约翰•麦克里兰:《西方政治思想史》,彭淮栋译,海南出版社2003年版。

[17][俄]安德兰尼克•米格拉尼扬:《俄罗斯现代化与公民社会》,徐葵等译,新华出版社,2003年版。

[18][英]吉登斯:《民族国家与暴力》,胡宗泽、赵力涛译,生活•读书•新知三联书店1998年版。

[19][英]吉登斯:《资本主义与现代社会理论》,郭忠化、潘华凌译,译文出版社2007年版。

[20][英]基恩:《市民社会:旧形象,新观察》,王令愉、魏国琳译,上海远东出版社2006年版。

[21][英)戴维•麦克莱伦:《马克思思想导论》,郑一明、陈喜贵译,中国人民大学出版社2008年版。

[22][美]乔恩•埃尔斯特:《理解马克思》,何怀远译,中国人民大学出版社2008年版。

[23][英]马克·尼奥克里尔斯：《管理市民社会》，陈小文译，商务印书馆2008年版。

[24][美]乔尔·S·米格代尔：《强社会与弱国家：第三世界的国家社会关系及国家能力》，张长东、朱海雷、隋春波译，江苏人民出版社2009年版。

[25][加]正民：《明代的社会与国家》，陈时龙译，黄山书社2009年版。

[26][德]康保锐：《市场与国家之间的发展政策——公民社会组织的可能性与界限》，隋学礼译，中国人民大学出版社2009年版。

[27][美]唐：《中国民意与公民社会》，胡赣栋、张东锋译，中山大学出版社2008年版。

三、学术专著

[1] 高光、阎树森、马讯：《马克思恩格斯早期著作研究》，中共中央党校出版社1992年版。

[2] 石之瑜：《中国大陆的国家与社会》，五南图书出版有限公司1994年版。

[3] 时和兴：《关系、限度、制度：政治发展过程中的国家与社会》，北京大学出版社1996年版。

[4] 朱英：《转型时期的社会与国家——以近代中国商会为主体的历史透视》，华中师范大学出版社1997年版。

[5] 荣剑：《社会批判的理论与方法——马克思若干重要理论研究》，中国社会科学出版社1998年版。

[6] 唐士其：《国家与社会的关系——社会主义国家的理论与实践比较研究》，北京大学出版社1998年版。

[7] 张静：《国家与社会》，浙江人民出版社1998年版。

[8] 何增科：《公民社会与第三部门》，社会科学文献出版社2000年版。

[9] 孙晓莉：《中国现代化进程中的国家与社会》，中国社会科学出版社2001年版。

[10] 杨宗科：《法律的成立：社会与国家——现代立法基本理论探索》，陕西人民出版社2000年版。

[11] 马小泉：《国家与社会——清末地方自治与宪政改革》，河南大学出版社2001年版。

[12] 赵家祥、冯子义：《马克思东方社会理论的历史考察和当代意义》，高等

教育出版社 2001 年版。

[13] 王东:《中华腾飞论——毛泽东、邓小平、江泽民三代领导集体的理论创新》,中国人民大学出版社 2001 年版。

[14] 王惠岩:《当代政治学基本理论》,高等教育出版社 2001 年版。

[15] 刘文富:《网络政治——网络社会与国家治理》,商务印书馆 2002 年版。

[16] 马长山:《国家、市民社会与法治》,商务印书馆 2002 年版。

[17] 邓正来:《市民社会理论研究》,中国政法大学出版社 2002 年版。

[18] 袁祖社:《权力与自由——市民社会的人学考察》,中国社会科学出版社 2003 年版。

[19] 李惠斌:《全球化与公民社会》,广西师范大学出版社 2003 年版。

[20] 王新生:《市民社会论》,广西人民出版社 2003 年版。

[21] 王沪宁:《政治的逻辑:马克思主义政治学原理》,上海人民出版社 2004 年版。

[22] 刘旺洪:《国家与社会:现代法治的基本理论》,黑龙江人民出版社 2004 年版。

[23] 赵宇峰:《当代国家与社会关系研究》,黑龙江教育出版社 2004 年版。

[24] 夏勇:《依法治国——国家与社会》,社会科学文献出版社 2004 年版。

[25] 龚咏梅:《现代国家建设的制度秩序:兼论中国早期现代化进程中的权力与社会(1927—1937)》,吉林人民出版社 2004 年版。

[26] 曾俊:《公共秩序的制度安排——国家与社会关系的框架及其运用》,学林出版社 2005 年版。

[27] 黄楠森、庄福龄、林利:《马克思主义哲学史》(第 1—8 卷),北京出版社 2005 年版。

[28] 林尚立:《执政的逻辑:政党、国家与社会》,上海辞书出版社 2005 年版。

[29] 俞可平:《民主与陀螺》,北京大学出版社 2005 年版。

[30] 郭道久:《以社会制约权力》,天津人民出版社 2005 年版。

[31] 张国刚:《国家与社会——中古历史变迁》,广东人民出版社 2005 年版。

[32] 牟发松:《社会与国家关系视野下的汉唐历史变迁》,华东师范大学出版社 2005 年版。

[33] 魏建国:《自由与法治:近代英国市民社会形成的历史透视》,中央编译出版社 2005 年版。

[34] 张蕴岭:《转型中的政府与市民社会》,世界知识出版社 2005 年版。

[35] 俞可平:《市场经济与公民社会: 中国与俄罗斯》,中央编译出版社 2005 年版。

[36] 邓正来、[美]J•C• 亚历山大:《国家与市民社会——一种社会理论的研究路径》,上海人民出版社 2006 年版。

[37] 俞可平:《中国公民社会的制度环境》,北京大学出版社 2006 年版。

[38] 蔡英文:《主权国家与市民社会》,北京大学出版社 2006 年版。

[39] 秦国荣:《市民社会与法的内在逻辑——马克思的思想及其时代价值》,社会科学文献出版社 2006 年版。

[40] 庞金友:《现代西方国家与社会关系理论》,中国政法大学出版社 2006 年版。

[41] 闫健:《民主是个好东西——俞可平访谈录》,社会科学文献出版社 2006 年版。

[42] 常建华:《清代的国家与社会研究》,人民出版社 2006 年版。

[43] 刘军:《国家起源新论——马克思国家起源理论及当代发展》,社会科学文献出版社 2006 年版。

[44] 胡贤鑫:《〈资本论〉伦理思想研究》,湖北人民出版社 2006 年版。

[45] 郁建兴:《马克思国家理论与现时代》,东方出版中心 2007 年版。

[46] 蒋红:《马克思市民社会理论研究》,人民出版社 2007 年版。

[47] 张博颖:《当代中国公民道德建设——国家伦理与市民社会伦理的视角》,天津社会科学院出版社 2007 年版。

[48] 刘先江:《政府管理社会化改革研究——基于"国家与社会关系"的视角》,湖南师范大学出版社 2007 年版。

[49] 高放、李景治、浦国良:《科学社会主义理论与实践》,中国人民大学出版社 2008 年版。

[50] 俞可平:《思想解放与政治进步》,社会科学文献出版社 2008 年版。

[51] 邓正来:《国家与社会:中国市民社会研究》,北京大学出版社 2008 年版。

[52] 唐宏强:《国家与社会: 传统东方法律的运动机理》,人民出版社 2008 年版。

[53] 唐贤兴:《民主与现代国家的成长》,复旦大学出版社 2008 年版。

[54] 常士訚:《现代国家及其政治制度:东亚与西方》,中国社会科学出版社 2008 年版。

[55] 刘义强:《民主和谐论:现代国家建构中的基层民主与社会和谐》,西北大学出版社 2008 年版。

[56] 朱光磊:《政治学概要》,天津人民出版社 2008 年版。

[57] 闵凡祥：《国家与社会：英国社会福利观念的变迁与撒切尔政府社会福利改革研究》，重庆出版社 2009 年版。

[58] 顾海良：《马克思主义发展史》，中国人民大学出版社 2009 年版。

[59] 徐勇：《现代国家乡土社会与制度建构》，中国物资出版社 2009 年版。

[60] 王绍光：《祛魅与超越——反思民主、自由、平等、公民社会》，中信出版社 2009 年版。

四、学术论文

[1] 汤在新：《社会所有制和国家所有制——读马克思恩格斯著作札记》，载《武汉大学学报（社会科学版）》1981 年第 3 期。

[2] 荣剑：《关于马克思国家和社会学说的若干问题探讨》，载《理论交流》1987 年第 1—2 期。

[3] 荣剑：《马克思的国家和社会理论与改革》，载《马克思主义研究》1987 年第 1 期。

[4] 荣剑：《对马克思国家和社会理论的再认识》，载《江汉论坛》1987 年第 4 期。

[5] 荣剑：《试论马克思主义的一体化过程——马克思国家和社会理论逻辑关系的考察》，载《江淮论坛》1988 年第 1 期。

[6] 洪韵珊：《马克思关于国家与社会关系的论点述略》，载《社会科学研究》1992 年第 1 期。

[7] 俞可平：《马克思的市民社会理论及其历史地位》，载《中国社会科学》1993 年第 4 期。

[8] 何增科：《市民社会概念的历史演变》，载《中国社会科学》1994 年第 5 期。

[9] 朱庞正：《试述马克思市民社会理论中的法哲学思想》，载《江苏社会科学》1996 年第 1 期。

[10] 李淑珍：《论马克思的市民社会与国家的思想及其历史与现实意义》，载《学术月刊》1996 年第 9 期。

[11] 李淑珍：《马克思市民社会概念辨析》，载《学术界》1997 年第 1 期。

[12] 王兆良：《马克思的“市民社会”思想新思考》，载《哲学动态》1998 年第 7 期。

[13] 王浩斌：《马克思市民民社会批判》，载《探索》1999 年第 2 期。

[14] 邓宏炎：《论马克思市民社会决定国家理论的形成——思想历程与研究方

法的考察》，载《华中师范大学学报（人文社会科学版）》1999 年第 6 期。

[15] 李惠斌：《从国家产权到社会产权——马克思恩格斯社会主义理论的一个重大转变》，载《中共天津市委党校学报》2000 年第 2 期。

[16] 王岩：《马克思的“市民社会”思想探析——兼论“市民社会”理论的现代意义》，载《江海学刊》2000 年第 4 期。

[17] 季金华：《权利与权力平衡配置的社会基础》，载《南京理工大学学报（社会科学版）》2001 年第 1 期。

[18] 荣剑：《马克思的国家和社会理论》，载《中国社会科学》2001 年第 3 期。

[19] 张丽曼：《国家与社会关系的基本原理是马克思主义国家学说的真髓》，载《社会科学研究》2001 年第 3 期。

[20] 陈晏清、王新生：《马克思的市民社会理论及其意义》，载《天津社会科学》2001 年第 4 期。

[21] 郁建兴：《马克思的市民社会概念》，载《社会学研究》2002 年第 1 期。

[22] 陈爱萍、丁赞超：《马克思“市民社会”概念之诠释》，载《中国矿业大学学报（社会科学版）》2004 年第 1 期。

[23] 王英津：《国家与社会：马克思主义经典作家之阐释》，载《江苏行政学院学报》2004 年第 2 期。

[24] 仰海峰：《超越市民社会与国家：从政治解放到社会解放——马克思的国家与市民社会理论探析》，载《东岳论丛》2005 年第 2 期。

[25] 胡祥：《“社会政治论”的理论基础：马克思国家与社会关系的理论》，载《湖北社会科学》2005 年第 2 期。

[26] 常征：《市民社会与国家：浅析马克思的市民社会理论》，载《辽宁大学学报（哲学社会科学版）》2005 年第 5 期。

[27] 邢荣：《马克思关于市民社会与现代性的关联》，载《教学与研究》2005 年第 10 期。

[28] 李峥钰：《双重层面上对市民社会的经济学解剖——马克思〈1844 年经济学哲学手稿〉对市民社会理论的发展》，载《理论观察》2006 年第 1 期。

[29] 罗伯中、刘放桐：《马克思早年政治哲学三题辨正》，载《探索》2006 年第 2 期。

[30] 邱家军：《马克思主义国家学说之再思考》，载《天府新论》2006 年第 3 期。

[31] 何建津：《论历史唯物主义与马克思哲学及其市民社会理论的共生关系》，载《学术论坛》2006 年第 3 期。

[32] 蒋红：《市民社会理论：马克思哲学革命的经济学—哲学基地》，载《云南大学学报（社会科学版）》2006 年第 4 期。

[33] 韩立新：《〈德意志意识形态〉中的市民社会概念》（上），载《马克思主义与现实》2006 年第 4 期。

[34] 张海夫、董大敏：《马克思市民社会理论对构建和谐社会的价值启示》，载《湖北社会科学》2006 年第 5 期。

[35] 白立强：《马克思的市民社会理论对构建社会主义和谐社会的意义》，载《求实》2006 年第 7 期。

[36] 隽久：《马克思对市民社会"本质的矛盾"的揭示及唯物史观之创建》，载《云南大学学报（社会科学版）》2006 年第 6 期。

[37] 白立强：《究竟是"社会国家化"还是"国家社会化"？——从马克思"国家—社会"结构理论看当代中国"政治国家"与"市民社会"的关系》，载《理论探讨》2007 年第 2 期。

[38] 李佃来：《马克思关于国家与市民社会关系内涵之探讨》，载《湖北行政学院学报》2007 年第 3 期。

[39] 刘建新：《马克思的市民社会理论与制度文明》，载《理论探讨》2007 年第 5 期。

[40] 蒋京议：《现代社会发展的动力性资源——论国家与社会关系的历史发展》，载《科学社会主义》2007 年第 6 期。

[41] 俞可平：《中国公民社会研究的若干问题》，载《中共中央党校学报》2007 年第 6 期。

[42] 秦龙：《浅析马克思关于国家作为"虚幻共同体"的思想》，载《政治学研究》2008 年第 1 期。

[43] 韩立新：《从国家到市民社会：马克思思想的重要转变——以马克思〈黑格尔法哲学批判〉为研究中心》，载《河北学刊》2009 年第 1 期。

[44] 王虎学、万资姿：《"共同体"、"资产阶级社会"、"自由人联合体"——从人与社会的关系嬗变看马克思的社会"三形态"》，载《湖北社会科学》2009 年第 1 期。

[45] 陶艳华、何昱：《马克思国家与社会关系思想的伦理关怀意蕴》，载《道德与文明》2009 年 1 期。

[46] 容志：《从阶级革命到制度革命：二十世纪中国的国家建设与社会重构》，载《人文杂志》2009 年第 1 期。

[47] 王代月：《马克思对自由主义市民社会理论的批判研究》，载《社会主义研究》2009 年第 2 期。

[48] 张涛：《马克思对民主国家与资本主义社会之间张力的分析》，载《深圳大学学报（人文社会科学版）》2009 年第 4 期。

[49] [美] 诺曼・莱文：《马克思的国家与市民社会理论》，王今一译，载《中国政法大学学报》2009 年第 4 期。

[50] 范春燕：《国家相对自主性理论视野中的资本主义国家与社会之关系》，载《学术论坛》2009 年第 9 期。

[51] 石德生、李云：《“国家与社会”理论模式的历史演进》，载《求索》2009 年第 10 期、

[52] 俞可平：《人民至上：60 年来我国的民主政治建设》，载《理论视野》2009 年第 12 期。

五、外文文献

[1]《马克思早期政治著作选》，中国政法大学出版社 2003 年英文版。

[2]《马克思晚期政治著作选》，中国政法大学出版社 2003 年英文版。

[3] [英] 亚当・弗格森：《市民社会史》，中国政法大学出版社 2003 年英文版。

[4] John Kenne, *Democracy and Civil Society*, Vesso, 1988.

[5] Charles Taylor, "models of Civil Society," *Public Culture*, 1991.

[6] Edward shills, "The Virtue of Civil Society," *Government and Opposition*, Vol. 26, No. 1, Winter 1991.

[7] Peter B. Evans ed., *State-Society Synergy: Government and Social Capital in Development*, Berkeley: University of California, 1997.

[8] Joel S. Migda, *State in Society: Studying How State and Society Transform and Constitute One Another*, Cambridge: Cambridge University Press, 2001.

[9] David Leopold, *The Young Karl Marx*, Cambridge University Press, 2007.

后　记

本书是我承担的2011年河北省社会科学基金项目的最终成果（项目编号：HB11MK006），它是在我的博士论文的基础上修改完成的。

2007年，我怀揣着对马克思主义的学术信仰，步入向往已久的南开大学，开始了自己的博士学习生活，并有幸成为杨谦教授的“开山弟子”。读博期间，杨老师从我的日常学习、生活到学位论文工作，都给予了多方面的关心。无论是为人，还是治学，她的言传身教使我获益匪浅。尤其是，选择“马克思的社会与国家理论”作为博士论文的研究主题，对我来说是个极大的挑战。正如王沪宁同志曾在其出版的日记《政治的人生》中谈到，马克思主义如何论述国家与社会的关系，“这是一个比较难的题目，一般人没有研究是不能答出来的，就是有研究的人大概也不那么容易说明白”。况且，国内外对该课题的研究业已取得了很大成绩和重要的进展，从新的视角挖掘马克思的社会与国家思想更是不易。而在论文的写作过程中，杨老师不仅从理论和方法上给我以启迪和指导，而且对论文的修改细致到标点符号，使我深受感动。可以说，没有杨老师的鼓励帮助、悉心指导、严格要求，就不可能有本书的问世。师恩难忘，岂能一个谢字了得？但是除了说声“谢谢”，我又无法用别的语言表达对导师的感激之情。

这里，我还要感谢我的硕士导师惠吉兴教授。人们常说“师傅领进门，修行在个人”。但是，如果没有师傅领进门，个人修行的效果就会大打折扣甚至会南辕北辙。可以说，惠老师就是带我进入学术大门的指路人。虽然研究生毕业多年，但惠老师一直关心着我的生活和学术成长。博士论文从选题，到文章结构，再到论文的写作和修改，最后到成书，惠老师都给予了我很多中肯的意见和建议，在此向他表示衷心的感谢。

在这里，我还要感谢中国人民大学的杨瑞森教授、张新教授，南开大学的武东生教授、丁军教授、寇清杰教授、吴克峰教授，天津师范大学的杨仁忠教授、王桂艳教授、王作印博士以及天津教育科学院的荣长海教授等，他们在我博士论文的开题或答辩中给予了悉心指导，感谢他们对我的论文思路、章节安排和修改完善等给予的指导性帮助。

同时，我还要感谢河北省社会科学院及其哲学所的领导、前辈和同事们在生活上对我的关心和鼓励，以及在科研上为我提供的时间、经费、办公等方面的诸多便利。尤其是本书的出版得到了河北省社会科学院学术著作出版补贴和“马克思主义哲学与现代化”学科资助；感谢南开大学的同门和同学在我求学期间给予我的帮助。此外，本书的前期研究成果曾在《理论学刊》、《南京政治学院学报》、《长白学刊》、《湖北行政学院学报》、《燕山大学学报（哲学社会科学版）》等刊物发表，在此感谢这些期刊编辑老师的提携和帮助。值得一提的是，中国出版集团世界图书出版广东有限公司的李瑞编辑为本书的出版付出了辛勤的努力，在此向她表示深深的谢意。

最后，还要感谢我的家人。家始终是自己的强大后盾。自己在学术上能走到这一步，离不开父母从小至今点点滴滴的养育和关爱。爱人张军燕女士承担了大部分的家务并对我倾心照顾和全力支持，使我能够专心地投入本书的研究和写作。还有可爱的女儿小恒，她的到来给我的生活增添了快乐，她也非常懂事和听话，能让大人少操不少的心，从而也能给我创造更充裕的写作时间。

郭 强

2014 年 2 月于石家庄